Un Compendio Contemporáneo del Nuevo Testamento

Boletín Hechos
Serie de Suplementos Académicos
1

Editores
Miguel Álvarez
Geir Lie
Daniel Orlando Álvarez

Un Compendio Contemporáneo del Nuevo Testamento

Geir Lie

CPT

CPT Press
Cleveland, Tennessee USA

Un Compendio Contemporáneo del Nuevo Testamento

Publicado por CPT Press
900 Walker ST NE
Cleveland, TN 37311 USA

correo electrónico: cptpress@pentecostaltheology.org

página web: www.cptpress.com

ISBN: 978-1-935931-86-7

"Y acudiendo Felipe, le oyó que leía el profeta Isaías, y dijo: mas ¿entiendes lo que lees?" (Hechos 8:30)

προσδραμὼν δὲ ὁ Φίλιππος ἤκουσεν αὐτοῦ ἀναγινώσκοντος Ἠσαΐαν τὸν προφήτην καὶ εἶπεν· Ἆρά γε γινώσκεις ἃ ἀναγινώσκεις;

SUPLEMENTO ACADÉMICO DEL BOLETÍN HECHOS

Una serie de obras literarias es presentada a la comunidad académica de América Latina, como parte de la contribución intelectual del Boletín HECHOS. El objetivo de este suplemento es publicar obras inéditas de autores que estudian a la iglesia, su fe, teología y misión. El producto final será la promoción de una escolaridad que dignifique los dones y talentos que el Espíritu Santo ha brindado a una comunidad muy rica multiculturalmente.

El trasfondo teológico de esta serie es pneumatológico. Su misión es promover y publicar el pensamiento teológico y la investigación académica del pentecostalismo latinoamericano. Esta estrategia surge como una respuesta puntual al crecimiento de las iglesias y a la necesidad de formar a los líderes de la región en sus diferentes campos de aprendizaje.

América Latina es el hogar de grandes teólogos. Del mismo modo, hay muchas discusiones, debates y campos emergentes que afectan a las diferentes perspectivas evangélicas y pentecostales en muchos lugares. En virtud de lo anterior, este suplemento pondrá a la disposición de la iglesia, las fuentes de conocimiento que están disponibles para las nuevas generaciones latinas y para otros organismos académicos de todo el mundo que deseen participar y dialogar con lo que está sucediendo en la región y, con la diáspora latina en todo el mundo.

Los editores tomarán en cuenta los avances tecnológicos de la era digital. Los que no hablan español pueden comprender el contenido de los artículos y sus deliberaciones mediante el uso de servicios de traducción proporcionados por diferentes instrumentos de búsqueda en línea. Por supuesto, los editores dan la bienvenida a voluntarios que estén dispuestos a traducir el contenido de estas obras literarias.

Editores de la serie

Miguel Álvarez, PhD, Oxford Centre for Mission Studies, Profesor de teología y misión del Seminario Asiático de Ministerios Cristianos en Manila, Filipinas.

Geir Lie, Cand.philol., Norwegian school of Theology, Religion and Society. Es autor e investigador independiente, dedicado al estudio del pentecostalismo.

Daniel Orlando Álvarez, PhD, Regent University, es director de educación e iniciativas globales y profesor de teología en el Seminario Teológico Pentecostal (PTS) de Cleveland, Tennessee.

Contenido

PREFACIO

Nos encontramos en el aeropuerto de Moscú – Edilson de camino a Colombia desde China y yo regresando de Cuba. Él me hizo preguntas sobre mi fe cristiana y yo intenté darle respuestas. El primer encuentro condujo a otros y, desde ese tiempo hemos mantenido el contacto y la amistad.

Mientras estuve escribiendo este libro, entre otras personas, tuve a Edilson en mi mente. Y no a él solamente, sino a muchos otros que se pueden encontrar en una situación parecida—personas sinceras quienes por razones distintas no han leído la Biblia regularmente y que tienen dificultades para comenzar a leerla.

Este libro es el resultado de un deseo de hacer al Nuevo Testamento más asequible al lector común. De verdad, este es el libro que a mí me hubiera gustado leer cuando era nuevo en la fe. Desafortunadamente, a muchos creyentes, no solamente a los recién convertidos, les falta conocimiento sistemático de la Biblia. También he tenido en mente a estudiantes de escuelas bíblicas mientras he estado escribiendo esta obra. De igual manera, espero que pastores y líderes dentro de las iglesias puedan beneficiarse del contenido de este libro.

Obviamente no he intentado explicar todos los versículos complicados del Nuevo Testamento. A aquél que busque un profundo tratamiento exegético, le sugiero que consulte buenos comentarios bíblicos, desde una sana perspectiva evangélica.

Las últimas versiones de la Biblia Reina Valera están protegidas bajo las leyes de propiedad intelectual, mientras que la versión de 1909 es de dominio público, así que esta es la versión de donde básicamente he sacado las citas, aunque en ocasiones tuve que modernizar el lenguaje.

Por último y no menos importante, estoy muy agradecido con Ivonne Medina Durán, por haber corregido mi texto en español, hasta ponerlo en un nivel publicable.

CRONOLOGÍA DEL NUEVO TESTAMENTO

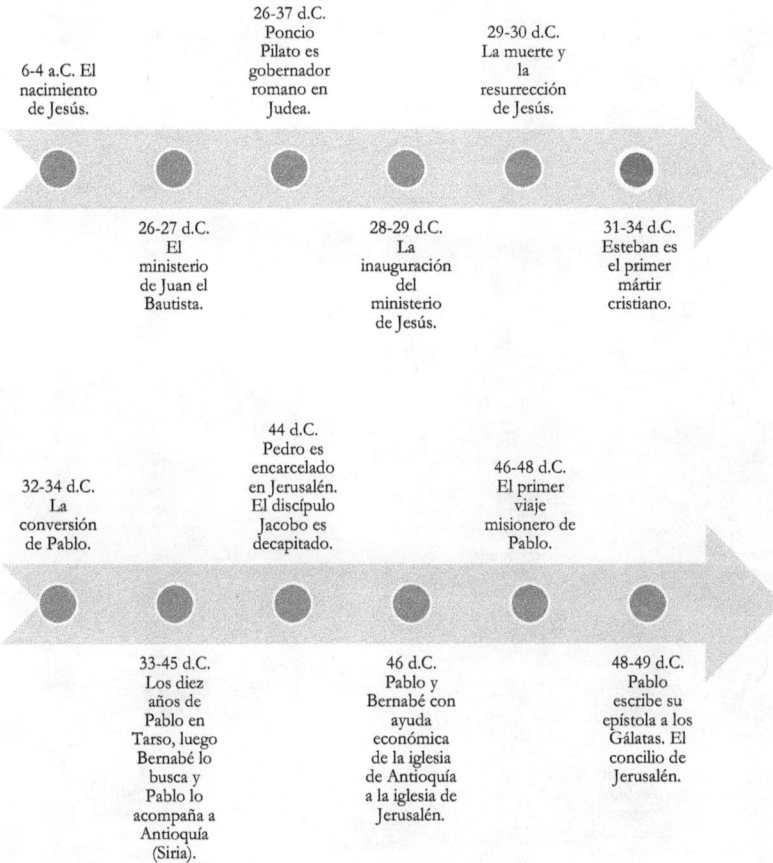

26-37 d.C.
Poncio
Pilato es
gobernador
romano en
Judea.

29-30 d.C.
La muerte y
la
resurrección
de Jesús.

6-4 a.C. El
nacimiento
de Jesús.

26-27 d.C.
El
ministerio
de Juan el
Bautista.

28-29 d.C.
La
inauguración
del
ministerio
de Jesús.

31-34 d.C.
Esteban es
el primer
mártir
cristiano.

44 d.C.
Pedro es
encarcelado
en Jerusalén.
El discípulo
Jacobo es
decapitado.

46-48 d.C.
El primer
viaje
misionero de
Pablo.

32-34 d.C.
La
conversión
de Pablo.

33-45 d.C.
Los diez
años de
Pablo en
Tarso, luego
Bernabé lo
busca y
Pablo lo
acompaña a
Antioquía
(Siria).

46 d.C.
Pablo y
Bernabé con
ayuda
económica
de la iglesia
de Antioquía
a la iglesia de
Jerusalén.

48-49 d.C.
Pablo
escribe su
epístola a los
Gálatas. El
concilio de
Jerusalén.

49-52 d.C. El segundo viaje misionero de Pablo. Escribe las dos epístolas a los Tesalonicenses y pasa 18 meses en Corinto.

57 d.C. Pablo escribe su epístola a los Romanos.

62 d.C. Pedro llega a Roma. Santiago, el hermano de Jesús, sufre el martirio.

53-57 d.C. El tercer viaje misionero de Pablo. Escribe las dos epístolas a los Corintios y pasa casi 3 años en Éfeso.

57-62 d.C. Pablo es encarcelado en Jerusalén y es encarcelado por 2 años en Cesarea, entonces enviado para Roma (60-61), todavía en cautiverio, donde escribe las epístolas a Filemón, Colosenses, Efesios y Filipenses.

61-63 d.C. Pablo es puesto en libertad en Roma.

61-63 d.C. Pablo en Asia, incluso en Creta. Escribe la primera epístola a Timoteo y su epístola a Tito.

64-67 d.C. Pedro escribe sus dos epístolas. Es crucificado.

70 d.C. Conquista y destrucción de Jerusalén.

64-67 d.C. Pablo de regreso a Roma donde de nuevo es encarcelado. Escribe la segunda epístola a Timoteo. Pablo es decapitado.

60-70 d.C. Marcos, Mateo y Lucas escriben sus evangelios.

90-96 d.C. Juan escribe su evangelio, sus tres epístolas y el Apocalipsis. Juan muere.

1

EL NUEVO TESTAMENTO Y SU ORIGEN

El Nuevo Testamento consta de veintisiete libros diferentes–los cuatro evangelios, una narración de la historia de los primeros cristianos hasta más o menos los años 60 d.C., veintiuna cartas y el Apocalipsis. El apóstol Pablo es el autor de trece de las veintiuna cartas. En el capítulo 3 reconstruiremos su historia y en el siguiente capítulo repasaremos sus cartas examinándolas en la secuencia cronológica en que probablemente fueron escritas. Trataremos el libro de los Hechos en un capítulo independiente posterior a las cartas paulinas, simplemente porque gran parte de los Hechos está dedicado a Pablo y a su obra misionera. Al mismo tiempo los Hechos constituyen el 'tomo 2' de la obra histórica de Lucas, uno de los colaboradores de Pablo, por lo que igualmente hubiera podido ubicarse contiguo a mi presentación de los cuatro evangelios en el capítulo 2 de este libro.

El griego llegó a ser el idioma cultural no solamente de los países mediterráneos orientales, sino que llegó hasta las fronteras con la India. Esto se debe a las conquistas de Alejandro Magno, general y rey de Macedonia durante los años 300 a.C. Es por esta razón que el Nuevo Testamento fue escrito en griego; no obstante, hubo varios dialectos griegos, y el Nuevo Testamento fue escrito en el griego *koiné*, una lengua común, pero basada en varios de esos dialectos, aunque principalmente en el dialecto ático. Obviamente hay una gran diferencia entre todos aquellos dialectos antiguos y el griego moderno que se habla en Grecia hoy en día.

No sabemos cuándo fueron compilados los diferentes libros del Nuevo Testamento, pero algunos indicios apuntan a que el proceso fue iniciado muy temprano y que empezó con las cartas de Pablo. Incluso es posible que Pablo mismo iniciara el proceso. En su epístola a los Colosenses, pidió mandar la carta (¿una copia?) a la iglesia de Laodicea después de haberla leído, y también que la iglesia de Colosas proveyera acceso a la carta para los creyentes de Laodicea. Esa última carta lamentablemente se ha perdido.[1]

Tampoco podemos fijar la fecha de terminación de la colección de las trece cartas paulinas del Nuevo Testamento, pero el apóstol Pedro parece haber leído varias de ellas.[2] Ignacio de Antioquía, uno de los padres de la iglesia que pertenecía a la primera generación después de los apóstoles del Nuevo Testamento, aparentemente conocía el contenido de la epístola de Pablo a los Efesios[3] y, Policarpo, quien fue obispo de Esmirna a partir de los últimos años de la década de los 90 d.C, cita a 1 Corintios 6[4], además de referirse a la epístola de Pablo a los Filipenses.[5] El manuscrito más antiguo que

---

[1] "Y cuando esta carta fuere leída entre vosotros, haced que también sea leída en la iglesia de los Laodicenses; y la de Laodicea que la leáis también vosotros" (Col 4:16).

[2] "Y tened por salvación la paciencia de nuestro Señor; como también nuestro amado hermano Pablo, según la sabiduría que le ha sido dada, os ha escrito también; casi en todas sus epístolas, hablando en ellas de estas cosas; entre las cuales hay algunas difíciles de entender, las cuales los indoctos e inconstantes tuercen" (2 Ped 3:15-16).

[3] "Vosotros sois el camino por donde pasan aquellos que son conducidos a la muerte para encontrar a Dios, iniciados en los misterios con Pablo, el santo, quien ha recibido el martirio y es digno de ser llamado bienaventurado. Pueda yo ser encontrado sobre sus huellas cuando alcance a Dios; en todas sus cartas os recuerda en Jesucristo" (Carta de San Ignacio de Antioquía a los Efesios 12:2).

[4] "Yo no oí ni vi nada semejante en ustedes, entre quienes trabajó el bienaventurado Pablo, ustedes que están al comienzo de su epístola. De ustedes, en efecto, él se gloría delante de todas las iglesias, las únicas que entonces conocían a Dios, puesto que nosotros todavía no lo conocíamos" (Carta de San Policarpo de Esmirna a los Filipenses 11:3).

[5] "Porque ni yo, ni otro como yo, podemos acercarnos a la sabiduría del bienaventurado y glorioso Pablo, que estando entre ustedes, hablándoles cara a cara a los hombres de entonces, enseñó con exactitud y con fuerza la palabra de verdad, y luego de su partida les escribió una carta; si la estudian atentamente podrán crecer en la fe que les ha sido dada" (Carta de San Policarpo de Esmirna a los Filipenses 3:2).

compendia todas las epístolas paulinas, es el manuscrito P⁴⁶, el cual fue escrito aproximadamente en el año 200 d.C.

Los evangelios, en gran parte, se basaron en narraciones orales de testigos oculares. Probablemente las primeras iglesias solo tuvieron conocimiento de uno de los cuatro evangelios. Después del primer siglo o algunos años antes esto debe haber cambiado y, Justino Mártir, uno de los primeros apologistas cristianos, escribe sobre los evangelios en plural alrededor del año 150 d.C.⁶

En lo que concierne a los demás libros del Nuevo Testamento, varía el tiempo en que fueron reconocidos como escritura sagrada. La lista más antigua que hoy conocemos y que incluye a casi todos los veintisiete libros del Nuevo Testamento, es el canon muratoriano que fue compilado antes del año 200 d.C. En el año 367 Atanasio, obispo de Alejandría, enumeró todos los veintisiete libros en una carta pascual. Varios concilios en el siglo IV d.C. enumeran los mismos libros confirmando así el reconocimiento de tales escrituras. Los criterios principales para que un libro del Nuevo Testamento fuera reconocido como escritura canónica fueron (1) ser apostólico, en el sentido de que su autor fuera un apóstol o un colaborador de él, (2) que su contenido concordara con las doctrinas clásicas y (3) ser utilizado por la mayoría de las iglesias reconocidas.

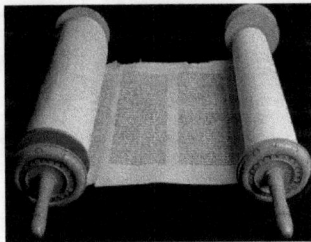

Rollo de papiro
Fuente: *http://raulcb990.blogspot.no/2015/05/infancia-y-educacion.html*

---

⁶ "Los Apóstoles – en sus comentarios, que se llaman Evangelios – nos transmitieron que así se lo ordenó Jesús cuando, tomó el pan y, dando gracias, dijo: Haced esto en conmemoración mía; esto es mi cuerpo. Y de la misma manera, tomando el cáliz dio gracias y dijo: esta es mi sangre..." (Primera Apología de Justino Mártir 66:3) "El día que se llama día del sol tiene lugar la reunión en un mismo sitio de todos los que habitan en la ciudad o en el campo. Se leen las memorias de los Apóstoles y los escritos de los profetas, tanto tiempo como es posible" (Primera Apología de Justino Mártir 67:3).

Los manuscritos más antiguos fueron escritos en hojas de papiro, posteriormente pegadas y enrolladas alrededor de un palo. Este tipo de manuscritos más adelante fue sustituido por otro tipo, pergaminos (hechos en cuero de animales), que también fueron conocidos como rollos, a estos más tarde se les dio el formato de un libro (códice). Con el códice fue posible reunir más escritos de los que se había podido con los rollos de papiro (que a menudo solamente consistían en unas veinte hojas). En el códice fue posible reunir todos los libros del Nuevo Testamento. El Códice Vaticano del siglo IV contenía originalmente tanto el antiguo como el Nuevo Testamento.

Los manuscritos de papiro que ahora conocemos han sido catalogados con la letra P y un número. El manuscrito más antiguo que ha sido encontrado, el P^{52} con su origen alrededor de 125 d.C., solamente contiene algunos versículos del evangelio de Juan. Inicialmente los textos se escribían con letras mayúsculas en su totalidad, pero a partir del siglo IX d.C. se empezaron a utilizar minúsculas. Los manuscritos más antiguos no tenían ni coma ni punto ni tampoco espacio entre las palabras. Aproximadamente 300 manuscritos de letra mayúscula (unciales) y 5000 de letra minúscula han sido preservados. La división en capítulos se hizo en el año 1228, mientras que la clasificación en versículos fue realizada en 1551. El Nuevo Testamento consta de 260 capítulos y un poco más de 7900 versículos.

Códice Sinaítico
Fuente: *http://prensa.ula.ve/2016/05/02/cuentan-la-historia-de-la-escritura-desde-las-tallas-en-piedra-hasta-la-imprenta*

No mucho tiempo después empezó la traducción del Nuevo Testamento a otros idiomas como siríaco, latín y copto. Al inicio del siglo III, la Biblia entera o partes de ella habían sido traducidas a siete diferentes idiomas; hoy en día está disponible en aproximadamente 2400.[7]

Como veremos en la presentación de los diferentes libros neotestamentarios, la Biblia hace uso de varios géneros y recursos literarios que debemos tomar en serio para entender bien lo que el autor quiere decirnos. Será conveniente partir del hecho de que si entendemos un pasaje de la Biblia de forma diferente a la que lo entendieron los primeros lectores, es muy probable que nosotros lo estemos malinterpretando. Una buena regla de interpretación es que 'la escritura explica a la escritura', o sea que se debe consultar el contexto anterior y siguiente por si el significado de un pasaje específico no es obvio. La Biblia se interpreta a sí misma. Lo que la Biblia quiere decirnos sobre asuntos dogmáticos no se puede completar con iluminación personal del Espíritu Santo, o sea, con información adicional de lo que la Biblia dice explícitamente. Un versículo difícil debe leerse a la luz del texto anterior y posterior, y a veces esto no es suficiente, tal vez necesitaremos leer tal pasaje a la luz del capítulo anterior en su totalidad. Y si eso tampoco es suficiente, a veces tendremos que leer todo el libro donde se encuentra ese versículo, aunque sea la segunda epístola de Pedro o el evangelio según Lucas. En otras ocasiones necesitaremos ir y adentrarnos más profundamente en la materia bíblica estudiando libros paralelos. Por ejemplo, si luchamos con la comprensión de un versículo difícil en la epístola de Pablo a los Gálatas, sabemos que tanto esta epístola como su epístola a los Romanos, hablan de la libertad de la ley; es así como un estudio profundo acerca de la epístola a los Romanos nos puede ayudar a entender mejor el versículo en Gálatas con el cual estuvimos luchando.

Naturalmente a veces será necesario también conocer tanto las condiciones históricas como culturales de la época neotestamentaria. El resto de este capítulo trata este tema.

---

[7] Metzger y Ehrman, *The Text of the New Testament. Its Transmission, Corruption, and Restoration* (2005).

Condiciones políticas

El cristianismo no nació en un vacío histórico y/o religioso. La Palestina de los judíos por varios siglos había estado bajo el dominio de diferentes imperios como el reino de los asirios, de los babilonios, de los medos y los persas. Los conflictos continuos entre persas y griegos fueron algunas de las razones por las cuales Alejandro Magno en el año 334 a.C. cruzó el estrecho de Helesponto (los Dardanelos) en Turquía y los atacó. Después de haber conquistado todo el imperio persa, siguió su conquista hacia el este hasta las fronteras de la India.

Alejandro procuró que la cultura y la legislación helénica (incluyendo el idioma griego) penetraran el nuevo imperio. Posteriormente el imperio griego tuvo que darse por vencido ante otra nación de guerra, el imperio romano.

Roma, inicialmente era una ciudad-estado que crecía conquistando ciudades vecinas incorporándolas a su confederación de ciudades-estados latinos. Roma conquistó la ciudad-estado conocida como Cartago (en la Túnez actual) a través de las tres guerras púnicas (264-241, 218-201 y 149-146 a.C.) y luego empezó a extenderse hacia el este. El último resto del imperio griego fue destrozado en el año 63 a.C., cuando el líder militar Pompeyo estableció la provincia romana llamada Siria.

Tras la muerte de Alejandro (323 a.C.), su imperio fue entregado a sus generales quienes heredaron los territorios, y no pasó mucho tiempo, antes de que surgieran tensiones y disputas. La Palestina de los judíos ahora alternaba entre estar sujetos a la dinastía ptolemaica de Egipto y la dinastía seléucida; aun así, hubo una insurrección judía (168-142 a.C.), la cual propició su independencia. Después de que el general Pompeyo conquistara Damasco (Siria) en 63 a.C., ocupó Jerusalén el mismo año.[8]

Anteriormente había surgido una lucha de poder sobre el ministerio del sumo sacerdote en Jerusalén, pues la antigua parentela del sumo sacerdote había apoyado a los ptolemeos en Egipto. Bajo el control de la dinastía seléucida en Palestina, el ministerio del sumo sacerdote había sido entregado a una facción más benévola hacia los

---

[8] McDonald y Porter, *Early Christianity and its Sacred Literature* (2000), pp. 49-55.

seléucidas (152 a.C.). En la llamada Revuelta de los Macabeos, la cual condujo a la independencia de los judíos, el líder macabeo asumió el ministerio de sumo sacerdote en el año 143 a.C. Sin embargo, aquello estaba en contra de la ley de los judíos que decía claramente que el sumo sacerdote tenía que proceder de Aarón, el hermano de Moisés y ser de la parentela de Sadoc. Esto originó conflictos internos entre los judíos, que con el tiempo provocaron la creación de diferentes partidos el de los fariseos y el de los esenios.

Pompeyo promovió al líder asmoneo y sumo sacerdote Hircano II a 'etnarca' sobre los territorios judíos de Judea, Galilea, Perea e Idumea, aunque estaba sometido a la administración provincial de Siria. Los conflictos de interés entre Hircano II y Antípatro de Idumea, quien había sido designado procurador de Judea, se agravaron cuando este último murió en el año 43 a.C. y fue sucedido por dos de sus hijos, los cuales habían sido nombrados gobernadores de Jerusalén y Galilea. Debido a la guerra civil, uno de los hijos, Herodes el Grande, tuvo que huir a Roma donde fue designado rey de los judíos en al año 40 a.C. y con la ayuda de los romanos logró finalizar la guerra civil en el año 37 a.C.[9]

---

[9] Barnett, *Jesus & The Rise of Early Christianity. A History of New Testament Times* (1999), pp. 66-89.

Fuente: *www.mercaba.org/ARTICULOS/P/palestina_en_tiempos_de_jesus.htm*

Herodes era de Idumea, al sur de Judea, que a duras penas había sido judaizada por los macabeos a la fuerza; por tal motivo nunca fue considerado judío verdadero, y tras su muerte surgieron nuevos disturbios. Varias personas pretendiendo ser el Mesías o Cristo, asumieron un rol de liderazgo en la revuelta contra la ocupación romana. Después de que los romanos lograron detener a los rebeldes, Palestina fue dividida entre tres partes correspondientes a los hijos de Herodes: Arquelao fue hecho 'etnarca' sobre Idumea, Judea y Samaria, mientras que Herodes Antipas asumió la posición de 'tetrarca' sobre Galilea y Perea, y Filipo II fue hecho 'tetrarca' sobre el territorio en el noreste de Perea. Herodes Antipas, es el Herodes de quien leemos en relación con el ministerio de Juan el Bautista y de Jesús en Galilea.

También debemos mencionar que los romanos le quitaron todo a Arquelao en el año 6 d.C. Idumea, Judea y Samaria, fueron separadas políticamente de Siria como provincia romana bajo el nombre Judea.

En el libro de los Hechos leemos sobre un nieto de Herodes el Grande, Agripa I, el cual fue hecho rey y recibió el cargo del territorio que Filipo II había gobernado como 'tetrarca'. En el año 39 d.C. el dominio de Agripa I fue extendido a Galilea y Perea, y dos años después a Idumea, Judea y Samaria.

A pesar de disfrutar de la libertad en gran medida, que disfrutaban los judíos, estos estaban sujetos a un procurador romano que vivía en Cesarea. En el Nuevo Testamento leemos sobre tres de ellos: Poncio Pilato (26-36 d.C.), Marco Antonio Félix (52-60 d.C.) y Porcio Festo (60-62 d.C.).[10]

La religión de los judíos

La vida religiosa de los judíos se centraba principalmente alrededor del templo de Jerusalén y de sus sinagogas. El templo fue construido por iniciativa del rey Salomón (960 a.C.), pero fue destruido cuando los babilonios invadieron Jerusalén en 587 a.C. Posteriormente fue reconstruido, y se hicieron ampliaciones continuas sobre todo bajo el reinado de Herodes el Grande. Aun así, en al año 70 d.C. el templo de nuevo fue destruido—esta vez por los romanos—como respuesta a la insurrección judía contra el poder romano, que inició cuatro años atrás.

Los judíos pensaban que Dios estaba presente de manera particular en el templo. Allí se presentaban diferentes tipos de sacrificio, como ofrendas vegetales, sacrificios por el pecado y sacrificios por la culpa.

La sinagoga era considerada complementaria al templo. Allí se reunían para el culto, recibían enseñanzas, escuchaban textos del Antiguo Testamento y oraban.

No sabemos a ciencia cierta cuál era la posición autorizada del Sanedrín, o sea la asamblea suprema de los judíos. Estaba formado por un sumo sacerdote junto con los sacerdotes principales, un grupo de escribas y representantes de los propietarios terratenientes y negociantes.

El grupo más grande entre los escribas era el de los fariseos. Ellos pertenecían económicamente a la clase media y tenían oficios seculares. Entre los fariseos se desarrollaron distintas escuelas de la Ley con diferentes métodos de interpretación que las distinguían. Los dos rabinos más conocidos que tenían escuelas independientes fueron

---

[10] Koester, *History, Culture, and Religion of the Hellenistic Age* (1995).

Hilel y Shamai. Se supone que hubo unos 6000 fariseos en la época neotestamentaria.

Además de los fariseos también leemos en el Nuevo Testamento sobre los saduceos, un grupo aristocrático que incluía tanto una facción sacerdotal como otra no sacerdotal. La palabra 'saduceo' seguramente proviene de Sadoc, el cual fue sacerdote cuando David era rey de Israel y se hizo sumo sacerdote en Jerusalén en el reinado de Salomón. A partir de entonces el ministerio del sumo sacerdote se daría por herencia.

Mientras que tanto los fariseos como los saduceos tenían representación en el Sanedrín, por lo menos una parte de los esenios se había distanciado completamente de los sacrificios del santuario de Jerusalén. Este grupo vivía en Qumrán, en el noroeste del Mar Muerto y cada uno de sus miembros compartía todo lo que poseía con los demás. Los esenios, no obstante, no son mencionados en el Nuevo Testamento.[11]

---

[11] McDonald y Porter, *Early Christianity and its Sacred Literature* (2000), pp. 55-80.

2

Los cuatro evangelios

La palabra *evangelio* simplemente quiere decir 'buenas noticias' y no se refiere a ningún género literario. Tres de los evangelios del Nuevo Testamento son tan parecidos que, frecuentemente se refieren a ellos como los evangelios sinópticos. *Sinóptico* implica que se puede leer los tres evangelios al mismo tiempo, ubicándolos en tres columnas paralelas según el contenido. Estos tres evangelios son Marcos, Mateo y Lucas.

Una teoría realista entre los eruditos es que el evangelio de Marcos fue el primero en ser escrito; los evangelios de Mateo y Lucas fueron escritos basándose en gran medida en dicho evangelio. Además, los eruditos opinan que Mateo y Lucas podrían haber tenido acceso a otra u otras fuentes que no ha(n) sido preservado(s). Los teólogos denominan esta fuente como *Q* según la palabra *Quelle* en alemán, la cual significa 'fuente' y puede consistir tanto en material oral como escrito, del cual Mateo y Lucas tuvieron versiones distintas supuestamente *Q* (Q^{mat} y Q^{luc}). Mucho de este material seguramente es más antiguo que el evangelio según Marcos, el cual *también* se basa en una fuente oral, el testimonio del apóstol Pedro. Además, se supone que tanto Mateo como Lucas tienen una o varias fuentes independientes (M y L). De esta manera los eruditos quieren explicar por qué los dos evangelistas a veces incluyen material (que en ocasiones tienen en común y a veces no) que falta en Marcos.[1]

Mucha crítica de la Biblia hoy en día sostiene que los tres evangelios sinópticos se contradicen y por tanto su contenido no es confiable. No con poca frecuencia esto se refiere a las prédicas de Jesús, las cuales en cualquier caso fueron resúmenes y no necesariamente corresponden a las palabras exactas que Jesús utilizaba; él no utilizaba el griego en sus prédicas sino el arameo.

La crítica de los eruditos en parte se basa en el hecho de que algunas prédicas son puestas antes de ciertos acontecimientos históricos en algún evangelio, mientras que en los otros las mismas prédicas se ubican después de los mismos acontecimientos. Esta es una crítica extraña pues sugiere que Jesús no pudo haber repetido partes de sus sermones en diferentes ocasiones ni modificar algunas de sus ilustraciones.

Tanto la crítica de los eruditos contra las prédicas de Jesús como contra sus *parábolas,* alegando la ausencia de historicidad de los evangelios, por el hecho de que uno de los tres evangelistas pudo haberlas puesto antes de ciertos acontecimientos históricos, mientras que los otros evangelistas las pusieron después de los mismos acontecimientos, pueden ser refutadas de la siguiente manera. Sería extraño que Jesús hubiera contado la misma parábola en solo un lugar, en vez de en diferentes sitios con ciertas modificaciones. Vamos a ver más adelante, que ninguno de los evangelistas está estructurando cronológicamente su material, por lo menos no tan estrictamente como los han interpretado los eruditos.

En los evangelios encontramos varios recursos literarios, que no siempre encontramos en el resto del Nuevo Testamento. Uno de estos recursos es la *hipérbole* o la exageración, por ejemplo, cuando Jesús dice: "Por tanto, si tu ojo derecho te es ocasión de caer, sácalo y échalo de ti" (Mat 5:29). La razón por la cual Jesús usó esta hipérbole fue para demostrar que para vencer ciertos pecados se necesita tomar medidas drásticas.

Dos recursos diferentes son la *metáfora* y el *símil*, pero ambos recursos comparan una cosa con otra, por ejemplo: "Vosotros sois la

---

[1] Carson, Moo y Morris, *An Introduction to the New Testament* (1992), pp. 19-45; Davies y Allison, *A Critical and Exegetical Commentary on The Gospel according to Saint Matthew.* Vol. 1 (2010), pp. 121, 124-5.

sal de la tierra" (Mat 5:13) o "¡Ay de vosotros, escribas y fariseos, hipócritas! porque sois semejantes a sepulcros blanqueados" (Mat 23:27).

Un recurso literario que se usa en los evangelios, el cual también encontramos en varias partes del Antiguo Testamento, es el género del *paralelismo* en diferentes formas. Eso implica que una o más frases están relacionadas con la siguiente o las siguientes frases. Las frases pueden ser *sinónimas*, o sea, que básicamente quieren expresar lo mismo[2] o también pueden *contrastarse* con las frases anteriores.[3] También es posible que la segunda frase no solamente repita parte de la primera frase, sino que también la *desarrolle* de manera más amplia.[4]

Un recurso muy particular es la parábola. Jesús contaba muchas parábolas, o sea, historias donde varios de los detalles apuntan a algo externo a estas como tal. Por regla general solo un aspecto de la historia, o posiblemente dos, y en muy pocas ocasiones tres, tienen como función representar algo externo a la sencilla historia contada. Una parábola muy conocida es aquella acerca del sembrador: 'y parte cayó junto al camino, parte en pedregales, parte en espinas y parte en buena tierra y dio fruto'. La interpretación más profunda de la parábola está relacionada de cómo la gente respondió al mensaje que Jesús predicaba durante la primera fase de su ministerio en Galilea. Otra cosa es que esa parábola tiene descripciones generales, y así es aplicable como descripción de cómo diferentes personas en el transcurso del tiempo han respondido al evangelio de Cristo. Es importante reconocer que, si nuestras interpretaciones de las parábolas no coinciden con las de los oyentes de aquella época, probablemente nos equivocamos.[5]

---

[2] "Pedid y se os dará; buscad, y hallaréis; llamad y se os abrirá" (Mat 7:7).

[3] "Porque al que tiene, le será dado; y al que no tiene, aun lo que tiene le será quitado" (Mar 4:25).

[4] "El que os recibe a vosotros, a mí recibe; y el que a mí recibe, recibe al que me envió" (Mat 10:40).

[5] Duvall, y Hays, *Hermenéutica. Entendiendo la palabra de Dios* 2008), pp. 356-62.

El evangelio según Marcos

Según la tradición cristiana de los primeros siglos, este evangelio fue escrito por Marcos, quien fue colaborador tanto del apóstol Pablo como de Pedro, así que es lógico que en gran medida el autor se aproveche de las declaraciones de Pedro, aunque no todo necesariamente siga una secuencia cronológicamente correcta. El evangelio consta de tres partes diferentes: Jesús en Galilea, Jesús en camino a Jerusalén, y Jesús en Jerusalén.[6] Probablemente el evangelio fue escrito en los años 60 d.C.

En conformidad con esa división en tres partes, Marcos no nos cuenta si Jesús había visitado Jerusalén antes de la fiesta de la última pascua, la cual acaba con su muerte y resurrección. Sugiere, no obstante, que no fue la primera visita que Jesús realizó.

El evangelio empieza con una presentación breve de Juan el Bautista, el cual es descrito como *mensajero*: "He aquí yo envío a mi mensajero delante de tu faz, que [prepare] tu camino delante de ti. Voz del que clama en el desierto: [Preparad] el camino del Señor; enderezad sus veredas" (Mar 1:2-3). Aquí tenemos tanto una fusión parcial de citas del profeta Isaías[7] como de Malaquías[8]. Juan está ministrando en el desierto, probablemente no lejos del Mar Muerto, donde predica "el bautismo del arrepentimiento para remisión de pecados" (Mar 1:4).[9] Para ser parte del pueblo de Dios no es suficiente ser judío, sino que se debe reconocer los pecados y arrepentirse, y quienes fueron bautizados por Juan demuestran que lo hicieron.

La fe popular de los judíos puede haber especulado que Juan podría ser el Mesías prometido, pero a su vez, Juan apunta a Jesús como alguien que tendrá un ministerio superior a él mismo.[10]

---

[6] France, *The Gospel of Mark. A Commentary of the Greek Text* (2002), p. 11.

[7] "Voz que clama en el desierto: barred camino a Jehová: enderezad calzada en la soledad a nuestro Dios" (Isa 40:3).

[8] "He aquí, yo envío mi mensajero, el cual preparará el camino delante de mí." (Mal 3:1) Cf. France, *The Gospel of Mark* (2002), p. 63.

[9] "Y salía a él toda la provincia de Judea, y los de Jerusalén; y eran todos bautizados por él en el río de Jordán, confesando sus pecados" (Mar 1:5).

[10] "Y [Juan] predicaba, diciendo: viene tras mí el que es más poderoso que yo, al cual no soy digno de desatar encorvado la correa de sus zapatos. Yo a la verdad os he bautizado con agua; mas él os bautizará con Espíritu Santo" (Mar 1:7-8).

También Jesús busca a Juan para ser bautizado,[11] y entonces es guiado por el Espíritu al desierto donde está en ayuno por cuarenta días.[12] Luego Jesús vuelve a Galilea y empieza a proclamar que el Reino de Dios está cerca y que la gente tiene que creer su mensaje y arrepentirse de sus pecados. Más tarde Jesús empieza a llamar a varias personas para ser sus discípulos y cómo ellos inmediatamente le siguen, parece lógico que le conocieran de antemano.[13]

Jesús parece haber tenido su morada en la ciudad llamada Capernaum frente al lago de Genesaret (el mar de Galilea).[14] Después de haber predicado en la sinagoga allí, el pueblo se asombró "de su doctrina; porque les enseñaba como quien tiene potestad, y no como los escribas" (Mar 1:22). Posiblemente aquí se hace referencia a las proclamaciones de Jesús en contraste a la exposición más debatida de las escrituras que caracterizaba a los fariseos. También Jesús despierta reacciones en la sinagoga al liberar a un hombre que ha sido atormentado por demonios.[15]

Después de haber salido de la sinagoga, "[vienen] a casa de Simón y de Andrés, con Jacobo y Juan" (Mar 1:29), donde Jesús sana a la

---

[11] "Y aconteció en aquellos días, que Jesús vino de Nazaret de Galilea, y fue bautizado por Juan en el Jordán. Y luego, subiendo del agua, vio abrirse los cielos, y al Espíritu como paloma, que descendía sobre él. Y hubo una voz de los cielos que decía: tú eres mi Hijo amado; en ti tomo contentamiento" (Mar 1:9-11).

[12] "Y luego el Espíritu le impulsó al desierto. Y estuvo allí en el desierto cuarenta días, y era tentado de Satanás; y estaba con las fieras; y los ángeles le servían" (Mar 1:12-13).

[13] "Y pasando [Jesús] junto a la mar de Galilea, vio a Simón, y a Andrés su hermano, que echaban la red en la mar; porque eran pescadores. Y les dijo Jesús: venid en pos de mí, y haré que seáis pescadores de hombres. Y luego, dejadas sus redes, le siguieron. Y pasando de allí un poco más adelante, vio a Jacobo, hijo de Zebedeo, y a Juan su hermano, también ellos en el navío, que [arreglaban] las redes. Y luego los llamó: y dejando a su padre Zebedeo en el barco con los jornaleros, fueron en pos de él" (Mar 1:16-20).

[14] "[Jesús y los discípulos] entraron en Capernaúm; y luego los sábados, entrando en la sinagoga, enseñaba" (Mar 1:21).

[15] "Y había en la sinagoga de ellos un hombre con espíritu inmundo, el cual dio voces, diciendo: ¡Ah! ¿qué tienes con nosotros, Jesús nazareno? ¿Has venido a destruirnos? Sé quién eres, el Santo de Dios. Y Jesús le riñó, diciendo: enmudece y sal de él. Y el espíritu inmundo, haciéndole pedazos, y clamando a gran voz, salió de él. Y todos se maravillaron, de tal manera que inquirían entre sí, diciendo: ¿Qué es esto? ¿Qué nueva doctrina es esta, que con potestad aun a los espíritus inmundos manda, y le obedecen?" (Mar 1: 23-27)

suegra de Pedro que está acostada con fiebre. Y por la noche la gente trae muchos enfermos y endemoniados, y Marcos dice que Jesús "sanó a muchos que estaban enfermos de diversas enfermedades, y echó fuera muchos demonios" (Mar 1:34).

A partir de este punto Jesús inicia un ministerio itinerante, básicamente dentro de Galilea.[16] Previamente Marcos nos había informado que los rumores acerca de Jesús habían ido delante de él.[17] Prácticamente desde el principio parece haber surgido tensiones entre Jesús y los fariseos. Al sanar a un paralítico, Jesús proclama el perdón de pecados e inmediatamente los fariseos responden negativamente que solo Dios puede perdonar pecados.[18]

Los fariseos también responden negativamente al hecho de que Jesús trata socialmente a los publicanos y a los pecadores y come junto con ellos. El trasfondo es que Jesús ha llamado a Levi, un publicano, a seguirlo como discípulo, y más tarde comen con otros publicanos que pueden ser sus antiguos colegas, en la casa de este. No parece que el mismo Jesús se preocupara mucho por evitar confrontaciones con los fariseos. Entre otras cosas, Marcos cuenta un incidente donde Jesús aparentemente en contra de la ley del Antiguo Testamento y de las normas de purificación de los fariseos, toca físicamente a un leproso antes de sanarlo.[19]

Además, algunos, posiblemente fariseos, se quejan porque los discípulos de Jesús no ayunan como lo hacen "los discípulos de Juan y los de los fariseos" (Mar 2:18). Jesús responde diciendo que hay un tiempo para todo, y que incluso sus discípulos ayunarán cuando el

---

[16] "Y predicaba en las sinagogas de ellos en toda Galilea, y echaba fuera los demonios" (Mar 1:39).

[17] "Y vino luego su fama por toda la provincia alrededor de Galilea" (Mar 1:28).

[18] "Y viendo Jesús la fe de ellos, dice al paralítico: hijo, tus pecados te son perdonados. Y estaban allí sentados algunos de los escribas, los cuales pensando en sus corazones decían: ¿por qué habla este así? Blasfemias dice. ¿Quién puede perdonar pecados, sino solo Dios?" (Mar 2:5-7).

[19] "Y un leproso vino a él, rogándole; e hincada la rodilla, le dice: si quieres, puedes limpiarme. Y Jesús, teniendo misericordia de él, extendió su mano, y le tocó, y le dice: quiero, sé limpio. Y así que hubo él hablado, la lepra se fue luego de aquél, y fue limpio" (Mar 1:40-42).

tiempo sea apropiado. En retrospectiva entendemos que Jesús se refiere al tiempo después de su muerte y resurrección.[20]

Otra confrontación con los fariseos se debe a que estos están observando a los discípulos arrancando espigas mientras que están pasando por un sembrado con Jesús en sábado. En su respuesta, Jesús se refiere a David en el Antiguo Testamento, cuando el hambre le llevó a él y a sus hombres a comerse los panes de la proposición del tabernáculo de los judíos, que solo los sacerdotes tenían derecho a comer. David aparentemente lo hizo con la bendición del sumo sacerdote Abiatar. El razonamiento de Jesús puede ser que, Él mismo es más grande que David y por tanto es superior al sábado.[21]

Una provocación continua para los fariseos era todas las sanidades que Jesús realizaba en sábado. Marcos nos cuenta que algunos hasta "le acechaban" para observar si iba a sanar a alguien y así poder acusarle (Mar 3:2). Junto con los herodianos,[22] los fariseos empiezan a planificar cómo matarle (Mar 3:6). La fama de Jesús ahora ha llegado hasta Idumea más al sur de Judea y hasta el territorio del este

---

[20] "Y Jesús les dice: ¿Pueden ayunar los que están de bodas, cuando el esposo está con ellos? Entre tanto que tienen consigo al esposo no pueden ayunar. Mas vendrán días, cuando el esposo les será quitado, y entonces en aquellos días ayunarán" (Mar 2:19-20).

[21] "Y aconteció que pasando [Jesús] por los sembrados en sábado, sus discípulos andando comenzaron a arrancar espigas. Entonces los fariseos le dijeron: He aquí, ¿por qué hacen en sábado lo que no es lícito? Y él les dijo: ¿nunca leísteis qué hizo David cuando tuvo necesidad, y tuvo hambre, él y los que con él estaban: ¿cómo entró en la casa de Dios, siendo Abiatar sumo sacerdote, y comió los panes de la proposición, de los cuales no es lícito comer sino a los sacerdotes, y aun dio a los que con él estaban? También les dijo: el sábado por causa del hombre es hecho; no el hombre por causa del sábado. Así que el Hijo del hombre es Señor aun del sábado" (Mar 2:23-28). Aquí aparentemente tenemos una divergencia entre los versículos citados en Mar 2:23-28 y 1 Sam 21:1-9, donde el sacerdote que dio a David los panes de la proposición se llama Abimelec. El hijo de Abimelec, Abiatar, el cual más adelante fue hecho sumo sacerdote, no obstante, también estaba presente (1 Sam 22:20) y a lo mejor en vez de decir "siendo Abiatar sumo sacerdote", Marcos quiere referirse a la época en que este vivía. Cf. France, *The Gospel of Mark* (2002), p. 146.

[22] Cuando Marcos menciona a los "herodianos", seguramente se refiere a los partidarios de Herodes Antipas, el cual era 'tetrarca' sobre Galilea y Perea. Hasta el año 6 d.C. y de nuevo a partir del año 37 d.C., fue la familia de Herodes quien decidía quien iba a ser sumo sacerdote en Jerusalén. Sin embargo, durante ese tiempo al cual Marcos se refiere (28-29 d.C.), no era así. France, *The Gospel of Mark* (2002), p. 151.

del río Jordán (Perea y Decápolis, además de los territorios no judíos más al norte de Galilea).[23]

Jesús sigue sanando enfermos y echando fuera demonios. Cuando ellos se manifiestan diciendo "Tú eres el Hijo de Dios" (Mar 3:11), la palabra de Dios dice que Él "les reñía mucho que no le manifestasen" (Mar 3:12).

Hemos visto antes que Jesús llamó a varios individuos a seguirle. Muy pronto al iniciar su ministerio escoge específicamente a doce hombres "para que estuviesen con él, y para enviarlos a predicar, y que tuviesen potestad de sanar enfermedades y de echar fuera demonios" (Mar 3:14-15).[24]

Los fariseos acusan a Jesús de estar endemoniado e incluso opinan que es "por el príncipe de los demonios" (Mar 3:22) que echa fuera demonios. Jesús los contradice afirmando que tal acusación implicaría que el reino de Satanás estaría dividido contra sí mismo, lo cual es bastante ilógico. Jesús refiriéndose a la acusación de los fariseos de que Él "tiene espíritu inmundo" (Mar 3:30), les contesta que "cualquiera que blasfemare contra el Espíritu Santo, no tiene perdón jamás, mas está expuesto a eterno juicio" (Mar 3:29).

El alboroto alrededor de Jesús obviamente había escandalizado a su familia, y "sus hermanos y su madre" ahora vienen a Capernaum donde intentan hablarle. Cuando Jesús se da cuenta de aquello, contesta: "¿Quién es mi madre y mis hermanos?" (Mar 3:33). Entonces sigue con las palabras "Cualquiera que haga la voluntad de Dios, este es mi hermano, y mi hermana, y mi madre" (Mar 3:35). El mensaje que Jesús quiere transmitir no es dejar de reconocer a su propia familia, sino más bien enfatizar el hecho de que ser su discípulo, o sea, ser leal a la voluntad de Dios, cuenta más.

A pesar de que muchos se amontonan alrededor de Jesús, son pocos sus sinceros seguidores. Entonces una pregunta muy relevante para los discípulos podría ser ¿por qué el mensaje de que el Reino de

---

[23] "Mas Jesús se apartó a la mar con sus discípulos: y le siguió gran multitud de Galilea, y de Judea, y de Jerusalén, y de Idumea, y de la otra parte del Jordán. Y los de alrededor de Tiro y de Sidón, grande multitud, oyendo cuán grandes cosas hacía, vinieron a él" (Mar 3:7-8).

[24] Estos fueron según Mar 3:16-19: Simón (que Jesús dio el sobrenombre de Pedro), Jacobo (hijo de Zebedeo) y su hermano Juan, Andrés, Felipe, Bartolomé, Mateo, Tomás, Jacobo (hijo de Alfeo), Tadeo, Simón el cananita y Judas Iscariote.

Dios ya ha llegado tiene una recepción tan disímil?[25] Jesús contesta esa pregunta a través de su parábola sobre el sembrador que salió a sembrar, y una parte de lo que sembró "cayó junto al camino y vinieron las aves del cielo, y la tragaron" (Mar 4:4), y otra parte "cayó en pedregales donde no tenía mucha tierra; y luego salió, porque no tenía la tierra profunda" (Mar 4:5). Esa parte se marchitó en seguida, por no tener tierra profunda. Otra parte cayó en espinas, y otra parte en buena tierra. Los discípulos quizá no son los únicos que no entienden lo que Jesús quiere decir, y él explica el significado y al mismo tiempo les dice: "A vosotros es dado saber el misterio del reino de Dios; mas a los que están fuera, por parábolas todas las cosas; para que viendo, vean o no echen de ver; y oyendo, oigan y no entiendan: porque no se conviertan, y les sean perdonados los pecados" (Mar 4:11-12). Jesús probablemente no quiere decir que la mayoría de sus oyentes están predestinados a no recibir su mensaje, sino más bien que si hubieran estado suficientemente interesados, hubiesen, como los discípulos, preguntado sobre su significado. "Para que, viendo, vean o no echen de ver" seguramente implica que *la consecuencia* es que aun viendo no van a entender.

La parte que cayó junto al camino representa a aquellos que escuchan las palabras de Jesús, y casi inmediatamente el mensaje pierde su actualidad. La parte que cayó en pedregales representa a aquellos que inicialmente reciben las palabras, pero de manera superficial, y "levantándose la tribulación o la persecución por causa de la palabra, luego se escandalizan" (Mar 4:17). La parte que cayó en espinas representa a aquellos que inicialmente reciben las palabras, pero sin que haya fruto permanente porque están influidos por "las preocupaciones de este mundo, el engaño de las riquezas y la codicia de otras cosas" (Mar 4:19). Solamente la parte que cayó en buena tierra representa a aquellos que verdaderamente reciben las palabras de Jesús.

Estas últimas declaraciones de Jesús parecen confirmar lo que acabo de escribir sobre el hecho de que Jesús no utiliza las parábolas

---

[25] France, *The Gospel of Mark* (2002), pp. 189, 213-4.

con el objetivo de que la gente no entienda su mensaje.[26] Por el contrario es la actitud que cada uno tenga a su mensaje lo que determina cuánto de aquello entienda.[27]

A través de otra parábola, de nuevo sobre un hombre que "echa simiente en la tierra" (Mar 4:27) y donde "la simiente brota y crece" (Mar 4:27) sin que el hombre entienda cómo, Jesús quiere explicar la dinámica interna de sus enseñanzas. En un principio sus enseñanzas tienen poco resultados, pero poco a poco los resultados serán visibles. El mismo sentido es transmitido a través de la parábola sobre el grano de mostaza que es "la más pequeña de todas las simientes que hay en la tierra" (Mar 4:31), pero "sube, y se hace la mayor de todas las legumbres" (Mar 4:32).

Jesús sigue haciendo milagros – entre otras cosas habla al viento y a las olas del lago de Genesaret, y le obedecen. Los discípulos notan lo que está pasando, pero necesitan tiempo para asimilar lo ocurrido.[28]

Junto con sus discípulos Jesús llega al lado este del lago de Genesaret, el cual está fuera de Galilea y donde la mayoría de la población es no judía.[29] Llegan a "la provincia de los gadarenos" (Mar 5:1). Es difícil localizar exactamente al sitio, pero la ciudad Gerasa está ubicada demasiado lejos del lago de Genesaret. Tal vez Marcos utiliza el nombre 'gadarenos' refiriéndose a todo el territorio de Decápolis, o sea la confederación de diez ciudades (aunque la cantidad de ciudades variaba) las cuales eran centros para las culturas griega y romana. Además de Damasco en Siria y algunas ciudades-estados dentro del Israel actual, la gran mayoría estaban ubicadas dentro de lo que hoy es Jordania.[30]

---

[26] "También les dijo: ¿Se trae la antorcha para ser puesta debajo del almud, o debajo de la cama? ¿No es para ser puesta en el candelero? Porque no hay nada oculto que no haya de ser manifestado, ni secreto que no haya de descubrirse" (Mar 4:21-22).

[27] "Si alguno tiene oídos para oír, oiga. Les dijo también: mirad lo que oís: con la medida que medís, os medirán otros, y será añadido a vosotros los que oís. Porque al que tiene, le será dado; y al que no tiene le será quitado" (Mar 4:23-25).

[28] "Y a ellos dijo: ¿Por qué estáis así amedrentados? ¿Cómo no tenéis fe? Y temieron con gran temor, y decían el uno al otro. ¿Quién es éste, que aun el viento y la mar le obedecen?" (Mar 4:40-41).

[29] France, *The Gospel of Mark* (2002), p. 222.

[30] France, *The Gospel of Mark* (2002), p. 227.

Aquí se enfrenta con un hombre endemoniado. Aparentemente tiene muchos demonios[31] que al ser expulsados entran en un hato de cerdos que pastaban cerca de allí, "y la manada cayó por un despeñadero en la mar, los cuales eran como dos mil; y en la mar se ahogaron" (Mar 5:13). Los habitantes ahora ruegan a Jesús salir de la región, y Jesús vuelve a Galilea, probablemente a Capernaum. El hombre previamente endemoniado, "se [va], y [comienza] a publicar en Decápolis cuán grandes cosas Jesús [ha] hecho con él" (Mar 5:20).

En Capernaum, posiblemente, Jesús es detenido por un príncipe de la sinagoga llamado Jairo que le pide acompañarle a casa para sanar a su hija de doce años. En el camino se encuentran con una mujer que ha sufrido hemorragias por doce años. Ella está pensando: "Si solo toco su manto, seré sanada" (Mar 5:28), y justamente así sucede.

Cuando Jesús y su compañía llega a la casa del príncipe de la sinagoga, su hija ya está muerta. Sin embargo, Jesús entra en la casa y levanta a la muchacha de los muertos.[32]

Capernaum aparentemente ha sido la base del ministerio de Jesús dentro y alrededor de Galilea, pero ahora va a Nazaret, la ciudad donde se crió, a unos cuarenta kilómetros de Capernaum. La prédica de Jesús en la sinagoga de Nazaret despierta cierto asombro, pero el contenido en poca medida es aceptado.[33]

Desde Nazaret, Jesús envía a sus doce discípulos en parejas para predicar el Reino de Dios, sanar a los enfermos, y echar fuera

---

[31] "Y [Jesús] le preguntó [al demonio]: ¿Cómo te llamas? Y respondió diciendo: Legión me llamo; porque somos muchos" (Mar 5:9).

[32] "Y vino a casa del príncipe de la sinagoga, y vio el alboroto, los que lloraban y gemían mucho. Y entrando, les dice: ¿Por qué alborotáis y lloráis? La muchacha no es muerta, mas duerme. Y hacían burla de él: mas él, echados fuera todos, toma al padre y a la madre de la muchacha, y a los que estaban con él, y entra donde la muchacha estaba. Y tomando la mano de la muchacha, le dice: Talita cumi; que traducido es: muchacha, a ti digo, levántate" (Mar 5:38-41).

[33] "Y llegado el sábado, comenzó a enseñar en la sinagoga; y muchos oyéndole, estaban atónitos, diciendo: ¿De dónde tiene este estas cosas? ¿Y qué sabiduría es esta que le es dada, y tales maravillas que por sus manos son hechas? ¿No es este el carpintero, hijo de María, hermano de Santiago, y de José, y de Judas, y de Simón? ¿No están también aquí con nosotros, sus hermanas? Y se escandalizaban en él. Mas Jesús les decía: no hay profeta deshonrado sino en su tierra, y entre sus parientes, y en su casa. Y no pudo hacer allí alguna maravilla; solamente sanó unos pocos enfermos, poniendo sobre ellos las manos. Y estaba maravillado de la incredulidad de ellos" (Mar 6:2-6).

demonios. La fama de Jesús alcanza a Herodes Antipas, 'tetrarca' de Galilea y Perea,[34] el cual teme que Jesús pueda ser Juan el Bautista resucitado de la muerte. El mismo Antipas permitió que Juan fuera decapitado, después de haber sido hecho prisionero en su fortaleza Maqueronte en Perea (en la Jordania actual). La razón fue que Juan había criticado públicamente las segundas nupcias de Antipas con Herodías (la cual había estado casada con su hermanastro, el Herodes Filipo I) después de que Antipas se había divorciado de la hija del rey nabateo, Aretas IV.[35]

Marcos tiene un estilo literario en que no siempre es fácil saber si un acontecimiento sigue inmediatamente después del evento anterior o si ha pasado algún tiempo entre los dos actos. De todas formas, Marcos nos cuenta que los doce discípulos vuelven a Jesús después de haber cumplido con su comisión, y junto con Jesús se retiran a un sitio desolado para quedarse en soledad. Pero allí también la gente se junta alrededor de ellos, y en vez de despedirlos por la hora avanzada del día, Jesús ora por cinco panes y dos peces, los cuales milagrosamente se hacen suficientes para alimentar a toda la muchedumbre de "cinco mil hombres" (Mar 6:44).

Después de haber enviado a los discípulos por adelantado a Betsaida, Jesús se retira para orar, y muy temprano – "cerca de la cuarta vigilia de la noche" (Mar 6:48), o sea entre las tres y las seis de la madrugada – "[viene Jesús] a ellos andando sobre la mar" (Mar 6:48).

Leemos entonces sobre un conflicto entre Jesús y los fariseos, y no solamente con el liderazgo local (de Galilea), sino también con "los fariseos, y algunos de los escribas, que habían venido de Jerusalén" (Mar 7:1). Parecen haber llegado a Galilea tal vez exclusivamente para examinar con más detalle el ministerio de Jesús

---

[34] Antipas posiblemente fue contado como "rey" en Galilea (Mar 6:14), pero estrictamente era 'tetrarca' sobre Galilea y Perea. Un 'tetrarca' era gobernador sobre un cuarto de un territorio romano.

[35] Las fuentes, no obstante, son ambiguas, y Josefo, el conocido historiador judío y fariseo, mantiene que Herodías primeramente estaba casada con "Herodes" (hijo de Herodes el Grande). Josefo también sostiene que Filipo estaba casado con Salomé, la cual era hija de Herodías. Cf. France, *The Gospel of Mark* (2002), pp. 256-8.

y también a ponerlo en su sitio.[36] Una de las objeciones es que los discípulos de Jesús no obedecen las instrucciones de los fariseos acerca de lavarse las manos antes de comer. Jesús, no obstante, contrataca diciendo: "Hipócritas, bien profetizó de vosotros Isaías, como está escrito: este pueblo con los labios me honra, mas su corazón lejos está de mí" (Mar 7:6). La reverencia que los fariseos sienten hacia la palabra de Dios es muy superficial según Jesús.

El fundamento de los fariseos parece haber sido la importancia de no hacerse ritualmente impuros. Cuando Jesús se dirige a las multitudes como tales, el mensaje que transmite es que lo que hace impura a una persona no es necesariamente romper las normas de pureza según el Antiguo Testamento y/o los fariseos (por ejemplo, en cuanto a abstenerse de comida supuestamente impura), sino permitir a sí mismo ser tentado por pensamientos y actitudes pecaminosas.[37]

De nuevo Jesús sale de territorio judío, y esta vez se dirige a "los territorios de Tiro y de Sidón" (Mar 7:24) más al norte de Galilea. Aquí echa fuera un demonio de la hija de una mujer "sirofenicia de nacionalidad" (Mar 7:26). Al regreso Jesús pasa por el lado este del lago de Genesaret, es decir todavía fuera de territorio judío,[38] donde sana a un hombre sordo, el cual también tiene dificultad para hablar (Mar 7:32).

"En aquellos días" (Mar 8:1) son palabras tan poco concretas que pueden referirse tanto a eventos anteriores como posteriores a lo que Marcos ha contado hasta este punto. Tal vez Jesús sigue al lado este del lago de Genesaret, y de nuevo hace un milagro en el desierto donde siete panes y algunos peces son suficientes para alimentar a unas cuatro mil personas.

---

[36] France, *The Gospel of Mark* (2002), p. 280.

[37] "¿También vosotros estáis sin entendimiento? ¿No entendéis que todo lo de fuera que entra en el hombre, no le puede contaminar; porque no entra en su corazón, sino en el vientre, y sale a la secreta? Esto decía, haciendo limpias todas las viandas. Mas decía, que lo del hombre sale, aquello contamina al hombre. Porque de dentro, del corazón de los hombres, salen los malos pensamientos, los adulterios, las fornicaciones, los homicidios, los hurtos, las avaricias, las maldades, el engaño, las desvergüenzas, el ojo maligno, las injurias, la soberbia, la insensatez." (Mar 7:18-22).

[38] "Y volviendo [Jesús] a salir de los territorios de Tiro, vino por Sidón a la mar de Galilea, por mitad de los territorios de Decápolis" (Mar 7:31).

Junto con los discípulos Jesús luego pasa a "la región de Dalmanuta" (Mar 8:10), que quizás se refiere a un pequeño pueblo pesquero, el cual apenas se puede localizar.[39] Después de una confrontación con algunos fariseos, manda a los discípulos que se guarden "de la levadura de los fariseos, y de la levadura de Herodes" (Mar 8:15). Es difícil decir con absoluta certeza si aquí se refiere indirectamente a la muerte de Jesús, donde tanto los fariseos como Herodes eran agentes activos.

En Betsaida un hombre ciego es sanado y, junto con los discípulos, Jesús va a Cesarea de Filipo. En el camino pregunta quién dice la gente que es Él, y recibe como respuesta que algunos dicen Juan el Bautista, mientras otros dicen Elías o algún profeta del Antiguo Testamento. Cuando pregunta a los discípulos, Pedro contesta que Jesús es el Mesías. Jesús aprueba la respuesta, pero los manda a no difundir tal conocimiento. Probablemente en esta misma época del ministerio de Jesús, Él ahora empieza hablar abiertamente "que convenía que el Hijo del hombre padeciese mucho, y ser reprobado de los ancianos, y de los príncipes de los sacerdotes, y de los escribas, y ser muerto, y resucitar después de tres días" (Mar 8:31).

La importancia de seguir a Jesús es enfatizada, cómo los discípulos deben "[negarse] a sí mismos, y [tomar] su cruz, y [seguirle]" (Mar 8:34), lo cual implica estar dispuesto a sufrir la muerte por el Reino de Dios, si es necesario. Las palabras de Jesús son radicales: "Porque el que quiere salvar su vida, la perderá; y el que pierde su vida por causa de mí y del evangelio, la salvará. [...] Porque el que se avergüenza de mí y de mis palabras en esta generación adúltera y pecadora, el Hijo del hombre se avergonzará también de él, cuando vendrá en gloria de su Padre con los santos ángeles" (Mar 8:35, 38). Los discípulos necesitan bastante tiempo para asimilar y entender lo que Jesús les dice sobre su muerte y resurrección, porque seguramente esto es contrario al concepto que tienen ellos mismos sobre el significado del Mesías. Quizás todavía consideran a Jesús como solamente un libertador político.

A lo mejor en la misma conversación o más o menos en la misma época del ministerio de Jesús, en camino con los discípulos a Jerusalén. Él dice que "hay algunos de los que están aquí, que no

---

[39] France, *The Gospel of Mark* (2002), p. 309.

gustarán la muerte hasta que hayan visto el reino de Dios que viene con potencia" (Mar 9:1). El término "algunos" tal vez se refiere a los discípulos Pedro, Jacobo y Juan, que "seis días después" son apartados en un monte alto" donde Elías y Moisés del Antiguo Testamento se manifiestan a Jesús y conversan con Él. Acerca de Jesús leemos que "fue transfigurado delante de ellos. Y sus vestidos se volvieron resplandecientes, muy blancos, como la nieve; tanto que ningún lavador en la tierra los puede hacer tan blancos" (Mar 9:2-3). Al mismo tiempo escuchan una voz desde una nube diciendo: "Este es mi Hijo amado, a él oíd" (Mar 9:7).

Jesús, Juan, Pedro y Jacobo vuelven a los otros discípulos, los cuales están rodeados por una gran multitud y disputando con algunos escribas (Mar 9:14). El trasfondo parece ser que los discípulos no habían logrado echar fuera el "espíritu mudo" de un niño. Jesús echa fuera al espíritu, mandando no solamente que salga, sino también que nunca más entre al niño. Después los discípulos preguntan cuál es la razón por la cual ellos fracasaron, y Jesús responde que "Este género con nada puede salir, sino con oración y ayuno" (Mar 9:29).

Jesús trata con el interés de ganar prestigio que ve manifestado en la vida de sus discípulos que se preguntan quién es "el mayor" entre ellos. Posiblemente la pregunta ha surgido porque los discípulos todavía no han entendido que Jesús no ha venido para establecer un reino político. Entonces Jesús les enseña acerca de la importancia de ser "servidor de todos" (Mar 9:35).

Tal vez ese interés por proteger su propia posición con Jesús haya sido la razón por la que intentaron prohibir a un hombre el derecho a echar fuera demonios en el nombre de Jesús, porque este no estaba en su compañía.

Leemos después que Jesús llega a "las regiones de Judea y más allá del Jordán" (Mar 10:1). Es posible que este territorio haya sido Perea, que desde la perspectiva de los galileos estaba fusionada con "Judea", aunque políticamente Judea y Perea eran territorios distintos.[40]

Aquí Jesús entra en disputa con los fariseos por preguntas relacionadas con el divorcio, y dice que Moisés ha permitido el

---

[40] France, *The Gospel of Mark* (2002), p. 389.

divorcio, no porque expresa la verdadera voluntad de Dios, sino por la 'dureza de corazón' de los seres humanos.

Todavía en camino a Jerusalén, leemos que los discípulos intentan impedir a los padres acercarse a Jesús con sus hijos para que Él ponga sus manos sobre ellos. Jesús reprende a los discípulos diciendo: "El que no reciba el reino de Dios como un niño, no entrará en él" (Mar 10:15). Quizás sea por la persistente preocupación de proteger sus posiciones destacadas lo que hace que ellos no consideren a los niños como 'suficientemente importantes' para recibir la atención de Jesús.

Luego sigue la historia sobre el joven rico que pregunta a Jesús cuáles son los requisitos para "poseer la vida eterna". Al contrario de los niños, los cuales inicialmente habían sido rechazados por los discípulos, aquí deberíamos pensar que había un candidato que por lo menos según la perspectiva de estatus o prestigio según los discípulos cumpliría con los requisitos. Y cuando Jesús menciona los mandamientos "No cometerás homicidio, no cometerás adulterio, no robarás, no dirás falso testimonio, no defraudarás, honra a tu padre y a tu madre" (Mar 10:19), el joven responde que "todo esto he guardado desde mi mocedad" (Mar 10:20). Para Jesús, aquello no es suficiente y, pide al joven vender todas sus posesiones y darlo todo a los pobres. Los discípulos se espantan (Mar 10:24) cuando el hombre se aleja muy triste, no mejora la situación, pues Jesús dice que "Más fácil es pasar un camello por el ojo de una aguja, que un rico entrar en el reino de Dios" (Mar 10:25). Esas palabras, fácilmente se pueden malentender. En otros contextos vemos que la riqueza en sí no es necesariamente un impedimento para servir en el Reino de Dios.

Los discípulos aparentemente no habían aprendido que los valores del Reino de Dios no concuerdan con las ambiciones de poder, prestigio o influencia personal. Más bien Jesús los prepara para su propio sufrimiento, deshonra y muerte en el futuro inmediato,[41] y eso tampoco sirvió de ayuda. Los hermanos Jacobo y Juan se acercan para pedir los sitios de honor, uno a la derecha y el otro a la izquierda de Jesús cuando Él sea glorificado eternamente. Naturalmente los

---

[41] "Entonces volviendo a tomar a los doce aparte, les comenzó a decir las cosas que le habían de acontecer. He aquí subimos a Jerusalén, y el Hijo del hombre será entregado a los príncipes de los sacerdotes, y a los escribas, y le condenarán a muerte, y le entregarán a los gentiles: y le escarnecerán, y le azotarán, y escupirán en él, y le matarán; mas al tercer día resucitará" (Mar 10:32-34).

otros discípulos responden con indignación cuando se enteran, y Jesús aprovecha el momento para profundizar en lo que Él se refiere cuando habla de las características del Reino de Dios: "Sabéis que los que se ven ser príncipes entre las gentes, se enseñorean de ellas, y los que entre ellas son grandes tienen sobre ellas potestad. Mas no será así entre vosotros, antes, cualquiera que quiere hacerse grande entre vosotros, será vuestro servidor; y cualquiera de vosotros que quiere hacerse el primero, será siervo de todos. Porque el Hijo del hombre tampoco vino para ser servido, mas para servir, y dar su vida en rescate por muchos" (Mar 10:42-45).

El último milagro de Jesús antes de llegar a Jerusalén es la sanidad a Bartimeo el ciego, al salir de la ciudad de Jericó. Jesús está rodeado por una multitud grande, la cual probablemente, como Él mismo y sus discípulos, está de camino a Jerusalén para la fiesta de Pascua.

Al llegar a unos pocos kilómetros de Jerusalén, Jesús pide a dos de sus discípulos ir a cierto sitio donde encontrarán "un pollino atado, sobre el cual ningún hombre ha subido" (Mar 11:2). Obviamente Jesús pudo haber hablado por conocimiento sobrenatural, pero, aunque Marcos nunca menciona visitas previas a Jerusalén, aquí posiblemente tenemos una alusión indirecta sugiriendo que Él pudo haber visitado la ciudad antes. En el evangelio de Juan leemos claramente que Jesús visitó Jerusalén en varias ocasiones, así que es muy posible que los discípulos fueran enviados por el pollino porque Jesús ya tenía contactos en Jerusalén, incluyendo al propietario del animal.[42]

Jesús entra a Jerusalén cabalgando y es elogiado por las multitudes que lo rodean.[43] Es factible que Jesús conscientemente hubiera elegido un burro como medio de transporte, y las multitudes parecen haberlo percibido como cumplimiento de la profecía mesiánica en

---

[42] "Id al lugar que está delante de vosotros, y luego entrados en él, hallaréis un pollino atado, sobre el cual ningún hombre ha subido; desatadlo y traedlo. Y si alguien os dice: ¿por qué hacéis eso? decid que el Señor lo necesita: y luego lo enviará acá" (Mar 11:2-3).

[43] "Y trajeron el pollino a Jesús, y echaron sobre él sus vestidos, y se sentó sobre él. Y muchos tendían sus vestidos por el camino, y otros cortaban hojas de los árboles, y las tendían por el camino. Y los que iban delante, y los que iban detrás, daban voces diciendo: ¡Hosanna! Bendito el que viene en el nombre del Señor. Bendito el reino de nuestro padre David que viene: ¡Hosanna en las alturas!" (Mar 11:7-10).

Zac 9:9-10: "He aquí, tu rey vendrá a ti, justo y salvador, humilde, y cabalgando sobre un asno, así sobre un pollino hijo de asna. […] Y su señorío será de mar a mar, y desde el río hasta los fines de la tierra."[44]

Al día siguiente Jesús entra en el templo y empieza a "echar fuera a los que vendían y compraban en el templo; y trastornó las mesas de los cambistas, y las sillas de los que vendían palomas" (Mar 11:15). Sabemos que anteriormente se compraban y vendían animales de sacrificio frente al Monte de los Olivos. Aquí en Marcos vemos que también lo hacían dentro del sitio del templo, y sin duda con la aprobación de las autoridades.[45] Jesús responde con indignación porque el templo, que debe ser una "casa de oración" se ha convertido en una "cueva de ladrones" (Mar 11:17). Los sumos sacerdotes y los escribas perciben la demostración de fuerza que Jesús ha utilizado como una amenaza contra su propia autoridad y jurisdicción y "procuraban cómo le matarían" (Mar 11:18).

Probablemente en forma de acusación ellos preguntan con qué derecho puede Él usurpar su autoridad en el templo.[46] Jesús no responde, sino que en vez de ello les pregunta: ¿fue Juan el Bautista enviado por Dios o no? Los escribas en general habían rechazado a Juan como enviado por Dios, pero temiendo al pueblo, no se atreven a admitirlo abiertamente. Entonces tampoco Jesús contesta la pregunta que ellos le hicieron a Él.[47]

La autoridad y la jurisdicción de Jesús es sugerida a través de la parábola del hombre quien arrienda su viña a unos labradores para irse a otro país. Después de un tiempo envía a un siervo "para que tomase de los labradores del fruto de la viña" (Mar 12:2). El hombre es maltratado y tiene que volver al propietario con las manos vacías. Lo mismo sucede con los otros siervos que son enviados después. Algunos son asesinados. Finalmente, el propietario envía a su propio

---

[44] France, *The Gospel of Mark* (2002), p. 429.

[45] France, *The Gospel of Mark* (2002), p. 444.

[46] "Y andando él por el templo, vienen a él los príncipes de los sacerdotes, y los escribas, y los ancianos: y le dicen: ¿con qué facultad haces estas cosas? ¿y quién te ha dado esta facultad para hacer estas cosas?" (Mar 11:27-28).

[47] "Entonces respondiendo Jesús, les dice: tampoco yo os diré con qué facultad hago estas cosas" (Mar 11:33).

hijo, pero él también es liquidado. El liderazgo religioso entiende que es a ellos a quienes ha criticado en la parábola. El propietario de la viña es Dios, y la viña es el pueblo de Israel. Los siervos son los profetas de Dios en el Antiguo Testamento, mientras que los labradores representan el liderazgo religioso, el cual rechaza y finalmente mata al mensajero de Dios. Jesús es el Hijo que finalmente es enviado, y como Él es rechazado, el mismo Dios juzgará a los líderes judíos. En la parábola aquello es expresado a través del señor de la viña, quien "vendrá, y destruirá a estos labradores, y dará su viña a otros" (Mar 12:9).

Algunos fariseos y herodianos preguntan a Jesús si es lícito pagar impuestos al emperador o no. Saben que, si Él contesta que no, le pueden denunciar a las autoridades romanas. Si contesta que sí, esto no agradará a los patriotas judíos. La invitación de Jesús de dar "lo que es de César a César, y lo que es de Dios, a Dios", da respaldo al poder romano, pero es incierta la acogida de su respuesta entre los oyentes.

También hay algunos saduceos, que, a pesar de no creer en ninguna resurrección, intentan hacer que Jesús caiga en una trampa presentando una historia ficticia sobre un hombre que se casa, pero se muere sin dejar ningún hijo. De forma sucesiva sus siete hermanos se casan con la mujer, pero todos mueren sin dejar hijos. ¿Quién entre los ocho hermanos, los saduceos preguntan, será el marido de ella en la resurrección? Jesús contesta que ninguno y después ataca a los saduceos por no creer en la realidad de la resurrección. El razonamiento de Jesús parece ser que el Dios vivo del Antiguo Testamento quien se ha identificado como 'Yo soy', de ninguna manera se hubiera podido presentar como "el Dios de Abraham, y el Dios de Isaac, y el Dios de Jacob" (Mar 12:26) si estos tres hubieran dejado de existir después de su muerte física. Es que Dios no es "Dios de muertos, mas Dios de vivos" (Mar 12:27), y la resurrección es algo real.[48]

No se puede asegurar que la próxima historia, donde un escriba pregunta cuál es "el primer mandamiento de todos" (Mar 12:28), necesariamente fuera una trampa para Jesús. De todos modos, Jesús contesta diciendo que es necesario tener amor genuino tanto hacia

---

[48] France, *The Gospel of Mark* (2002), p. 471.

Dios como hacia el prójimo.[49] El escriba expresa su aprobación, y Jesús comenta que él no está "lejos del reino de Dios" (Mar 12:34). Desde entonces nadie se atreve hacerle más preguntas a Jesús.

El ciego Bartimeo y la multitud que acompañaba a Jesús hasta Jerusalén, le habían identificado como "Hijo de David". Ahora Jesús pregunta partiendo del Salmo 110, por qué David llama al Mesías "Señor", si este es su hijo como los fariseos sostenían.[50] Lo que Jesús indirectamente quiere decir es que, aunque Él mismo es "Hijo de David" por linaje físico, también es mucho más.

Jesús critica abiertamente a los escribas por desear ser bien vistos cuando en realidad son hipócritas e intentan sacar provecho de la gente.[51]

Saliendo del templo Jesús profetiza su destrucción por los romanos en el año 70 d.C.[52] Cuando algunos de sus discípulos están sentados con Él en el Monte de los Olivos, intentan enterarse sobre cuándo la profecía se cumplirá: "Dinos, ¿cuándo serán estas cosas? ¿Y qué señal habrá cuando todas estas cosas han de cumplirse?" (Mar 13:4) En su respuesta Jesús combina declaraciones sobre la caída de Jerusalén con enseñanzas acerca de su segunda venida, las cuales son dos eventos distintos. Antes de la destrucción de Jerusalén aparecerán agentes políticos quienes vendrán "en mi nombre, diciendo: Yo soy el Cristo" (Mar 13:6). Aquí tal vez se trata de individuos intentando asumir un

---

[49] "Y Jesús le respondió: el primer mandamiento de todos es: oye, Israel, el Señor nuestro Dios, el Señor uno es. Amarás pues al Señor tu Dios de todo tu corazón, y de toda tu alma, y de toda tu mente y de todas tus fuerzas; este es el principal mandamiento. Y el segundo es semejante a él: amarás a tu prójimo como a ti mismo. No hay otro mandamiento mayor que estos" (Mar 12:29-31).

[50] "Y respondiendo Jesús decía, enseñando en el templo: ¿cómo dicen los escribas que el Cristo es hijo de David? Porque el mismo David dijo por el Espíritu Santo: dijo el Señor a mi Señor: siéntate a mi diestra, hasta que ponga tus enemigos por estrado de tus pies. Luego llamándole el mismo David Señor, ¿de dónde, pues, es su hijo?" (Mar 12:35-37).

[51] "Y les decía en doctrina: guardaos de los escribas, que quieren andar con ropas largas, y aman las salutaciones en las plazas, y las primeras sillas en las sinagogas, y los primeros asientos en las cenas; que devoran las casas de las viudas, y por pretexto hacen largas oraciones. Estos recibirán mayor juicio" (Mar 12:38-40).

[52] "Y saliendo del templo, le dice uno de sus discípulos: Maestro, mira qué piedras, y qué edificios. Y Jesús respondiendo, le dijo: ¿ves estos grandes edificios? No quedará piedra sobre piedra que no sea derribada" (Mar 13:1-2).

rol mesiánico que solamente pertenece al mismo Jesús.[53] También van a escuchar de "guerras y de rumores de guerras" (Mar 13:7), incluso terremotos, "hambres y alborotos" (Mar 13:8). Además, los discípulos deben estar preparados para la oposición tanto de los romanos como de los judíos, pero el Espíritu Santo les va a dar las palabras cuando las necesiten.[54] Antes de la destrucción del templo, el evangelio habrá sido predicado en áreas y territorios lejanos de las fronteras de Israel.[55] "Pero cuando viereis la abominación de asolamiento", Jesús profetiza posiblemente pensando en un acto futuro antes de la destrucción de Jerusalén el cual pueda parecerse a la orden del rey seléucida Antíoco IV Epífanes en 167 a.C. acerca de alabar al dios griego llamado Zeus en el templo de Jerusalén, "entonces los que estén en Judea huyan a los montes" (Mar 13:14). En cuanto a qué acto paralelo que pueda haber sucedido en relación con la destrucción romana de Jerusalén en el año 70, nos falta conocimiento.[56]

En un momento de su discurso sobre la destrucción de Jerusalén en el año 70, tal vez porque considera aquello como parte de 'los últimos días' pues sucede después de su muerte y resurrección, Jesús cambia el tópico para hablar del tiempo de su segunda venida. El sol "se oscurecerá y la luna no dará su resplandor; y las estrellas caerán del cielo y los poderes que están en los cielos serán conmovidos" (Mar 13:24-25). Es difícil saber si debemos interpretar estas palabras literal o simbólicamente. Jesús, no obstante, volverá,[57] y aquellos que le pertenecen, serán reunidos alrededor de Él.[58]

---

[53] France, *The Gospel of Mark* (2002), p. 510.

[54] "Mas vosotros mirad por vosotros: porque os entregarán en los concilios, y en sinagogas seréis azotados: y delante de presidentes y de reyes seréis llamados por causa de mí, en testimonio a ellos. [...] Y cuando os lleven para entregaros, no premeditéis qué habéis de decir, ni lo penséis: mas lo que os sea dado en aquella hora, eso hablad; porque no sois vosotros los que habláis, sino el Espíritu Santo" (Mar 13:9, 11).

[55] "Y a todas las gentes conviene que el evangelio sea predicado antes" (Mar 13:10).

[56] France, *The Gospel of Mark* (2002), p. 520.

[57] "Y entonces verán al Hijo del hombre, que vendrá en las nubes con mucha potestad y gloria" (Mar 13:26).

[58] "Y entonces enviará sus ángeles, y juntará sus escogidos de los cuatro vientos, desde el cabo de la tierra hasta el cabo del cielo" (Mar 13:27).

La cronología parece un poco ambigua, pero quizá sea el tiempo de la destrucción del tiempo que Jesús tiene en su mente cuando dice que "no pasará esta generación, hasta que todas estas cosas no sean hechas" (Mar 13:30). Y al mismo tiempo parece que sea el tiempo de su segunda venida a lo que se refiere cuando dice: "Pero de aquel día y de la hora, nadie sabe; ni aun los ángeles que están en el cielo, ni el Hijo, sino el Padre" (Mar 13:32). Como creyentes somos exhortados a 'velar' en el sentido de estar preparados cuando Jesús vuelva.[59]

El evangelio según Marcos dirige ahora la atención hacia el fin del ministerio de Jesús en la tierra. Probablemente en el día trece del mes Nisán (el cual corresponde a marzo o abril dentro de nuestro calendario),[60] cuando "dos días después era la Pascua y los días de los panes sin levadura" (Mar 14:1), Jesús está en casa de Simón el leproso en Betania. Allí espontáneamente es ungido con un perfume de nardo puro de gran precio. Uno de los discípulos de Jesús, Judas Iscariote, se molesta por el acto de la mujer que unge a Jesús, pues el perfume de nardo pudo haber sido vendido y el dinero entregado a los pobres. Él de todos modos toma la decisión de traicionar a Jesús y va a buscar a los sumos sacerdotes. Ellos prometen darle dinero, y desde este punto Judas busca "cómo [entregarle]" (Mar 14:11.)

Al día siguiente, "el primer día de los panes sin levadura" (Mar 14:12), o sea al mismo día que los judíos sacrificaban el cordero de la Pascua, dos de los discípulos de Jesús empiezan a hacer las preparaciones para la comida de Pascua. Ahora estamos en el día catorce dentro del mes de Nisán. Es importante recordar que el día según los judíos empieza después de la puesta del sol y se extiende *dos* días según *nuestra* división con el día empezando después de medianoche. Si las preparaciones para la comida de Jesús empiezan después de la puesta del sol, entonces tanto las preparaciones como la comida suceden en el mismo día judío. La mañana siguiente (según *nuestra* visión) es parte del mismo día (según ellos); o sea todavía es el día catorce del mes de Nisán, y empezará el sacrificio de los corderos de Pascua. Las implicaciones son que Jesús y sus discípulos, aunque están celebrando una verdadera comida de Pascua, lo hacen con un

---

[59] "Mirad, velad y orad: porque no sabéis cuando será el tiempo" (Mar 13:33).

[60] Cf. France, *The Gospel of Mark* (2002), pp. 548-9.

día de anticipación, pues esa comida es celebrada realmente el día *quince* del mes Nisán.[61]

Mientras que están comiendo, Jesús dice que uno de los doce discípulos – "que come conmigo" (Mar 14:18) – le va a traicionar. Elige, no obstante, no revelar a Judas Iscariote.

Todavía mientras están comiendo, Jesús bendice un pan, lo parte y lo da a sus discípulos, diciendo "esto es mi cuerpo" (Mar 14:22). Y al mismo tiempo toma una copa, de la cual los discípulos beben, diciendo "Esto es mi sangre del nuevo pacto, que por muchos es derramada" (Mar 14:24).

Después de la comida van al Monte de los Olivos donde de nuevo Jesús habla sobre su muerte y resurrección que se acercan rápidamente. Pedro asegura su lealtad inquebrantable hacia Jesús, quien responde diciendo que "hoy, en esta noche, antes que el gallo haya cantado dos veces, me negarás tres veces" (Mar 14:30).

Todavía estamos en el día catorce del mes de Nisán – es jueves por la noche – y Jesús pide a los discípulos quedarse donde están mientras que Él lleva consigo a Pedro, Jacobo y Juan para velar con Él mientras está orando. Este es el contexto en donde Judas de repente aparece junto con "una compañía con espadas y palos" para tomar a Jesús y llevarlo ante el sumo sacerdote. Aunque Marcos no lo menciona, se infiere del evangelio según Juan que Judas los había dejado durante la comida.

Jesús es llevado ante lo que quizá solo constituye una *parte* del Sanedrín – la asamblea suprema de los judíos.[62] Probablemente se trata de un interrogatorio preparatorio para decidir si Jesús pone en gran riesgo la seguridad, que debe ser interrogado por las autoridades romanas.[63]

La acusación contra Jesús se da en parte por haber amenazado con derribar el templo judío (y reconstruirlo en de tres días) y, por otra parte, por sostener ser el Mesías sobre quien el Antiguo Testamento profetiza. Al contestar que de verdad *es* el Mesías y que "veréis al Hijo del hombre sentado a la diestra de la potencia de Dios,

---

[61] France, *The Gospel of Mark* (2002), pp. 559-65.

[62] "Y trajeron a Jesús al sumo sacerdote; y se juntaron a él todos los príncipes de los sacerdotes y los ancianos y los escribas" (Mar 14:53).

[63] France, *The Gospel of Mark* (2002), p. 602.

y viniendo en las nubes del cielo" (Mar 14:62), no hace falta el testimonio de otras personas en su contra. El caso es que Jesús sostiene que volverá como juez, y aquello simplemente es demasiado para el sumo sacerdote, el cual rasga su ropa e impulsa a los demás a aprobar su conclusión de que Jesús es "digno de muerte" (Mar 14:64).

Pedro ha seguido a Jesús "de lejos hasta dentro del patio del sumo sacerdote" (Mar 12:54). Es reconocido, por una de sus criadas, pero él niega conocer o tener algo que ver con Jesús.

Muy temprano, todavía el día catorce del mes Nisán, Jesús es atado y entregado a Poncio Pilato, el cual representa el poder romano en Judea, aunque él mismo está sujeto al gobernador de Siria. Los líderes de los judíos aparentemente reformulan su acusación de que Jesús dice ser el Mesías de forma política, y Pilato le pregunta abiertamente a Jesús: "¿Eres tú el Rey de los judíos?" (Mar 15:2) Jesús no le da una respuesta directa, y es manifiesto que Pilato no confía mucho en las acusaciones de los líderes judíos.[64] Primeramente intenta poner en libertad a Jesús apelando a una costumbre durante la celebración de la Pascua de liberar a un prisionero según los deseos del pueblo. Su intento no sale bien, y Jesús es azotado y luego entregado para ser crucificado. La crucifixión es a "las nueve de la mañana" (Mar 15:25). Tres horas después llegan "tinieblas sobre toda la tierra" (Mar 15:33) que duran por unas tres horas. Entonces Jesús exclama en voz alta: "Dios mío, Dios mío, ¿por qué me has desamparado?" (Mar 15:34) y muere. Al mismo tiempo el velo del templo se rasga en dos "de arriba hacia abajo" (Mar 15:38).

Se hace tarde y noche, y entramos en el día quince del mes de Nisán, o sea viernes, y uno de los miembros del concilio de los judíos (el Sanedrín), José de Arimatea, pide a Pilato el permiso de bajar el cuerpo de Jesús y enterrarlo. El permiso es concedido.

Cuando el sábado, el día dieciséis del mes de Nisán se ha acabado, tres mujeres, "María Magdalena, y María madre de Jacobo y Salomé, [compran] especias aromáticas, para venir a ungirle" (Mar 16:1). Muy temprano, o sea en el día diecisiete del mes Nisán, las tres se dirigen al sepulcro. Aquí se enteran del hecho de que la gran piedra de la entrada del sepulcro ha sido removida, y ven a un hombre joven

---

[64] "Porque conocía que por envidia le habían entregado los príncipes de los sacerdotes" (Mar 15:10).

vestido en ropa blanca, el cual probablemente es un ángel. El ángel les cuenta que Jesús ha sido resucitado, y las mujeres son comisionadas para informar a los discípulos que se encontrará con ellos en Galilea. Las mujeres se asustan y, por lo menos, inicialmente no dicen nada. Luego Jesús se muestra de forma visible a María Magdalena, y esta vez ella es obediente a la comisión.[65]

También Jesús aparece visiblemente a dos de sus seguidores, pero como en el caso de las mujeres, tampoco estos creen inicialmente. Al final, aparece a los once discípulos y los reprende por su incredulidad.

El evangelio según Marcos es muy compacto, y detalles importantes han sido omitidos. Ninguno de los evangelios relata si Jesús resucitó en sábado o al día siguiente; solamente somos informados de cuándo la resurrección se descubre.[66] Tampoco hay información sobre por cuánto tiempo Jesús se revela a sus discípulos antes de ser llevado al cielo. Antes de ese último evento, reciben la comisión de ir "por todo el mundo [a predicar] el evangelio a toda criatura" (Mar 16:15). Incorporado a la 'gran comisión' también está incluido el mandato de bautizar a los que creen su mensaje.[67] Jesús les da la promesa de que la predicación del evangelio estará acompañada por señales y prodigios.[68]

El evangelio según Mateo

Este evangelio parece tener como autor a Mateo, uno de los discípulos de Jesús.[69] Probablemente fue escrito en el período entre

---

[65] "Y ellos como oyeron que vivía y que había sido visto de ella, no lo creyeron" (Mar 16:11).

[66] France, *The Gospel of Mark* (2002), p. 678.

[67] "El que cree y es bautizado, será salvo; mas el que no cree, será condenado" (Mar 16:16).

[68] "Y estas señales seguirán a los que creen: en mi nombre echarán fuera demonios; hablarán nuevas lenguas; quitarán serpientes, y si beben cosa mortífera, no les dañará, sobre los enfermos pondrán sus manos, y sanarán" (Mar 16:17-18). La última mitad del capítulo 16, o sea a partir del versículo 9, no está incluida en los manuscritos griegos más confiables. El contenido de esa última mitad, no obstante, corresponde a la totalidad del mensaje de los cuatro evangelios.

[69] "Y pasando Jesús de allí, vio a un hombre que estaba sentado al banco de los públicos tributos, el cual se llamaba Mateo; y le dice: sígueme. Y se levantó, y le siguió" (Mat 9:9). "Y los nombres de los doce apóstoles son estos: el primero, Simón, que es dicho Pedro, y Andrés su hermano; Jacobo, hijo de Zebedeo, y Juan

los años 60 y 70 d.C. y, posiblemente, hasta aún más tarde. Mateo era recaudador de impuestos y quizá se trata del mismo Levi del evangelio según Marcos.[70]

El evangelio empieza con una genealogía amplia, con catorce generaciones a partir del patriarca Abraham hasta el rey David, catorce generaciones desde David hasta la deportación del pueblo de Israel a Babilonia, y desde allí catorce generaciones hasta Jesús. El autor se inspira, en parte, en los tres primeros capítulos de 1 Crónicas, pero tal vez también haya tenido acceso a otras genealogías judías. Su objetivo principal parece haber sido mostrar las raíces de Jesús desde David y Abraham.[71]

Mientras que el evangelio según Marcos no dirige su atención a la infancia de Jesús, aquí nos enteramos del hecho de que María, la madre de Jesús, siendo "desposada con José, antes que se juntasen, se halló haber concebido del Espíritu Santo" (Mat 1:18). Al principio José quiere dejar a María, secretamente, para no "infamarla" (Mat 1:19), pero entonces tiene una experiencia con un ángel que en un sueño nocturno le confirma aquello que María ya le debe haber contado, es decir que ella dará a luz a un hijo, concebido "del Espíritu Santo" (Mat 1:20), y Él "salvará a su pueblo de sus pecados" (Mat 1:21).

Jesús es nacido en Belén, "en días del rey Herodes" (Mat 2:1). Herodes el Grande reinaba entre los años 37 y 4 a.C., por tanto, Jesús debe haber nacido en el año 4 a.C. o posiblemente antes. Después de su nacimiento vienen unos magos "del oriente" (Mat 2:1), tal vez de Arabia, Babilonia o Persia, para adorar al "Rey de los judíos, que ha nacido" (Mat 2:2). Los magos preguntan e investigan en Jerusalén, y el rey Herodes se inquieta. En conversaciones con los sumos sacerdotes y los escribas, ellos le dirigen a un pasaje del libro del profeta Miqueas en el Antiguo Testamento, el cual profetiza acerca

---

su hermano; Felipe, y Bartolomé; Tomás, y Mateo el publicano; Jacobo hijo de Alfeo, Lebeo, por sobrenombre Tadeo; Simón el Cananita, y Judas Iscariote, que también le entregó" (Mat 10:2-4).

[70] "Y pasando, vio a Levi, hijo de Alfeo sentado al banco de los públicos tributos, y le dice: sígueme. Y levantándose le siguió" (Mar 2:14). Cf. France, *The Gospel of Mark* (2002), p. 131.

[71] Davies y Allison, *A Critical and Exegetical Commentary on the Gospel according to St. Matthew*. Vol. 1 (2010), pp. 165-6.

de un guiador, nacido en Belén que "apacentará a mi pueblo Israel" (Mat 2:6).

Los magos han visto su estrella "en el oriente" (Mat 2:2) y la siguen hasta Belén donde encuentran al bebé Jesús y a sus padres. Adoran al bebé y vuelven a su propio país sin notificar al rey Herodes. Poco tiempo después José tiene un sueño donde es advertido contra Herodes, y por esta razón huye temporalmente con la familia a Egipto. Para asegurar su continuo poder real, Herodes envía a hombres de Jerusalén a Belén para matar "a todos los niños en Belén y en todos sus alrededores, de edad de dos años abajo" (Mat 2:16).

Después de la muerte de Herodes, la familia de Jesús vuelve. Se inquietan, no obstante, al enterarse de que Arquelao ha sido nombrado 'etnarca' sobre Idumea, Judea y Samaria después de la muerte de su padre, y deciden establecerse en Galilea, en la ciudad de Nazaret.

Mateo ahora da un salto largo hasta el ministerio de Juan el Bautista, o sea donde el evangelio según Marcos inicia. Mateo ofrece detalles complementarios y, entre otras cosas, describe cómo Juan confronta tanto a fariseos como a saduceos, que han aparecido dónde él está bautizando en el río Jordán.[72]

Incluso antes de que el mismo Jesús apareciera para ser bautizado, Juan profetiza que Él en forma de "fuego" juzgará a aquellos que no reconozcan el mensaje de Dios, mientras que el mismo "fuego" purificará a los verdaderos creyentes.[73] Cuando Jesús quiere ser bautizado, Juan inicialmente se niega a hacerlo porque se siente indigno. Sin embargo, Jesús le convence con las palabras "porque así nos conviene cumplir toda justicia" (Mat 3:15), lo cual puede

---

[72] "Y viendo él muchos de los fariseos y de los saduceos, que venían a su bautismo, les decía: generación de víboras, ¿quién os ha enseñado a huir de la ira que vendrá? Haced pues frutos dignos de arrepentimiento, y no penséis dentro de vosotros: a Abraham tenemos por padre: porque yo os digo, que puede Dios despertar hijos a Abraham aun de estas piedras" (Mat 3:7-9).

[73] "Yo a la verdad os bautizo con agua para arrepentimiento; mas el que viene tras mí, más poderoso es que yo, los zapatos del cual yo no soy digno de llevar; él os bautizará en Espíritu Santo y en fuego. Su aventador está en su mano, y limpiará su era. Recogerá su trigo en el granero y quemará la paja en el fuego que nunca se apagará" (Mat 3:11-12).

significar que así están cumpliendo las profecías del Antiguo Testamento.[74]

Después de su bautismo, Jesús es "llevado del Espíritu al desierto para ser tentado del diablo" (Mat 4:1). En el evangelio según Mateo la impresión es que las tentaciones surgen después de haber pasado cuarenta días, pero aquello no es tan obvio según Marcos. Leemos que Satanás reta a Jesús a convertir las piedras en pan para mitigar su hambre, a lo cual Jesús responde que "no con solo el pan vivirá el hombre, mas con toda palabra que sale de la boca de Dios" (Mat 4:4). Con esto, Jesús comprueba que el cumplimiento de la voluntad de Dios está por sobre las necesidades humanas. Luego, el diablo lleva a Jesús a Jerusalén, o en forma de una visión o de manera real, y le pone "de pie sobre el pináculo del templo" (Mat 4:5), quizá un balcón de la pared del templo,[75] pues la tentación consiste en lanzarse confiando en que los ángeles le recogerán por ser el Hijo de Dios. Jesús responde con una cita del Antiguo Testamento diciendo "No tentarás al Señor tu Dios" (Mat 4:7). La tentación fundamentalmente parece consistir en utilizar el poder sobrenatural de Dios por iniciativa propia sin haber sido guiado por el Espíritu Santo.

También cuando Jesús es llevado a un monte y le son mostrados "todos los reinos del mundo y su gloria" (Mat 4:8), los cuales Satanás promete entregarle si se postra para adorarle, Jesús rechaza la tentación. Si realmente Satanás posee tal poder y autoridad, no se profundiza en Mateo.

Al final de sus cuarenta días en el desierto, Jesús vuelve a Galilea donde se establece en Capernaum, como ya sabemos por el evangelio según Marcos. Según Mateo parece que uno de los motivos de Jesús para volver a Galilea es el encarcelamiento de Juan. En Galilea Jesús empieza su ministerio público, que también conocemos por Marcos.

---

[74] "Y Jesús, después que fue bautizado, subió del agua; y he aquí los cielos le fueron abiertos, y vio al Espíritu de Dios que descendía como paloma, y venía sobre él. Y he aquí una voz de los cielos que decía: este es mi Hijo amado, en el cual tengo contentamiento" (Mat 3:16-17). Las palabras de los cielos coinciden con Sal 2:7 e Isa 42:1. Cf. Davies y Allison, *A Critical and Exegetical Commentary on the Gospel according to St. Matthew*. Vol. 1 (2010), p. 327.

[75] Davies y Allison, *A Critical and Exegetical Commentary on the Gospel according to St. Matthew*. Vol. 1 (2010), p. 365.

Mientras que Marcos nos cuenta que Jesús, después de haber llamado a Simón, Andrés, Jacobo y Juan a seguirle, los lleva a Capernaum,[76] Mateo divide los dos eventos añadiendo en medio de ellos el 'Sermón del Monte', donde Jesús sube a la montaña empezando a enseñar a la gente. La presentación del 'Sermón del Monte' – "Cuando vio la multitud, subió al monte" (Mat 5:1), sigue directamente después de un resumen acerca de que "le siguió mucha gente de Galilea, Decápolis, Jerusalén, Judea y de la otra parte del Jordán" (Mat 4:25). En otras palabras, Mateo no hace ningún intento por poner al 'Sermón del Monte' dentro de su contexto cronológico. En vez de ello, lo ubica al inicio del ministerio público de Jesús en Galilea como un consciente medio literario.

"Bienaventurados los pobres en espíritu" (Mat 5:3) son las palabras iniciales del 'Sermón del Monte', "porque de ellos es el reino de los cielos". El significado de la expresión es ambiguo – ¿tal vez Jesús tiene en su mente a quienes son conscientes de su necesidad espiritual y la intervención de Dios en sus vidas? A los que "lloran" se les promete "consolación". Los "mansos" heredarán la tierra (Mat 5:8), los "de limpio corazón" verán a Dios (Mat 5:8) mientras que los "pacificadores" serán "llamados hijos de Dios" (Mat 5:9).

Si la audiencia de Jesús pone en práctica sus palabras, serán "la sal de la tierra" (Mat 5:13) y "la luz del mundo" (Mat 5:14). Es a través del mismo Jesús y de sus enseñanzas que el Reino de Dios ha conseguido su expresión completa, y no a través de los mandamientos del Antiguo Testamento. Las enseñanzas de Jesús radicalizan los mandamientos del Antiguo Testamento: "Oísteis que fue dicho a los antiguos: no matarás; mas cualquiera que matare, será culpado del juicio. Mas yo os digo que cualquiera que se enojase locamente con su hermano será culpado del juicio" (Mat 5:21-22). No es, como varios parecen creer, que Jesús ha venido para negar la validez de los mandamientos, sino para cumplir con su función más profunda.[77] Los fariseos y los saduceos, las autoridades religiosas de

---

[76] "Y entraron en Capernaúm" (Mar 1:21).

[77] "No penséis que he venido para abrogar la ley o los profetas. No he venido para abrogar, sino a cumplir. Porque de cierto os digo, que hasta que perezca el cielo y la tierra, ni una jota ni un tilde perecerá de la ley, hasta que todas las cosas sean hechas" (Mat 5:17-18). Cf. Davies y Allison, *A Critical and Exegetical Commentary on the Gospel according to St. Matthew*. Vol. 1 (2010), p. 486.

aquella época, son criticados por no practicar lo que es el objetivo y fundamento de los mandamientos del Antiguo Testamento.[78] Al enfatizar los mandamientos, Jesús está acentuando la necesidad de reconciliarse a quienes tienen un pleito,[79] además de mencionar pecados sexuales[80] y la importancia de siempre garantizar la validez de sus palabras sin tener que confirmar su propia integridad a través de juramentos.[81] Quizás la afirmación más radical de Jesús sea cuando dice, no con referencia directa al Antiguo Testamento sino probablemente a una expresión contemporánea: "Oísteis que fue dicho: amarás a tu prójimo, y aborrecerás a tu enemigo. Mas yo os digo: amad a vuestros enemigos, bendecid a los que os maldicen, haced bien a los que os aborrecen, y orad por los que os ultrajan y os persiguen" (Mat 5:43-44).[82]

A Jesús no simplemente le interesan los actos visibles, sino también las actitudes subyacentes.[83] Los fariseos son criticados por hacer buenas obras con el motivo de ser vistos y recibir reconocimiento. Aunque este es un discurso para la audiencia de Jesús en la transición entre el antiguo y el nuevo pacto, mucho del mensaje también tiene relevancia para nosotros como cristianos. Jesús advierte contra presumir la espiritualidad propia, por ejemplo,

---

[78] "Porque les digo a menos que su justicia sea mayor que la de los escribas y de los fariseos, jamás entrarán en el reino de los cielos" (Mat 5:20).

[79] "Por tanto, si traes tu presente al altar, y allí te acuerdas de que tu hermano tiene algo contra ti, deja allí tu presente delante del altar, y vete, vuelve primero en amistad con tu hermano, y entonces ven y ofrece tu presente" (Mat 5:23).

[80] "Oísteis que fue dicho: no adulterarás. Mas yo os digo, que cualquiera que mira a una mujer para codiciarla, ya adulteró con ella en su corazón" (Mat 5:27-28).

[81] "Además, ustedes han oído que fue dicho a los antiguos: no jurarás falsamente, sino que cumplirás al Señor tus juramentos. Pero yo les digo: no juren en ninguna manera; ni por el cielo, porque es el trono de Dios; ni por la tierra, porque es el estrado de sus pies; ni por Jerusalén, porque es la ciudad del Gran Rey. No jurarás ni por tu cabeza, porque no puedes hacer que un cabello sea ni blanco ni negro. Pero sea su hablar, 'sí', 'sí', y 'no', 'no'. Porque lo que va más allá de esto, procede del mal" (Mat 5:33-37).

[82] Cf. Davies y Allison, *A Critical and Exegetical Commentary on the Gospel according to St. Matthew.* Vol. 1 (2010), pp. 549-50.

[83] "Mirad que no hagáis vuestra justicia delante de los hombres, para ser vistos de ellos: de otra manera no tendréis recompensa de vuestro Padre que está en los cielos" (Mat 6:1).

a través de oraciones con muchas y bonitas palabras[84] y muestra cómo en vez de ello se puede orar sin llenar la oración de palabras innecesarias, a través del Padre Nuestro.[85]

Mateo incluye fragmentos de palabras de enseñanza, pero la transición abrupta entre ellos muestra que no es una reproducción exacta de lo que Jesús dijo. La audiencia es exhortada a mantener una disposición a siempre perdonar y a no poner su corazón en los tesoros de esta vida, sino en lo que tiene que ver con el Reino de Dios.[86] Si alguien verdaderamente vive para Dios y por su causa, no tiene por qué preocuparse ni por comida ni por cómo vestirse.[87]

El 'Sermón del Monte' también incluye advertencias sobre auto-justicia y la tendencia a condenar a otras personas.[88] Al mismo tiempo expresa que no tiene mucho sentido intentar corregir a individuos a quienes el mensaje les da igual.[89]

---

[84] "Y cuando oras, no seas como los hipócritas; porque ellos aman el orar en las sinagogas, y en los cantones de las calles en pie, para ser vistos de los hombres: de cierto os digo, que ya tienen su pago. Mas tú, cuando oras, éntrate en tu cámara, y cerrada tu puerta, ora a tu Padre que está en secreto; y tu Padre que ve en secreto, te recompensará en público. Y orando, no seáis prolijos, como los gentiles, que piensan que por su parlería serán oídos. No os hagáis, pues, semejantes a ellos; porque vuestro Padre sabe de qué cosas tenéis necesidad, antes que vosotros le pidáis" (Mat 6:5-8).

[85] "Vosotros pues, oraréis así: Padre nuestro que estás en los cielos, santificado sea tu nombre. Venga tu reino. Sea hecha tu voluntad, como en el cielo, así también en la tierra. Danos hoy nuestro pan cotidiano. Y perdónanos nuestras deudas, como también nosotros perdonamos a nuestros deudores. Y no nos metas en tentación, mas líbranos del mal: porque tuyo es el reino, y el poder, y la gloria, por todos los siglos. Amén" (Mat 6:9-13).

[86] "No os hagáis tesoros en la tierra, donde la polilla y el orín corrompe, y donde ladrones minan y hurtan; mas haceos tesoros en el cielo, donde ni polilla ni orín corrompe, y donde ladrones no minan ni hurtan" (Mat 6:19-20).

[87] "Por tanto os digo: no os congojéis por vuestra vida, qué habéis de comer, o qué habéis de vestir ¿no es la vida más que el alimento, y el cuerpo que el vestido?" (Mat 6:25).

[88] "No juzguéis, para que no seáis juzgados. Porque con el juicio con que juzgáis, seréis juzgados; y con la medida con que medís, os volverán a medir. Y ¿por qué miras la mota que está en el ojo de tu hermano, y no echas de ver la viga que está en tu ojo? O ¿cómo dirás a tu hermano: espera, echaré de tu ojo la mota, y he aquí la viga en tu ojo? ¡Hipócrita! Echa primero la viga de tu ojo, y entonces mirarás en echar la mota del ojo de tu hermano" (Mat 7:1-5).

[89] "No deis lo santo a los perros, ni echéis vuestras perlas delante de los puercos; porque no las rehuellen con sus pies, y vuelvan y os despedacen" (Mat 7:6).

Es difícil saber si las palabras siguientes, "Pedid, y se os dará; buscad, y hallaréis; llamad, y se os abrirá" (Mat 7:7) son palabras de Jesús sacadas de un contexto desconocido. Posiblemente Mateo eligió ponerlas aquí, o tal vez fueron pronunciadas justamente así en el contexto. Así que quizá tenga que ver con una oración por sabiduría para poder saber cuándo hablar y cuándo quedarse callado.[90]

El camino que Jesús traza para su audiencia es "angosto" y pocos lo elegirán.[91] Una de las razones es que surgirán maestros que harán que el pueblo se desvíe. Sin embargo, si se discierne espiritualmente, podrán desenmascarase por sus "frutos".[92] No es suficiente tener una confesión de fe si la vida no coincide con ella. Tampoco en un contexto cristiano es suficiente solo utilizar las palabras adecuadas.[93]

Como ya se ha mencionado, Mateo rompe con la descripción cronológica de Marcos, colocando el 'Sermón del Monte' en medio de la selección de Simón, Andrés, Jacobo y Juan como seguidores de Jesús y el ministerio público de Jesús en Capernaum. Cierto es que los biógrafos de la antigüedad a menudo se concedieron libertad en cuanto a la secuencia cronológica de una narración, y Mateo también lo hace escribiendo que cuando Jesús después del 'Sermón' "descendió del monte" (Mat 8:1), casi inmediatamente se encuentra en Capernaum donde vemos la historia del evangelio según Marcos sobre la sanación de la suegra de Pedro.

Si comparamos el orden cronológico de los milagros de Jesús según Mateo y Marcos, respectivamente, vemos que no siempre

---

[90] Davies y Allison, *A Critical and Exegetical Commentary on the Gospel according to St. Matthew.* Vol. 1 (2010), pp. 677-8.

[91] "Así que, todas las cosas que quisierais que los hombres hiciesen con vosotros, así también haced vosotros con ellos; porque esta es la ley y los profetas. Entrad por la puerta estrecha: porque ancha es la puerta, y espacioso el camino que lleva a perdición y muchos son los que entran por ella. Porque estrecha es la puerta, y angosto el camino que lleva a la vida, y pocos son los que la hallan" (Mat 7:12-14).

[92] "Y guardaos de los falsos profetas, que vienen a vosotros con vestidos de ovejas, mas de dentro son lobos rapaces. Por sus frutos los conoceréis" (Mat 7:15-16).

[93] "No todo el que me dice: Señor, Señor, entrará en el reino de los cielos: mas el que hace la voluntad de mi Padre que está en los cielos. Muchos me dirán en aquel día: Señor, Señor, ¿no profetizamos en tu nombre, y en tu nombre lanzamos demonios, y en tu nombre hicimos muchos milagros? Y entonces les protestaré: nunca os conocí; apartaos de mí, obradores de maldad" (Mat 7:21-23).

coinciden. Eso muestra que tal vez ninguno de los dos está muy preocupado por el orden cronológico. En Mateo parece que varios de los milagros de sanidad son ubicados uno tras otro con el objetivo de formar un preludio para el capítulo 10 donde Jesús llama a los doce discípulos y los capacita para echar fuera a los demonios y sanar enfermedades. Primeramente, nos hemos enfrentado con la autoridad de Jesús en su 'Sermón del Monte' donde profundiza los mandamientos del Antiguo Testamento. Luego nos enfrentamos con la misma autoridad a través de varios milagros de sanidad antes de que les corresponda realizarlos a los discípulos. Ciertas discrepancias entre Marcos y Mateo son notables, por ejemplo, en la historia del hombre en la región de los gadarenos, quien tiene muchos demonios que son echados fuera y luego entran en un hato de cerdos que se tiran en el mar; Marcos solo menciona a un hombre endemoniado, Mateo habla de *dos* hombres que se acercan a Jesús gritando "¿Qué tenemos contigo, Jesús, Hijo de Dios?"[94] (Mat 8:29). También recordamos la historia en Marcos sobre Jairo el principal de la sinagoga, quien se tira delante de los pies de Jesús porque su hija "está a la muerte" (Mar 5:23). Según Mateo la hija ya está muerta (Mat 9:18).

Juan el Bautista ha sido encarcelado, pero escucha de los milagros de Jesús y envía a sus discípulos a preguntar si Jesús verdaderamente es el Mesías acerca de quien el Antiguo Testamento profetiza.[95] Jesús responde de forma indirecta refiriéndose al hecho de que los ciegos, paralíticos, leprosos y sordos son sanados y los muertos resucitados, además que el evangelio es anunciado a "los pobres" (Mat 11:5).

En su prédica al pueblo, Jesús describe a Juan no solamente como profeta, sino como mensajero que anuncia el ministerio del mismo Jesús. Sin embargo, a pesar de que Juan y Jesús fueron muy distintos en su forma de expresión, ambos son rechazados por muchos.[96]

En el evangelio según Marcos hemos llegado a conocer varias de las parábolas de Jesús, y entre ellas aquella sobre el sembrador. En

---

[94] Cf. Davies y Allison, *A Critical and Exegetical Commentary on the Gospel according to St. Matthew.* Vol. 2 (2004), p. 77.

[95] "¿Eres tú aquél que había de venir, o esperaremos a otro?" (Mat 11:3).

[96] "Porque vino Juan, que ni comía ni bebía, y dicen: demonio tiene. Vino el Hijo del hombre, que come y bebe, y dicen: He aquí un hombre comilón, y bebedor de vino, amigo de publicanos y de pecadores" (Mat 11:18-19).

Mateo también leemos acerca del hombre que ha sembrado buena semilla en su campo, y en la noche viene un enemigo sembrando cizaña entre el trigo que el sembrador ha sembrado anteriormente. Cuando la cizaña aparece, los siervos preguntan si quiere que sea arrancada. El propietario del campo teme que por descuido también arranquen algo del trigo y por esta razón les pide dejar que tanto el trigo como la cizaña crezcan "juntamente lo uno y lo otro hasta la siega; y al tiempo de la siega yo diré a los segadores: coged primero la cizaña, y atadla en manojos para quemarla; mas recoged el trigo en mi alfolí" (Mat 13:30). La cizaña representa a los que rechazan el mensaje de Jesús y el enemigo es el mismo diablo. El trigo representa a los que aceptan el mensaje de Jesús igual que la semilla sembrada en buena tierra de la parábola del sembrador.

Básicamente es en los discursos de Jesús donde Mateo incluye material que falta en Marcos. Esto lo vemos por ejemplo en la parábola sobre la oveja que se extravía[97] y en las exhortaciones a resolver asuntos de algún pecado el cual pueda impedir la comunión con otra persona.[98] Este es el contexto en que Pedro pregunta cuántas veces se debe perdonar a la misma persona, y Jesús responde que el perdón genuino no tiene límites.[99]

Más adelante, en Mateo encontramos la parábola acerca de los obreros de la viña, a quienes se paga el mismo jornal a pesar del hecho de que algunos son reclutados a mitad o al final del día. De igual manera Dios es generoso hacia aquellos que se entreguen a Él durante la última etapa de sus vidas, o como Jesús dice: "Así los primeros serán postreros, y los postreros primeros" (Mat 20:16). El relato advierte sobre presumir por estar entre "los primeros".

---

[97] "¿Qué os parece? Si tuviese algún hombre cien ovejas, y se descarriase una de ellas, ¿no iría por los montes, dejadas las noventa y nueve, a buscar la que se había descarriado? Y si aconteciese hallarla, de cierto os digo, que más se goza de aquella, que de las noventa y nueve que no se descarriaron. Así, no es la voluntad de vuestro Padre que está en los cielos, que se pierda uno de estos pequeños" (Mat 18:12-14).

[98] "Por tanto, si tu hermano peca contra ti, ve, y redargúyele entre ti y él solo; si te oye, has ganado a tu hermano" (Mat 18:15).

[99] "Entonces Pedro, llegándose a él, dijo: Señor, ¿cuántas veces perdonaré a mi hermano que peca contra mí? ¿hasta siete? Jesús le dice: no te digo hasta siete, mas aun hasta setenta veces siete" (Mat 18:21-22).

Como creo que ya se puede ver, es básicamente en los discursos de Jesús (fuentes *Q*) que verdaderamente se pueden notar las discrepancias entre los cuatro evangelistas. Pero también en las narraciones aparecen supuestas diferencias, por ejemplo, que Jesús según Marcos sana a un ciego en Jericó mientras que en Mateo son *dos* ciegos.[100] De manera similar, Jesús según Marcos, pide a los discípulos buscar un borriquillo sobre el cual irá montado al entrar a Jerusalén mientras que Mateo refiere a "una asna atada, y un borriquillo con ella. Desátenla y tráiganmelos" (Mat 21:2).

Con motivo de preparar a los discípulos para su segunda venida, Jesús relata una parábola que solamente es preservada en Mateo. Allí Jesús compara el Reino de Dios con "diez vírgenes, que, tomando sus lámparas, salieron a recibir al esposo" (Mat 25:1). Algunas de las vírgenes son llamadas insensatas por no haber llevado consigo aceite, así que cuando el esposo viene en medio de la noche deben ir para comprar aceite en vez de salir a recibirle y acompañarlo a la fiesta de bodas. Cuando finalmente vuelven, encuentran la puerta cerrada. El mensaje que Jesús quiere transmitir es que debemos estar preparados para cuando Él venga.

Un mensaje similar encontramos en las palabras de Jesús sobre el juicio final donde Dios dividirá la humanidad, "como aparta el pastor las ovejas de los cabritos" (Mat 25:32) y "las ovejas" escuchan "Venid, benditos de mi Padre, heredad el reino preparado para vosotros desde la fundación del mundo" (Mat 25:34) mientras que "los cabritos" son enviados "al fuego eterno preparado para el diablo y para sus ángeles" (Mat 25:41).

Mateo completa a Marcos diciendo que Judas siente remordimiento después de haber entregado a Jesús al sumo sacerdote. Judas tira las treinta piezas de plata dentro del templo, se va y se ahorca. Es verdad que Mateo no dice que el suicidio sucede inmediatamente después. En vez de ello dice que los sumos sacerdotes compran un campo con ese dinero "por sepultura para los extranjeros" (Mat 27:7). Lucas, no obstante, tiene su propia explicación en el libro de los Hechos donde podemos leer que el

---

[100] "Y he aquí dos ciegos sentados junto al camino. [...] Entonces, Jesús, teniendo misericordia de ellos, les tocó los ojos, luego sus ojos recibieron la vista; y le siguieron" (Mat 20:30, 34). Cf. Davies y Allison, *A Critical and Exegetical Commentary on the Gospel according to St. Matthew*. Vol. 3 (2010), p. 105.

mismo Judas "adquirió un campo del salario de su iniquidad, y colgándose, reventó por medio, y todas sus entrañas se derramaron" (Hch 1:18). En el quinto capítulo de este libro, dedicado al libro de los Hechos, intentaremos armonizar estas dos distintas explicaciones.

Un pormenor solamente incluido en Mateo es el hecho de que, a la muerte de Jesús, los sepulcros se abren y varios de los santos del Antiguo Testamente son temporalmente resucitados de los muertos. Después de la resurrección de Jesús, estos se muestran a muchas personas (Mat 27:52-53). También Mateo es el único que cuenta que los líderes judíos después de la muerte de Jesús piden a Pilato organizar guardia en la sepultura de Jesús para evitar que los discípulos roben el cuerpo para engañar al pueblo haciéndole creer que Jesús ha resucitado de los muertos (Mat 27:62-66). De manera similar, Mateo es el único que nos informa que los líderes judíos sobornaron a los soldados después de la resurrección con el objetivo de que ellos negaran la resurrección de Cristo.[101]

Un pasaje en Mateo, particularmente conocido, es la Gran Comisión. Después de la resurrección y de haber pedido a "María Magdalena, y la otra María" (Mat 28:1) avisar a los discípulos que Él mismo se adelantaría a ellos a Galilea, Mateo escribe: "Mas los once discípulos se fueron a Galilea, al monte donde Jesús les había ordenado" (Mat 28:16). Este es el sitio donde estas palabras tan famosas de Jesús son proclamadas: "Toda potestad me es dada en el cielo y en la tierra. Por tanto, id, y doctrinad a todos los gentiles, bautizándolos en el nombre del Padre, y del Hijo y del Espíritu Santo, enseñándoles todas las cosas que os he mandado, y he aquí, yo estoy con vosotros todos los días, hasta al fin del mundo" (Mat 28:18-20).

El evangelio según Lucas

Lucas era uno de los colaboradores del apóstol Pablo, y como su evangelio se basa en parte en lo escrito por Marcos, debe haber sido

---

[101] "Y yendo ellas, he aquí unos de la guardia vinieron a la ciudad, y dieron aviso a los príncipes de los sacerdotes de todas las cosas que habían acontecido. Y juntados con los ancianos, y habido consejo, dieron mucho dinero a los soldados, diciendo: decid: sus discípulos vinieron de noche, y le hurtaron, durmiendo nosotros. Y si esto es oído del presidente, nosotros le persuadiremos, y os haremos seguros. Y ellos, tomando el dinero, hicieron como estaban instruidos: y este dicho fue divulgado entre los judíos hasta el día de hoy" (Mat 28:11-15).

redactado algún tiempo después de este y posiblemente antes del año 70 d.C.

El evangelio según Lucas es un tipo de 'tomo 1' de los dos volúmenes que forma con el libro de los Hechos. Ambos libros se dirigen en su introducción a cierto Teófilo, sobre quien tenemos poco conocimiento. Lucas nos cuenta que ya hay testigos oculares de la vida de Jesús y que él mismo ha consultado a varios de ellos como base para su evangelio.[102] Cerca de una tercera parte del evangelio según Lucas incluye material que no comparte con Marcos ni con Mateo.

Como en el caso de Marcos y Mateo, tampoco Lucas está muy interesado en la cronología de los diferentes eventos, así que parece haber ordenado su material temáticamente. Empieza con Juan el Bautista, el cual nació durante el reinado de Herodes el Grande.[103] Juan no solamente será "lleno del Espíritu Santo, aun desde el seno de su madre" (Luc 1:15), sino "a muchos de los hijos de Israel convertirá al Señor Dios de ellos", y el mismo Juan "irá delante de él [Dios] con el espíritu y poder de Elías, para convertir los corazones de los padres a los hijos, y los rebeldes a la prudencia de los justos, para aparejar al Señor un pueblo apercibido" (Luc 1:16-17).

Antes de la concepción de Juan el Bautista, un ángel se aparece a su padre, el sacerdote Zacarías, y le cuenta que Elisabeth su esposa le dará un hijo. Debido al hecho de que Zacarías al principio no confía en las palabras del ángel, porque él y Elisabeth su esposa han llegado a una edad avanzada, queda mudo hasta el nacimiento de su hijo.

El mismo ángel, Gabriel, más adelante es enviado a la ciudad llamada Nazaret a la joven María que está "desposada" con José.

---

[102] "Habiendo muchos tentado a poner en orden la historia de las cosas que entre nosotros han sido ciertísimas, como nos lo enseñaron los que desde el principio lo vieron por sus ojos, y fueron ministros de la palabra; me ha parecido también a mí, después de haber entendido todas las cosas desde el principio con diligencia, escribírtelas por orden, oh muy buen Teófilo, para que conozcas la verdad de las cosas en las cuales has sido enseñado" (Luc 1:1-3).

[103] "Hubo en los días de Herodes, rey de Judea, un sacerdote llamado Zacarías, de la suerte de Abías; y su mujer, de las hijas de Aarón, llamada Elisabet. [...] Y se le apareció el ángel del Señor [ante Zacarías]. [...] Y se turbó Zacarías viéndole, y cayó temor sobre él. Mas el ángel le dijo: Zacarías, no temas; porque tu oración ha sido oída, y tu mujer Elisabet te parirá un hijo, y llamarás su nombre Juan" (Luc 1:5, 11-13).

María también va a tener un hijo, y lo llamará Jesús, pero a diferencia del caso de Elisabeth, el hijo de María será concebido de manera sobrenatural por el Espíritu Santo que "vendrá sobre" ella, y el poder de Dios le "cubrirá con su sombra". Jesús es llamado "Hijo del Altísimo", y "le dará el Señor Dios el trono de David su padre, y reinará en la casa de Jacob por siempre y de su reino no habrá fin" (Luc 1:32-33).

Después de la experiencia que María ha tenido con el ángel, temporalmente se marcha de Nazaret a Judea donde pasa tres meses con su familiar Elisabeth. Justamente después del regreso a Nazaret, Elisabeth da a luz a su hijo Juan.

Durante la época del nacimiento de Juan se proclama un "edicto" de parte del emperador romano César Augusto, que "toda la tierra", o sea gran parte del reino romano, "fuese empadronada" (Luc 2:1). Levantar un censo tiene como objetivo poder recaudar impuestos. Además, Lucas escribe que "este primer censo se realizó mientras Cirenio era gobernador de Siria" (Luc 2:2). Este "primer censo" en Lucas, es problemático en sentido cronológico porque Cirenio (Publio Sulpicio Quirinio) fue hecho gobernador de Siria en el año 6 d.C., o sea posiblemente diez años después del nacimiento de Jesús. Este mismo año, o tal vez en el año 7 d.C., Cirenio realizó un censo, al cual Lucas se refiere en el libro de los Hechos.[104]

César Augusto, sobrino de Julio César, reinó entre los años 27 a.C. y 14 d.C. Entre otras cosas es conocido por haber iniciado varios censos; sin embargo, no por haberlo realizado en Palestina por el tiempo del nacimiento de Juan Bautista (y de Jesús). El evangelio según Mateo nos cuenta que Jesús nació "en días del rey Herodes" (Mat 2:1), y como Herodes murió en el año 4 a.C., tal censo no puede coincidir con el que Cirenio realizó en 6 d.C. Cirenio estuvo en Siria hasta el año 7 a.C, pero no como gobernador. En el año 6 a.C. fue nombrado procónsul para Panfilia-Galacia y fue gobernador de Siria solo hasta doce años más tarde. Aun así, posiblemente haya coherencia entre los censos amplios de Augusto alrededor de los años 10 y 9 a.C. y el censo al cual Lucas se refiere en Palestina alrededor del tiempo del nacimiento de Jesús. Teóricamente Cerenio puede

---

[104] "Después de este, se levantó Judas el Galileo, en los días del empadronamiento" (Hch 5:37).

haber sido responsable de las preparaciones del inicio del censo mientras que estaba en Siria antes del año 6 a.C, pero entonces no en virtud de ser gobernador.[105]

José, junto con María, va de Nazaret en Galilea a Belén para inscribirse en el censo. Apenas han llegado a allí cuando María da a luz a un hijo, posiblemente en una caballeriza perteneciente a un albergue.[106] Más o menos al mismo tiempo un ángel se manifiesta a algunos pastores en el campo "en la misma tierra, que velaban y guardaban las vigilias de la noche sobre su ganado" (Luc 2:8) y les informa que ese mismo día ha nacido "un Salvador, que es Cristo el Señor" (Luc 2:11). Los pastores se dirigen a Belén donde encuentran a María, José y el bebé recién nacido. Los pastores les cuentan lo que les ha sucedido.

A los ocho días, el niño es circuncidado y recibe el nombre de Jesús. Probablemente estamos en el año 5 o 4 a.C. Cuarenta días después del nacimiento, María puede visitar el templo de Jerusalén,[107] para presentar al niño a Dios.[108] Mientras que están en el templo, Simeón, un hombre "justo y pío" (Luc 2:25), advierte que el niño es el Mesías. Lleva a Jesús en sus brazos alabando a Dios con las palabras "Ahora despides, Señor, a tu siervo, conforme a tu palabra,

---

[105] Bock, *Luke*. Vol. 1 (1994), pp. 202-3, 903-9.

[106] "Y subió José de Galilea de la ciudad de Nazaret, a Judea, a la ciudad de David, que se llama Belén, por cuanto era de la casa y familia de David; para ser empadronado con María su mujer, desposada con él, la cual estaba encinta. Y aconteció que estando ellos allí, se cumplieron los días en que ella había de parir. Y parió a su hijo primogénito, y le envolvió en pañales, y le acostó en un pesebre, porque no había lugar para ellos en el mesón" (Luc 2:4-7).

[107] "Cuando una mujer conciba y de a luz a un hijo varón, será considerada impura durante siete días; será impura como es impura en los días de su menstruación. Al octavo día será circuncidado el prepucio de su hijo, pero la mujer permanecerá treinta y tres días en la sangre de su purificación. No tocará ninguna cosa santa, ni vendrá al santuario hasta que se cumplan los días de su purificación" (Lev 12:2-4). Cf. Bock, *Luke*. Vol. 1 (1994), p. 224.

[108] "Conságrame todo primogénito; todo el que abre la matriz entre los hijos de Israel, tanto de los hombres como de los animales, es mío" (Éx 13:2). "Y como se cumplieron los días de la purificación de ella, conforme a la ley de Moisés, le trajeron a Jerusalén para presentarle al Señor, como está escrito en la ley del Señor: Todo varón que abre la matriz, será llamado santo al Señor, y para dar la ofrenda, conforme a lo que está dicho en la ley del Señor: un par de tórtolas, o dos palominos" (Luc 2:22-24).

en paz; porque han visto mis ojos tu salvación" (Luc 2:29-30). Incluso una profetisa llamada Ana reconoce la conexión entre el niño Jesús con la futura "redención en Jerusalén" (Luc 2:38).

Lucas omite la huida a Egipto. La familia más adelante regresa a Nazaret, y viaja cada año a Jerusalén para la fiesta de la Pascua. Si no antes, por lo menos a los doce años Jesús los acompaña, y sin que ellos se percaten, después del fin de la fiesta él se queda en Jerusalén mientras que ellos piensan que está en su mismo grupo de viajeros de regreso a Nazaret. Tres días después encuentran a Jesús en el templo "en medio de los maestros" donde todos los que le escuchan se sorprenden "de su entendimiento y de sus respuestas" (Luc 2:46-47).

Aquí Lucas da un salto muy largo. El emperador Augusto hace mucho tiempo ha muerto, y su hijastro Tiberio, con su reinado entre los años 14 y 37 d.C., está en su año quince como emperador (Luc 3:1), lo cual implica que nos encontramos en el año 29 d.C. En este tiempo Juan aparece con su mensaje de arrepentimiento.[109] Tanto Marcos como Mateo cuentan que también Jesús es bautizado por Juan donde Dios confirma la posición única de Jesús como su Hijo amado en quien Él tiene complacencia. Lucas dice lo mismo y presenta la genealogía de Jesús: "Al comenzar su ministerio, Jesús tenía treinta años. Él era (según se creía) hijo de José, hijo de Elí, hijo de Matat" (Luc 3:23-24). La enumeración de Lucas acaba con "hijo de Enós, hijo de Set, hijo de Adán, hijo de Dios" (Luc 3:38). Atando

---

[109] "Y en el año quince del imperio de Tiberio César, siendo gobernador de Judea Poncio Pilato, y Herodes tetrarca de Galilea, y su hermano Felipe tetrarca de Iturea y de la provincia de Traconite, y Lisanias tetrarca de Abilinia, siendo sumos sacerdotes Anás y Caifás, vino palabra del Señor sobre Juan, hijo de Zacarías, en el desierto. Y él vino por toda la tierra alrededor del Jordán predicando el bautismo del arrepentimiento para la remisión de pecados" (Luc 3:1-3). Con la muerte de Herodes el Grande en el año 4 a.C., su reino había sido dividido entre Arquelao (el cual fue entregado Judea y Samaria [hasta que Arquelao fue depuesto de su cargo en el año 6 d.C.]), Herodes Antipas (que heredó Galilea y Perea) y Filipo II (quien recibió los territorios al noreste de Perea). En este tiempo aparece cierto Lisanias quien es tetrarca de Abilinia, al norte de Galilea; por supuesto no es el mismo Lisanias a quien el historiador Flavio Josefo menciona y que murió en el año 36 a.C. También debo mencionar que Anás fue sumo sacerdote entre los años 6 y 15 d.C., y que después de un tiempo fue sustituido por su yerno Caifás (hasta 36 d.C.). Así formalmente Caifás era sumo sacerdote en la época del ministerio de Juan, pero la autoridad seguramente estaba dividida, y es probable que Anás por reverencia también fuera titulado como sumo sacerdote. Bock, *Luke*. Vol. 1 (1994), pp. 282-4.

la genealogía de Jesús hasta Adán, Lucas muestra a Jesús como representante de toda la humanidad y al mismo tiempo lo relaciona con la nación de Israel, lo cual es muy importante, hasta llegar a mostrarle como descendiente del rey David (Luc 3:32).

El hecho de que Jesús es llamado "hijo de José" (Luc 3:23), probablemente tiene como objetivo documentar la filiación jurídica de Jesús, lo cual implica ser descendiente del rey David.

Por lo demás se debe decir que la mayoría de los nombres de la genealogía de Jesús entre los versículos 24 y 31 son desconocidos. Además, Lucas es el único de los evangelistas que incluye nombres entre Adán y Abraham; Mateo solo lleva su genealogía hasta Abraham. Tampoco se debe ocultar el hecho de que no siempre hay congruencia entre Mateo y Lucas; por ejemplo, Mateo indica que Jacob era el padre de José (el cual era el padre legal de Jesús) mientras que Lucas escribe que el padre de José se llamaba Elí.[110]

Tal como en el caso de Marcos y Mateo, a Lucas no le interesa tanto el orden cronológico de los diferentes eventos. En relación con las enseñanzas de Jesús en la sinagoga de Nazaret, Lucas incluye material hasta aquel punto desconocido: la audiencia es provocada por las enseñanzas de Jesús hablando de que ningún profeta es bien recibido en su propia tierra, diciendo que Dios ayudó a una viuda pobre en Sarepta de Sidón aunque también habían muchas viudas judías durante los tres años de hambre en los días de Elías, y que de manera similar habían muchos leprosos en el tiempo de Eliseo, pero ninguno de ellos fueron salvados, solo el sirio Naamán: "Y levantándose, le echaron fuera de la ciudad, y le llevaron hasta la

---

[110] "Matán engendró a Jacob. Jacob engendró a José, marido de María, de la cual nació Jesús, llamado el Cristo" (Mat 1:15-16). "[Jesús] era (según se creía) hijo de José, hijo de Elí" (Luc 3:23-24). Ha habido muchos intentos de armonizar las dos versiones. Una variante es que José el padre legal de Jesús era hijo físico de Jacob (según Mat 1:15). Si la esposa de Jacob fuera hermana de Elí (Luc 3:23), y Elí no tuviera hijos, físicamente Elí sería el tío de José. En tal caso Mateo nos daría la genealogía *física* de José (refiriéndose a esas generaciones específicas), mientras que Lucas nos ofrecería la genealogía *legal*. Otra variante podría ser que Elí murió sin tener hijos, y que su esposa luego se casaría con Jacob (el hermano de Elí), y que más adelante daría a luz a José. Cf. Dt 25:5-6, que dice: "Si unos hermanos viven juntos y muere uno de ellos sin dejar hijo, la mujer del difunto no se casará fuera de la familia con un hombre extraño. Su cuñado se unirá a ella y la tomará como su mujer, y consumará con ella el matrimonio levirático. El primer hijo que ella dé a luz llevará el nombre del hermano muerto, para que el nombre de este no sea borrado de Israel." Cf. Bock, *Luke*. Vol. 1 (1994), pp. 348-53, 918-23.

cumbre del monte sobre el cual la ciudad de ellos estaba edificada, para despeñarle. Mas él, pasando por medio de ellos, se fue" (Luc 4:29-30).

No es tan fácil determinar cuándo Jesús elige a sus doce discípulos. Según Marcos (3:13-14) sucede al inicio del ministerio de Jesús, según Lucas (6:12-13) relativamente temprano, y según Mateo relativamente tarde (10:1-2).[111] En cuanto a los nombres de los doce, no hay una conformidad completa entre los diferentes evangelistas. El discípulo *Tadeo* según el evangelio de Marcos en Mateo es llamado *Lebeo*, y "por sobrenombre Tadeo" (Mat 10:3). En Lucas Simón el Cananita es identificado como "Simón llamado el Zelote" (Luc 6:15), mientras que *Tadeo* (*Lebeo*) es conocido como "Judas hijo de Jacobo" (Luc 6:16). Lucas hace una relación idéntica en Hch 1:13-14. ¿Acaso tenía ese discípulo dos nombres (Tadeo Judas)? Por lo demás, ha habido especulaciones sobre si el discípulo llamado Bartolomé, el cual no es mencionado por nombre en Juan, puede ser el mismo Natanael, el cual es guiado a Jesús por Felipe.[112] El nombre de Natanael tampoco aparece en Marcos, Mateo y Lucas.[113]

Los eruditos no están de acuerdo en si el 'Sermón del Monte', que se extiende sobre tres capítulos enteros en el evangelio según Mateo, se refiere a la misma prédica que Lucas afirma que Jesús hace "en un lugar llano".[114] Esta pregunta no es fácil de responder, porque tanto Mateo como Lucas dan un resumen de la prédica y no presentan los elementos en el mismo orden cronológico. Tal vez Jesús pueda haber hecho dos prédicas parecidas en dos sitios distintos, pero otra posibilidad es que el "lugar llano" según Lucas se refiera a un altiplano en la región montañosa. Tampoco es seguro que el 'Sermón del Monte' se refiera exclusivamente a *una* prédica: Jesús puede haber

---

[111] Bock, *Luke*. Vol. 1 (1994), p. 537.

[112] "Felipe halló a Natanael, y le dice: hemos hallado a aquel de quien escribió Moisés en la ley, y los profetas: a Jesús, el hijo de José, de Nazaret" (Juan 1:45).

[113] Bock, *Luke*. Vol. 1 (1994), pp. 543-7.

[114] "Cuando vio la multitud, subió al monte y, al sentarse él, se le acercaron sus discípulos. Y abriendo su boca, les enseñaba diciendo: bienaventurados los pobres en espíritu, porque de ellos es el reino de los cielos" (Mat 5:1-3). "Y descendió con ellos, y se paró en un lugar llano, y la compañía de sus discípulos, y una grande multitud de pueblo de toda Judea y de Jerusalén, y de la costa de Tiro y de Sidón que habían venido a oírle, y para ser sanados de sus enfermedades" (Luc 6:17-18).

realizado diferentes sesiones de enseñanzas, las cuales han sido comprimidas en los resúmenes de Mateo y Lucas.[115]

Después del resumen del 'Sermón del Monte' según Lucas, sigue una resurrección de los muertos, la cual no es mencionada en los otros evangelios.[116] En Lucas también tenemos otro relato no mencionado en Marcos y Mateo, la historia de un fariseo llamado Simón que invita a Jesús a comer en su hogar, y entra una mujer para ungir los pies de Jesús con un ungüento. Es verdad que los otros evangelistas incluyen una historia parecida en Betania donde Jesús está en la casa de Simón el leproso y una mujer unge su cabeza con un ungüento de nardo muy costoso. Lucas describe a la mujer como "pecadora", y el fariseo aparentemente la conocía. Cuando Jesús le permite ungir su cabeza, el fariseo concluye que Él seguramente no es un profeta. Jesús revela los pensamientos del fariseo y así muestra que de verdad profeta es.[117]

De igual manera que Marcos y Mateo, Lucas también incluye la historia de cuando Jesús comisiona a los doce a predicar el reino de Dios dándoles "poder y potestad sobre todos los demonios, y que sanasen enfermedades" (Luc 9:1). En cuanto a los detalles hay un par de discrepancias entre los evangelistas. En la versión de Mateo no les es permitido llevar ni calzado ni bastón, lo que les es permitido según Marcos.[118] Lucas concuerda con Mateo, aunque Mateo incluye más

---

[115] Bock, *Luke*. Vol. 1 (1994), pp. 548-56, 562-3.

[116] "Y aconteció después, que él iba a la ciudad que se llama Naín, e iban con él muchos de sus discípulos, y gran compañía. Y como llegó cerca de la puerta de la ciudad, he aquí que se sacaban fuera a un difunto, unigénito de su madre, la cual también era viuda; y había con ella grande compañía de la ciudad. Y como el Señor la vio, se compadeció de ella, y le dice: no llores. Y acercándose, tocó el féretro; y los que lo llevaban, pararon. Y dice: Mancebo, a ti digo, levántate. Entonces se incorporó el que había muerto, y comenzó a hablar. Y le dio a su madre" (Luc 7:11-15).

[117] "Y vuelto a la mujer, [Jesús] dijo a Simón: ¿Ves esta mujer? Entré en tu casa, no diste agua para mis pies; mas esta ha regado mis pies con lágrimas, y los ha limpiado con los cabellos. No me diste beso, mas esta, desde que entré, no ha cesado de besar mis pies. No ungiste mi cabeza con óleo; mas esta ha ungido con ungüento mis pies. Por lo cual te digo que sus muchos pecados son perdonados, porque amó mucho; mas al que se perdona poco, poco ama" (Luc 7:44-47).

[118] "Ni alforja para el camino, ni dos ropas de vestir, ni zapatos, ni bordón." (Mat 10:10). "Y les mandó que no llevasen nada para el camino, sino solamente báculo;

detalles sobre lo que les es permitido y lo que no. No podemos eliminar la posibilidad, no obstante, de que las discrepancias entre los evangelistas solamente sean discrepancias superficiales. Posiblemente lo que Mateo quiere decir, es que viajen ligeramente (no con demasiadas 'cosas') y no deben llevar ni bastón ni calzado *extra*.

Lucas dedica mucha atención al material que organiza alrededor de Jesús en el camino de Galilea a Jerusalén. Mucho de este consiste en los discursos de Jesús, y si leemos detalladamente, entendemos que tampoco aquí le interesa mucho al autor el orden cronológico. Una de mis razones para decir eso es que Jesús en varias ocasiones de nuevo se encuentra en Galilea. Dicho eso, también es necesario enfatizar el hecho de que Lucas no quiere decir que Jesús se dirigía en camino *directo* de Galilea a Jerusalén. Es más correcto describir esa etapa del ministerio de Jesús como su última etapa en la tierra, la cual termina con su sufrimiento, muerte y resurrección en Jerusalén.

En medio de esa última etapa, durante una visita a Samaria, el mensaje de Jesús es rechazado y aparentemente indignados y con ira supuestamente espiritual, los hermanos Jacobo y Juan preguntan si deben mandar "que descienda fuego del cielo" (Luc 9:54) para consumir a los samaritanos. Jesús los reprende y se van de allí. Por medio de Lucas también nos enteramos del hecho de que Jesús no solamente comisiona a los doce, sino que, por lo menos una ocasión envía setenta discípulos (algunos manuscritos griegos dicen setenta y dos), "los cuales envió de dos en dos delante de sí, a toda ciudad y lugar a donde él había de venir" (Luc 10:1). Incluso este círculo extendido de discípulos es comisionado con poder para sanar enfermos. La comisión es cumplida en conformidad con el mandato de Jesús, y los setenta regresan "con gozo, diciendo [que] aun los demonios se nos sujetan en tu nombre" (Luc 10:17). Jesús responde diciendo que ha visto "a Satanás, como un rayo, que caía del cielo" (Luc 10:18), lo cual probablemente se refiere al destronamiento de Satanás a medida que el reino de Dios se manifiesta a través de los discípulos.[119] Sin embargo, Jesús les ofrece un consejo ecuánime: "He aquí os doy potestad de hollar sobre las serpientes y sobre los

---

no alforja, ni pan, ni dinero en la bolsa; mas que calzasen sandalias, y no vistiesen dos túnicas" (Mar 6:8-9). Cf. Bock, *Luke*. Vol. 1 (1994), pp. 814-6.

[119] Bock, *Luke*. Vol. 2 (2009), p. 1006.

escorpiones, y sobre toda fuerza del enemigo, y nada os dañará. Mas no os gocéis de esto, que los espíritus se os sujetan; antes gozaos de que vuestros nombres están escritos en los cielos" (Luc 10:19-20). Lucas es el único que incluye la parábola del buen samaritano. Esta parábola es la respuesta a un escriba que queriendo probar a Jesús le pregunta qué hacer para poseer la vida eterna, a lo que Jesús responde que debe amar tanto a Dios como a su prójimo. En un intento por auto-justificarse, el escriba pregunta *quién* es su prójimo. Jesús entonces cuenta la parábola sobre un hombre que cae en manos de ladrones, los cuales le roban y maltratan. Tanto un sacerdote como un levita pasan por el camino sin ayudar al hombre. Al final viene un samaritano, el cual le pone sobre su burro y le lleva a un albergue donde atiende sus necesidades. El mensaje que Jesús probablemente quiere transmitir es el siguiente, 'no te enfoques en *quién* es tu prójimo, solamente procura tú ser un prójimo: "Ve y haz tú lo mismo" (Luc 10:37).[120]

La historia sobre Jesús hospedándose con Marta, María y Lázaro, solamente se incluye en el evangelio según Lucas. Mientras que Marta está ocupada trabajando, María se sienta a los pies de Jesús para escuchar sus enseñanzas. Cuando Marta intenta aliarse con Jesús para tener ayuda con el trabajo doméstico, Él pronuncia esas palabras tan conocidas: "Marta, Marta, cuidadosa estás, y con las muchas cosas estás turbada: pero una cosa es necesaria; y María escogió la buena parte, la cual no le será quitada" (Luc 10:41-42).

Otro material que solamente está incluido en Lucas, son las palabras de Jesús acerca de las tragedias que pueden ocurrir, las cuales no implican necesariamente el ser más pecador que otro o que estos desastres sean un juicio de Dios.[121] Todos somos pecadores y

---

120 Bock, *Luke*. Vol 2 (2009), p. 1018-9.

121 "Y en este mismo tiempo estaban allí unos que le contaban [a Jesús] acerca de los galileos, cuya sangre Pilato había mezclado con sus sacrificios. Y respondiendo Jesús, les dijo: ¿pensáis que estos galileos, porque han padecido tales cosas, hayan sido más pecadores que todos los galileos? No, os digo; antes si no os arrepentís, todos pereceréis igualmente. O aquellos dieciocho, sobre los cuales cayó la torre en Siloé, y los mató, ¿pensáis que ellos fueron más deudores que todos los hombres que habitan en Jerusalén? No, os digo; antes si no os arrepentís, todos pereceréis asimismo" (Luc 13:1-5).

debemos enfrentar el juicio de Dios si no nos arrepentimos del pecado.[122]

Lucas también incluye pasajes cuyos contenidos son confirmados por historias parecidas en los otros evangelios, por ejemplo, donde Jesús sana a los enfermos en sábado, por lo cual es criticado por los fariseos. El conflicto con los fariseos tiene que ver con asuntos más profundos que solamente lo que es permitido hacer o no hacer durante el sábado. Tanto indirecta como directamente Jesús acusa a los fariseos de no tener empatía por el individuo como tal. En varias ocasiones los fariseos son criticados por ser orgullosos y Jesús enfatiza en que tanto ser humildes como mostrar una actitud incluyente son valores que deben ser reflejados en sus seguidores. Aquello se ve por ejemplo en varias de las parábolas en Lucas, además de en las exhortaciones generales de Jesús.[123]

Lucas distribuye sus parábolas por todo su evangelio y así a menudo rompe con el orden cronológico de los otros evangelistas. A lo mejor uno de sus objetivos es mostrar que las parábolas acompañaban el ministerio de Jesús desde el principio hasta el fin. El amor de Dios hacia el ser humano y la alegría en el cielo por cada pecador que se arrepiente, se expresan entre otras porciones, como la parábola de la oveja perdida, en donde el pastor temporalmente deja a las demás ovejas para buscar a esa perdida.[124] El mismo mensaje se transmite en la parábola del hijo pródigo (Luc 15:11-32).

---

[122] "Y dijo esta parábola: Tenía uno una higuera plantada en su viña, y vino a buscar fruto en ella, y no lo halló. Y dijo al viñero: he aquí tres años ha que vengo a buscar fruto en esta higuera, y no lo hallo; córtala, ¿por qué ocupará aún la tierra? Él entonces respondiendo, le dijo: Señor, déjala aún este año, hasta que la excave, y estercole. Y si hace fruto, bien; y si no, la cortarás después" (Luc 13:6-9).

[123] "Y observando [Jesús] cómo escogían los primeros asientos a la mesa, propuso una parábola a los convidados diciéndoles: cuando eres convidado de alguno a bodas, no te sientes en el primer lugar, no sea que otro más honrado que tú esté por él convidado, y viniendo el que te llamó a ti y a él, te diga: da lugar a este: y entonces comiences con vergüenza a tener el lugar último" (Luc 14:7-9).

[124] "¿Qué hombre de vosotros, teniendo cien ovejas, si pierde una de ellas, no deja las noventa y nueve en el desierto, y va a la que se perdió, hasta que la halle? Y hallada, la pone sobre sus hombros gozoso; y viniendo a casa, junta a los amigos y a los vecinos, diciéndoles: [gozaos conmigo], porque he hallado mi oveja que se había perdido. Os digo, que así habrá más gozo en el cielo de un pecador que se arrepiente, que de noventa y nueve justos que no necesitan arrepentimiento" (Luc 15:4-7).

En otra parábola se enfatiza la importancia de ser un siervo fiel (Luc 16:1-13). Dicha parábola probablemente molestó a fariseos, quienes eran conocidos por estar interesados en el dinero[125] y al mismo tiempo contiene una exhortación a los creyentes a prestar atención a las consecuencias de sus actos—cuyos motivos deben ser honrar a Dios y servir su causa—a largo plazo.

De camino a Jerusalén, Jesús pasa por la ciudad de Jericó donde Él según Marcos y Mateo, sana a dos ciegos mientras sale de la ciudad. En Lucas solo hay un ciego y es sanado mientras Jesús está por *entrar* en la ciudad (Luc 18:35-43).[126] En Jericó Jesús entra en la casa de Zaqueo, un principal de los publicanos muy rico, quien se convierte y luego exclama: "La mitad de mis bienes doy a los pobres; y si en algo he defraudado a alguno, lo vuelvo con el cuatro tanto" (Luc 19:8-9).

Algunas historias significativas que solamente se encuentran en Lucas, tienen que ver con situaciones donde Jesús se muestra a algunos o a todos sus discípulos después de la resurrección. Por ejemplo, se manifiesta visiblemente a dos discípulos (que no pertenecen a los doce) mientras que están en camino a Emaús, un pueblo a unos diez kilómetros de Jerusalén. Están tristes cuando Jesús se aparece y los acompaña sin que ellos le reconozcan. Él explica las Escrituras del Antiguo Testamento para mostrarles que todas, "desde Moisés, y de todos los profetas" (Luc 24:27), tratan de Jesús. Cuando llegan a Emaús, Jesús entra con ellos en casa, y mientras que están sentados, Él parte el pan y los bendice. En aquel momento le reconocen, pero inmediatamente Él desaparece de su vista. Lucas cuenta que ellos entonces se dicen el uno al otro: "¿No ardía nuestro corazón en nosotros, mientras nos hablaba en el camino, y cuando nos abría las Escrituras?" (Luc 24:32). Después regresan a Jerusalén donde informan lo acontecido a los once discípulos. Estos últimos a su vez les cuentan que también Pedro ha

---

[125] "Y oían también todas estas cosas los fariseos, los cuales eran avaros y se burlaban de él. Y les dijo: vosotros sois los que os justificáis a vosotros mismos delante de los hombres; mas Dios conoce vuestros corazones; porque lo que los hombres tienen por sublime, delante de Dios es abominación" (Luc 16:14-15).

[126] Bock, *Luke*. Vol. 2 (2009), p. 1502-4.

tenido un encuentro con Jesús.[127] Y de repente el mismo Jesús se manifiesta de manera visible en medio de ellos. El resto del evangelio según Lucas es un resumen de los últimos días con Jesús hasta que es arrebatado al cielo.

El evangelio según Juan

A diferencia de los evangelios sinópticos, Juan dedica la mayor parte de su evangelio al ministerio de Jesús – no en Galilea, sino en Judea. El autor es Juan, el discípulo de Jesús, hijo de Zebedeo y hermano del discípulo Jacobo y es muy posible que pueda haberse valido de un secretario, quien probablemente tenía libertad en cuanto a la parte lingüística.[128] Aunque Juan como discípulo de Jesús es un importante testigo ocular, también pudo haberse apoyado en fuentes tanto orales como escritas. Por lo demás, habría sido extraño si no conociera uno o posiblemente varios de los evangelios sinópticos, aun sin haber modelado su propio evangelio basado en estos. Se cree que el evangelio según Juan se escribió a mediados de los 90s d.C, tal vez en Éfeso donde Juan, según la tradición, residía en los últimos años de su vida.

Juan escribe que el objetivo de su evangelio es que los lectores (y los oyentes) "[crean] que Jesús es el Cristo, el Hijo de Dios; y para que, creyendo, [tengan] vida en su nombre" (Juan 20:31). No es muy acertado decir que el escrito tenía un objetivo evangelístico en el sentido de convencer a los inconversos, sino más bien su objetivo era fortalecer a los creyentes en su ya adquirida fe cristiana.[129]

El evangelio abre con el supuesto 'prólogo de Juan' – "En el principio era el Verbo, y el Verbo era con Dios, y el Verbo era Dios" (Juan 1:1). Jesús aquí es descrito como la misma sabiduría de Dios, su palabra, y no sería extraño que Juan eligiera unos términos un poco ofensivos contra el judaísmo contemporáneo, con la acusación de que ellos se habían desviado de la pura fe judía tal como fue expresada a través de la Ley del Antiguo Testamento. En su respuesta contra el

---

[127] "Que decían: ha resucitado el Señor verdaderamente, y ha aparecido a Simón" (Luc 24:34).

[128] Keener, *The Gospel of John. A Commentary.* Vol. 1 (2010), p. 83.

[129] Keener, *The Gospel of John. A Commentary.* Vol. 2 (2010), pp. 1215-6.

judaísmo Juan dice que es Jesús la verdadera y completa expresión de la voluntad de Dios y la expresión de la verdadera intención de la Ley.

Al decir que "el Verbo era Dios" tenemos uno entre muy pocos versículos que claramente hace constar que Jesús es Dios. En virtud de aquello Jesús también es preexistente, Él es desde la eternidad y era "en el principio con Dios" (Juan 1:2), o sea con el Padre, y "todas las cosas", las cuales se refieren a la creación, "por él fueron hechas; y sin él nada de lo que es hecho, fue hecho" (Juan 1:3).[130]

Jesús nació como ser humano y no fue reconocido ni como Dios ni como enviado por Dios. Así Juan escribe que "a lo suyo vino, y los suyos no le recibieron. Mas a todos los que le recibieron, les dio potestad de ser hechos hijos de Dios a los que creen en su nombre" (Juan 1:11-12). 'Creer en Jesús' en el sentido bíblico implica reconocerlo y entregarse completamente a Él.

Jesús fue hecho ser humano – "Y aquel Verbo fue hecho carne, y habitó entre nosotros" (Juan 1:14) y, probablemente todavía emprendiendo contra el judaísmo y la gloria del antiguo pacto, dice que él mismo y los demás discípulos fueron testigos de la gloria del mismo Jesús, "gloria como del unigénito del Padre, lleno de gracia y de verdad" (Juan 1:14). Moisés al haber transmitido la Ley y el antiguo pacto aún es limitado en comparación con Jesús que es "lleno", no solamente de "gracia", sino también de "verdad".[131]

También Juan el Bautista, quien fue precursor de Jesús, le está subordinado, y el mismo Bautista dijo que ni siquiera era "digno de desatar la correa de zapato" (Juan 1:27) de Jesús.

A través del evangelio según Juan además nos enteramos de que Jesús es bautizado por el Bautista en un sitio cerca de una Betania desconocida, cuya localización exacta no conocemos "de la otra parte del [río] Jordán" (Juan 1:28), o sea en Perea, así que no se debe confundir con la Betania cercana a Jerusalén.[132] Dos de los discípulos de Juan el Bautista, uno de ellos Andrés el hermano de Simón Pedro,

---

[130] Keener, *The Gospel of John. A Commentary*. Vol. 1 (2010), pp. 374-81.

[131] "Porque la ley por Moisés fue dada: mas la gracia y la verdad por Jesucristo fue hecha. A Dios nadie le vió jamás: el unigénito Hijo, que está en el seno del Padre, él le declaró" (Juan 1:17-18). Cf. Keener, *The Gospel of John. A Commentary*. Vol. 1 (2010), pp. 405-19.

[132] Keener, *The Gospel of John. A Commentary*. Vol. 1 (2010), pp. 449-51.

sigue a Jesús y pasa un día entero con Él. Luego cuenta a su hermano que ha "hallado al Mesías" (Juan 1:41) y "le [trae] a Jesús" (Juan 1:42). Lo que hemos leído en los evangelios sinópticos cuando Jesús llama a discípulos para seguirlo, probablemente ocurre más tarde. Según Juan, Andrés y Pedro son de Betsaida. Posiblemente son *originalmente* de allí, como ya hemos visto antes, en el evangelio según Marcos, pues Pedro vive en Capernaum.[133]

Como a los biógrafos de la antigüedad, tampoco a Juan le interesa mucho el orden cronológico y por esta razón presenta su material de forma comprimida. Así que escribe que Jesús al "siguiente día" encuentra a Felipe, el cual es llamado a seguirle. Felipe dice a su amigo Natanael que: "Hemos hallado a aquel de quien escribió Moisés en la ley y los profetas: a Jesús, el hijo de José, de Nazaret" (Juan 1:45). Además, "al tercer día" (Juan 2:1), Jesús está participando con sus discípulos y con su madre en una boda en Caná de Galilea donde Jesús hace su primer milagro público convirtiendo agua en vino.[134] Es interesante notar que Jesús utiliza agua de tinajuelas de piedra "conforme a la purificación de los judíos" (Juan 2:6).

Podemos leer que la Pascua de los judíos se acerca y Jesús sube a Jerusalén.[135] Juan ubica el evento donde Jesús echa del templo a los cambistas de dinero casi al principio del ministerio público de Jesús, mientras que según los evangelios sinópticos esto sucede al final del mismo.[136] Sin duda, Jesús habría visitado Jerusalén en varias ocasiones, pero históricamente aquel evento, como los sinópticos lo documentan, debe haber sucedido vinculado con la celebración de la Pascua durante su última semana en Jerusalén. El objetivo de Juan al colocar el evento tan temprano probablemente es que la muerte de Jesús ocupe una posición significativa a través de todo su ministerio público.

Uno de los fariseos, Nicodemo, quien era miembro del Sanedrín judío, busca a Jesús en la noche – quizá para evitar ser visto por otras

---

[133] Keener, *The Gospel of John. A Commentary.* Vol. 1 (2010), p. 481.

[134] "Este principio de señales hizo Jesús en Caná de Galilea. Y manifestó su gloria; y sus discípulos creyeron en él" (Juan 2:11). Cf. Keener, *The Gospel of John. A Commentary.* Vol. 1 (2010), pp. 496-7.

[135] "Y estaba cerca la Pascua de los judíos; y subió Jesús a Jerusalén" (Juan 2:13).

[136] Keener, *The Gospel of John. A Commentary.* Vol. 1 (2010), pp. 518-9.

personas. Nicodemo reconoce que Jesús ha "venido de Dios por maestro" (Juan 3:2), probablemente basado en los milagros de Jesús.[137] Jesús le contesta que creer en Él no es suficiente; debe nacer "otra vez" (Juan 3:3). Aquello es algo que Dios tiene que causar en Nicodemo. Tiene que nacer "de agua y del Espíritu" (Juan 3:5), porque lo que es nacido de seres humanos – de la carne – "carne es", pero "lo que es nacido del Espíritu, espíritu es" (Juan 3:6).

La salvación no se recibe automáticamente por ser judío y por intentar ser fiel a la Ley y al antiguo pacto. En vez de ello se tiene que "creer" en Jesús, lo cual en el sentido bíblico entre otras cosas implica entregarse completamente a Él como Señor.[138]

Juan es el único de los cuatro evangelistas que nos cuenta que no solamente Juan el Bautista, sino también los discípulos de Jesús bautizaban nuevos discípulos.[139] En camino de Judea a Galilea Jesús en una ocasión elige detenerse en una ciudad llamada Sicar en Samaria donde entra en conversación con una samaritana. En medio de la conversación se descubre que la mujer ha estado casada cinco veces, y que todos sus maridos probablemente han encontrado motivo para divorciarse de ella y que ahora vive con un hombre sin estar casada con él.

Durante la conversación la mujer indirectamente pregunta quién tiene la razón – los judíos o los samaritanos – acerca del asunto de dónde debe Dios ser adorado: en el monte Gerizim o en Jerusalén. Jesús contesta que, aunque la salvación no viene de los samaritanos sino de los judíos, el asunto sobre dónde adorar es una cuestión sin

---

[137] "Este vino a Jesús de noche, y le dijo: Rabí, sabemos que has venido de Dios por maestro; porque nadie puede hacer estas señales que tú haces, si no es Dios con él" (Juan 3:2).

[138] "Porque de tal manera amó Dios al mundo, que ha dado a su Hijo unigénito, para que todo aquel que en él cree, no se pierda, mas tenga vida eterna. Porque no envió Dios a su Hijo al mundo para que condene al mundo, mas para que el mundo sea salvo por él. El que en él cree, no es condenado mas el que no cree, ya es condenado, porque no creyó en el nombre del unigénito Hijo de Dios" (Juan 3:16-18). El contexto de este versículo es la *primera* venida de Jesús a la tierra, la cual no incluía la condenación del mundo. La Biblia, no obstante, en otros versículos enseña que el mundo será condenado a la segunda venida de Jesús.

[139] "Aunque Jesús no bautizaba, sino sus discípulos" (Juan 4:2).

relevancia. Los creyentes son el templo de Dios, y con su ayuda cada uno podrá adorar en verdad.[140]

Después la mujer se va a la ciudad donde dice al pueblo: "Venid, ved un hombre que me ha dicho todo lo que he hecho: ¿si quizás es este el Cristo?" (Juan 4:28) Como resultado, muchos de los samaritanos creen en Jesús, y Él se queda con ellos dos días.[141]

En un día de las fiestas de los judíos, Jesús otra vez sube a Jerusalén donde sana a un hombre que ha sido paralítico por casi cuarenta años. Jesús entonces es acusado, probablemente por los líderes religiosos, por haber sanado a alguien en un sábado, pero simplemente contesta: "Mi Padre hasta ahora obra, y yo obro" (Juan 5:17).

La fiesta de la Pascua se acerca, y "no abiertamente" (Juan 7:20) Jesús sube a Jerusalén. Hay confrontaciones con los líderes religiosos, pero Nicodemo le defiende.[142] Mientras que está en el templo, los escribas llevan a una mujer hallada en adulterio a Jesús para probarle: ¿Está a favor del decreto de Moisés de "apedrear a las tales" (Juan 8:5) – lo cual le causaría problemas con el poder romano que no permite a los judíos condenar a alguien a la muerte? ¿O le pueden acusar por *no* estar a favor del decreto de Moisés?[143] La respuesta de Jesús sorprende a todos: "El que de vosotros esté sin pecado, arroje contra ella la piedra el primero" (Juan 8:7). Las palabras siguientes son bien conocidas: "Oyendo, pues, ellos, redargüidos de la conciencia, se salían uno a uno, comenzando desde los más viejos hasta los postreros: y quedó solo Jesús, y la mujer que estaba en

---

[140] "Mas la hora viene, y ahora es, cuando los verdaderos adoradores adorarán al Padre en espíritu y en verdad; porque también el Padre tales adoradores busca que le adoren. Dios es Espíritu; y los que le adoran, en espíritu y en verdad es necesario que adoren" (Juan 4:23-24).

[141] "Y decían a la mujer: ya no creemos por tu dicho; porque nosotros mismos hemos oído, y sabemos que verdaderamente este es el Salvador del mundo, el Cristo" (Juan 4:42).

[142] "Les dice Nicodemo (el que vino a él de noche, el cual era uno de ellos): ¿Juzga nuestra ley a hombre, si primero no oye de él, y entiende lo que ha hecho? Respondieron y le dijeron: ¿Eres tú también Galileo? Escudriña y ve que de Galilea nunca se levantó profeta" (Juan 7:50-52). Contrario de aquellas palabras, el profeta Jonás parece haber sido de "Gat-jefer" (2 Rey 14:25) que está ubicado unos kilómetros fuera de Nazaret en Galilea.

[143] Keener, *The Gospel of John. A Commentary.* Vol. 1 (2010), p. 737.

medio. Y enderezándose Jesús, y no viendo a nadie más que a la mujer, le dijo: ¿Mujer, ¿dónde están los que te acusaban? ¿Ninguno te ha condenado? Y ella dijo: Señor ninguno. Entonces Jesús le dijo: Ni yo te condeno; vete, y no peques más" (Juan 8:9-11).

Juan hace varias referencias a las confrontaciones de Jesús contra los líderes religiosos. Dice que ellos son "de abajo" mientras que Él mismo es "de arriba". Ellos son "de este mundo" mientras que Él no lo es (Juan 8:23). Ellos son "de [su] padre el diablo, y los deseos de [su] padre [quieren] cumplir" (Juan 8:44) mientras que Él solamente habla y actúa "como el Padre [le] enseñó" (Juan 8:28). Los líderes responden que no son esclavos del pecado como Él sostiene, sino descendientes de Abraham. "Si fuerais hijos de Abraham", Jesús protesta, entonces "las obras de Abraham haríais" (Juan 8:39) en vez de intentar quitarle la vida a él. A la pregunta irónica si Él se piensa más grande que Abraham, Jesús contesta afirmativamente y además dice que Él es "antes que Abraham fuese" (Juan 8:58).

Los fariseos expulsan a un joven de la sinagoga después de que Jesús le ha sanado un sábado, como si ellos mismos tuvieran la autoridad de determinar quién pertenece al pueblo de Dios y quién no. En contraste, Jesús es "pastor" de las ovejas; "Las ovejas oyen su voz: y a sus ovejas llama por nombre" (Juan 10:3). En virtud de ser el "buen pastor", Jesús "su vida da por las ovejas" (Juan 10:11). Él conoce las ovejas, y ellas le conocen a Él.

A través de los evangelios sinópticos conocemos a las hermanas Marta y María de Betania. Su hermano Lázaro muere, y Jesús le levanta de los muertos.[144] Muchas personas ahora creen en Jesús y los rumores acerca de Él también llegan a los sumos sacerdotes y los fariseos en Jerusalén. Estos empiezan a "[acordar] juntos [el] matarle" (Juan 11:53).

En relación con la cena de Pascua de Jesús y sus discípulos antes de su sufrimiento y muerte, Juan nos cuenta que Jesús "se levanta de la cena, y se quita su ropa, y tomando una toalla, se ciñó. Luego puso agua en [una vasija], y comenzó a lavar los pies de los discípulos, y a

---

[144] "Dice Jesús: quitad la piedra. Marta, la hermana del que se había muerto, le dice: Señor, hiede ya, que es de cuatro días. [...] Entonces quitaron la piedra de donde el muerto había sido puesto. Y Jesús, alzando los ojos arriba, dijo: Padre, gracias te doy que me has oído. [...] Y habiendo dicho estas cosas, clamó a gran voz: Lázaro, ven fuera" (Juan 11:39-43).

limpiarlos con la toalla con que estaba ceñido" (Juan 13:4-5). Pedro protesta, pues solo los siervos de rango más bajo de una persona lavan los pies de esta. Jesús, no obstante, lo hace como modelo del corazón de un siervo, "para que como yo os he hecho, vosotros también hagáis" (Juan 13:15). Esta es la ocasión donde Jesús les da un "mandamiento nuevo" (Juan 13:34) – como Él los ha amado, ellos también se amarán unos a otros: "En esto conocerán todos que sois mis discípulos, si tuviereis amor los unos con los otros" (Juan 13:35).

Jesús prepara a los discípulos para su muerte y al mismo tiempo les cuenta que volverá a ellos. Él es "el camino, y la verdad, y la vida; nadie viene al Padre, sino por [Él]" (Juan 14:6). El mismo Jesús es "en el Padre" (Juan 14:11) y el Padre es en Él. Todo lo que los discípulos piden al Padre en oración en el nombre de Jesús, lo recibirán;[145] obviamente aquello implica que las oraciones reflejen la voluntad y la gloria de Dios. En ausencia de Jesús, los discípulos no quedarán huérfanos, sino que recibirán el Espíritu Santo[146] que les enseñará y recordará todo lo que Jesús les ha dicho.[147]

¿Qué es lo que implica que el Espíritu viva dentro de los creyentes? Jesús se compara con una vid cuyas ramas son los creyentes. Si alguno no lleva fruto, la rama será quitada.[148] Los discípulos son exhortados a *permanecer* en Jesús para así llevar fruto[149] y permanecer en Él implica por lo menos guardar sus mandamientos; por ejemplo, el de amarse los unos a los otros.[150] Permaneciendo en

---

[145] "Y todo lo que pedís al Padre en mi nombre, esto haré, para que el Padre sea glorificado en el Hijo. Si algo pedís en mi nombre, yo lo haré" (Juan 14:13-14).

[146] "Y yo os rogaré al Padre, y os dará otro Consolador, para que esté con vosotros para siempre: al Espíritu de verdad, al cual el mundo no puede recibir, porque no le ve, ni le conoce: mas vosotros le conocéis; porque está con vosotros, y será en vosotros" (Juan 14:16-17).

[147] "Mas el Consolador, el Espíritu Santo, al cual al Padre enviará en mi nombre, él os enseñará todas las cosas, y os recordará todas las cosas que os he dicho" (Juan 14:26).

[148] "Yo soy la vid verdadera, y mi Padre es el labrador. Todo pámpano que en mí no lleva fruto, le quitará: y todo aquel que lleva fruto, le limpiará, para que lleve más fruto" (Juan 15:1-2).

[149] "Estad en mí, y yo en vosotros. Como el pámpano no puede llevar fruto de sí mismo, si no está en la vid; así ni vosotros, si no estuviereis en mí" (Juan 15:4).

[150] "Si guardáis mis mandamientos, estaréis en mi amor; como yo también he guardado los mandamientos de mi Padre, y estoy en su amor" (Juan 15:10). "Este

esta relación, pueden "[pedir] todo lo que [quieran], y [les] será hecho" (Juan 15:7).

Los discípulos deben estar preparados para sufrir oposición y persecución. Los cristianos de ascendencia judía serán expulsados de las sinagogas,[151] pero los discípulos nuevamente reciben la promesa de capacitación para resistir de parte del Espíritu,[152] a la vez que Jesús intercede por ellos para que Dios los guarde.[153] También ora por las personas que en el futuro van a ser creyentes para que tengan unidad y así sean un testimonio positivo que pueda llevar a otros a la fe.[154]

Juan dedica dos capítulos a la pasión de Jesús y algunos detalles difieren de la presentación que hacen los evangelios sinópticos. Juan escribe de Jesús que "llevando su cruz, salió al lugar que se dice de la Calavera, y en hebreo, Gólgota" (Juan 19:17). Los sinópticos incluyen más detalles y mencionan a Simón de Cirene que es forzado a llevar la cruz en parte del camino. Además, en Juan la crucifixión parece

---

es mi mandamiento: que os améis los unos a los otros, como yo os he amado" (Juan 15:12).

[151] "Os echarán de las sinagogas, Y aun viene la hora, cuando cualquiera que os mata, pensará que hace servicio a Dios" (Juan 16:2).

[152] "Pero yo os digo la verdad: os es necesario que yo vaya: porque si yo no fuese, el Consolador no vendría a vosotros: mas si yo voy, os le enviaré. Y cuando él viene, redargüirá al mundo de pecado, y de justicia, y de juicio. [...] Pero cuando viene aquel Espíritu de verdad, él os guiará a toda verdad porque no hablará de sí mismo, sino que hablará todo lo que oye, y os hará saber las cosas que han de venir. Él me glorificará: porque tomará de lo mío, y os lo hará saber" (Juan 16:7-8, 13-14).

[153] "Padre santo, a los que me has dado, guárdalos por tu nombre, para que sean una cosa, como también nosotros" (Juan 17:11). "No ruego que los quites del mundo, sino que los guardes del mal" (Juan 17:15).

[154] "Mas no ruego solamente por estos, sino también por los que han de creer en mí por la palabra de ellos. Para que todos sean una cosa; como tú, oh Padre, en mí, y yo en ti, que también ellos sean en nosotros una cosa; para que el mundo crea que tú me enviaste. Y yo, la gloria que me diste les he dado; para que sean una cosa, como también nosotros somos una cosa. Yo en ellos, y tú en mí, para que sean consumadamente una cosa; y que el mundo conozca que tú me enviaste, y que los has amado, como también a mí me has amado" (Juan 17:20-23).

haber sucedido después de la sexta hora,[155] mientras que Marcos data la crucifixión a la tercera hora.[156]

Juan incluye algunos datos adicionales alrededor de la resurrección, por ejemplo, cuando Jesús se manifiesta visiblemente a los discípulos, en la noche de ese mismo día.[157] Tomás no está con ellos, y dice después que no creerá en la resurrección si no "ve en sus manos [de Jesús] la señal de los clavos, y mete [su] mano en su costado" (Juan 20:25). El deseo de Tomás tiene su cumplimiento cuando Jesús se muestra otra vez a ellos ocho días después y, en aquella ocasión, ese discípulo exclama "¡Señor mío, y Dios mío!" (Juan 20:28).

En dos de los evangelios sinópticos Jesús informa a los discípulos por medio de María Magdalena que Él irá delante de ellos a Galilea. En el último capítulo de Juan, el cual funciona como un tipo de epílogo, Jesús se manifiesta visiblemente a sus discípulos en el lago de Genesaret.[158] Los discípulos evidentemente han obedecido las palabras de Jesús y huyen de Jerusalén, aún si – de nuevo en conformidad con sus instrucciones – deben volver. Siete de los discípulos están en un barco en el lago pescando sin conseguir nada. Por la mañana Jesús se presenta en la playa, y les pide "[echar] la red a la mano derecha del barco" (Juan 21:6), lo cual hacen y como resultado apenas son capaces de sacar la red por la gran cantidad de peces que consiguen. Juan reconoce al desconocido como Jesús y se lo dice a Pedro. Esta es la tercera vez que Jesús se manifiesta de forma visible a los discípulos después de la resurrección,[159] aunque Lucas da

---

[155] "Y era el día de la preparación de la Pascua, y como la hora de sexta. Entonces dijo [Pilato] a los judíos: he aquí vuestro Rey" (Juan 19:14).

[156] "Y era la hora de las tres cuando le crucificaron" (Mar 15:25). Cf. Keener, *The Gospel of John. A Commentary*. Vol. 2 (2010), pp. 1129-30.

[157] "Y como fue tarde aquel día, el primero de la semana, y estando las puertas cerradas donde los discípulos estaban juntos por miedo de los judíos, vino Jesús, y se puso en medio, y les dijo: paz a vosotros" (Juan 20:19).

[158] "Después se manifestó Jesús otra vez a sus discípulos en la mar de Tiberias" (Juan 21:1).

[159] "Esta era ya la tercera vez que Jesús se manifestó a sus discípulos, habiendo resucitado de los muertos" (Juan 21:14).

la impresión de que sus apariciones suceden en más ocasiones.[160] Luego, tres veces Jesús pregunta a Pedro si le ama, hasta "más que estos" (Juan 21:15) – lo cual a lo mejor se refiere a los peces: esto es que si Pedro ama más a Jesús que lo que ama a su antigua profesión como pescador[161] – y recibe una respuesta afirmativa. Jesús entonces le confiere una responsabilidad específica como pastor de hombres.[162] Al mismo tiempo es sugerido que Pedro, a pesar de haber negado a Jesús tres veces antes de la crucifixión, sufrirá el martirio por causa de su nombre.[163] Sospechamos cierta relación competitiva entre Pedro y Juan, y Pedro pregunta por el destino de Juan. Jesús responde: "Si quiero que él quede hasta que yo venga, ¿qué a ti? Sígueme tú" (Juan 21:22). Alrededor de sesenta años después, Juan escribe: "Salió entonces este dicho entre los hermanos, que aquel discípulo no había de morir. Mas Jesús no le dijo, no morirá, sino: si quiero que él quede hasta que yo venga, ¿qué a ti?" (Juan 21:23)

Juan confirma que él es el autor de ese evangelio.[164] Previamente ha constatado que el objetivo de su evangelio es que los lectores "[crean] que Jesús es el Cristo, el Hijo de Dios" (Juan 20:31). Termina diciendo que solamente ha incluido una selección pequeña de las obras de Jesús para conseguir su objetivo de fortalecer a los creyentes en la fe.[165]

---

[160] "A los [discípulos], después de haber padecido, [Jesús] se presentó vivo con muchas pruebas indubitables, y apareciéndoles por cuarenta días, y hablándoles del reino de Dios" (Hch 1:3).

[161] Keener, *The Gospel of John. A Commentary*. Vol. 2 (2010), p. 1236.

[162] "[Jesús] le dice: apacienta mis corderos" (Juan 21:15). "Le dice: apacienta mis ovejas" (Juan 21:16). "Le dice Jesús: apacienta mis ovejas" (Juan 21:17).

[163] "De cierto, de cierto te digo: Cuando eras más mozo, te ceñías, e ibas donde querías; mas cuando ya seas viejo, extenderás tus manos, y te ceñirá otro, y te llevará a donde no quieras. Y esto dijo, dando a entender con qué muerte había de glorificar a Dios" (Juan 21:18-19).

[164] "Este es aquel discípulo que da testimonio de estas cosas, y escribió estas cosas" (Juan 21:24).

[165] "Y hay también otras muchas cosas que hizo Jesús, que si se escribiesen cada una por sí, ni aun en el mundo pienso que cabrían los libros que se habrían de escribir" (Juan 21:25).

3

PABLO – UN ESBOZO BIOGRÁFICO

Tenemos poco conocimiento acerca de Pablo antes de su conversión al cristianismo. Nació como Saulo en la ciudad de Tarso, en la actual Turquía, y aunque sus padres eran judíos, era ciudadano romano. Adquirió su conocimiento en religión en Jerusalén y se hizo un perseguidor celoso de los primeros cristianos. En camino a Damasco (Siria) alrededor del año 33 d.C., el libro de los Hechos nos narra que tuvo una conversión radical (capítulo 9), y Pablo describe detalladamente cómo poco tiempo después recibe su llamado apostólico. Partió hacia "Arabia" (que probablemente se refiere al reino nabateo del norte de Arabia), y después regresó a Damasco. Alrededor del año 35 d.C. hizo una visita breve a Jerusalén donde entre otras personas se encontró con el apóstol Pedro y Santiago (uno de los hermanos de Jesús). No obstante, después de aproximadamente dos semanas volvió a Damasco y pasó el siguiente decenio en la provincia Siria-Cilicia-Fenicia.[1]

---

[1] "Porque ya habéis oído acerca de mi conducta otro tiempo en el judaismo, que perseguía sobremanera la iglesia de Dios, y la destruía; y aprovechaba en el judaismo sobre muchos de mis iguales en mi nación, siendo muy más celador que todos de las tradiciones de mis padres. Mas cuando [agradó] a Dios, que me apartó desde el vientre de mi madre, y me llamó por su gracia, revelar a su Hijo en mí, para que le predicase entre los gentiles, luego no conferí con carne y sangre; ni fui a Jerusalén a los que eran apóstoles antes que yo; sino que me fui a la Arabia, y volví de nuevo a Damasco. Después, pasados tres años, fui a Jerusalén a ver a Pedro, y estuve con él quince días. Mas a ningún otro de los apóstoles vi, sino a Jacobo el hermano del Señor" (Gál 1:13-19).

Las persecuciones a los cristianos hicieron que muchos creyentes huyeran de Jerusalén (Hch 8:1), y gran parte de ellos se estableció en Antioquía, Siria. Fue así como la iglesia de Jerusalén envió a Bernabé a Antioquía, y este buscó a Pablo en Tarso para llevarlo consigo. Bernabé y Pablo colaboraron en la iglesia de Antioquía por aproximadamente un año y todo ello sucedió posiblemente alrededor del año 45 d.C.[2]

La profecía sobre una hambruna inminente provocó que la iglesia de Antioquía recogiera una ofrenda para los creyentes de Jerusalén, entonces Bernabé y Pablo fueron enviados allí con el dinero.[3] Probablemente su visita[4] corresponda a la que Pablo describe en su epístola a los Gálatas:

> Después, pasados catorce años,[5] fui otra vez a Jerusalén juntamente con Bernabé, tomando también conmigo a Tito. Pero fui por revelación, y les comuniqué el evangelio que

---

[2] "Y los que habían sido esparcidos por causa de la tribulación que sobrevino en tiempo de Esteban, anduvieron hasta Fenicia, y Cipro, y Antioquía, no hablando a nadie la palabra, sino solo a los judíos. Y de ellos había unos varones Ciprios y Cirenenses, los cuales como entraron en Antioquía, hablaron a los griegos, anunciando el evangelio del Señor Jesús. Y la mano del Señor era con ellos: y creyendo, gran número se convirtió al Señor. Y llegó la fama de estas cosas a oídos de la iglesia que estaba en Jerusalén; y enviaron a Bernabé que fuese hasta Antioquía. El cual, como llegó, y vio la gracia de Dios, se regocijó; y exhortó a todos a que permaneciesen en el propósito del corazón en el Señor. Porque era varón bueno, y lleno de Espíritu Santo y de fe; y mucha compañía fue agregada al Señor. Después partió Bernabé a Tarso a buscar a Saulo; y hallado, le trajo a Antioquía. Y conversaron todo un año allí con la iglesia, y enseñaron a mucha gente; y los discípulos fueron llamados cristianos primeramente en Antioquía" (Hch 11:19-26).

[3] "Y en aquellos días descendieron de Jerusalén profetas a Antioquía. Y levantándose uno de ellos, llamado Ágabo, daba a entender por Espíritu, que había de haber una grande hambre en toda la tierra habitada: la cual hubo en tiempo de Claudio. Entonces los discípulos, cada uno conforme a lo que tenía, determinaron enviar subsidio a los hermanos que habitaban en Judea: lo cual asimismo hicieron, enviándolo a los ancianos por mano de Bernabé y de Saulo" (Hch 11:27-30).

[4] El libro de los Hechos menciona cinco diferentes visitas a Jerusalén— 9:26-28; 11:30 y 12:25; cap. 15; 18:22; 21:17-25:12). No todas ellas se registran en las epístolas de Pablo.

[5] Hay incertidumbre acerca de si se refiere a catorce años después de la conversión de Pablo o a catorce años después de su primera visita a Jerusalén después de su conversión.

predico entre los gentiles; mas particularmente a los que parecían ser algo, por no correr en vano, o haber corrido (Gál 2:1-2).

Según lo que Pablo dice, parece haberse encontrado principalmente con los apóstoles Pedro, Juan y Santiago que era hermano de Cristo. Aquellos tres fueron contados por ser las "columnas" de la iglesia de Jerusalén y expresaron su reconocimiento a Pablo como apóstol y obrero cristiano.[6]

El primer viaje misionero

Una vez terminada la misión en Jerusalén, Pablo y Bernabé regresaron a Antioquía. No mucho tiempo después sus llamados como apóstoles fueron confirmados por la iglesia y se embarcaron en su primer viaje misionero.[7] Este viaje duró tres años, desde el año 46 hasta el 48 d.C.

---

[6] "Y les comuniqué el evangelio que predico entre los Gentiles [...]. Mas ni aun [...] siendo griego, fue compelido a circuncidarse. Y eso por causa de los falsos hermanos, que se encontraban secretamente para espiar nuestra libertad que tenemos en Cristo Jesús, para ponernos en servidumbre; a los cuales ni aun por una hora cedimos sujetándonos, para que la verdad del evangelio permaneciese con vosotros. [...] Y como vieron la gracia que me era dada, Jacobo y Cefas y Juan, que parecían ser las columnas, nos dieron las diestras de compañía a mí y a Bernabé, para que nosotros fuésemos a los gentiles, y ellos a la circuncisión" (Gál 2:2-9).

[7] "Había entonces en la iglesia que estaba en Antioquía, profetas y maestros: Bernabé, y Simón el que se llamaba Niger, y Lucio Cireneo, y Manahén, que había sido criado con Herodes el tetrarca, y Saulo. Ministrando pues estos al Señor, y ayunando, dijo el Espíritu Santo: 'apartadme a Bernabé y a Saulo para la obra para la cual los he llamado'" (Hch 13:1-3).

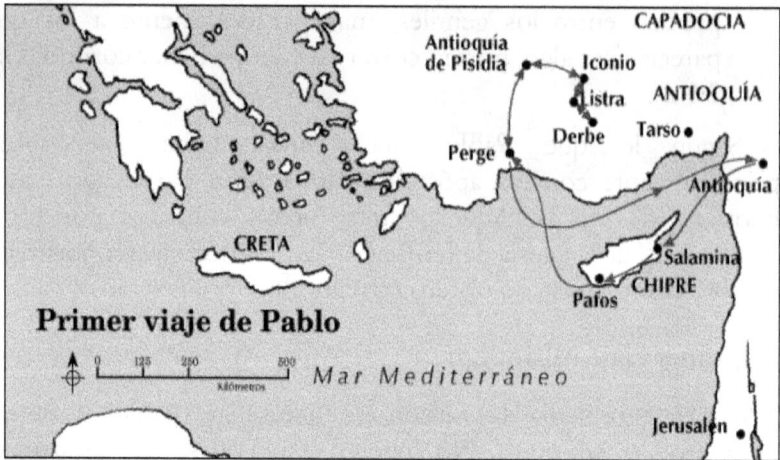

Fuente: *http://linajeescogido.tripod.com/Mapas/Mapas.htm#Primer viaje misionero de Pablo*

Con Antioquía y Seleucia como punto de partida, fueron en barco a través de Chipre (más específicamente a través de Salamina y Pafos) a Perge en Panfília (parte de la actual Turquía), donde su colaborador Juan Marcos los abandonó. Continuaron hacia Antioquía (en Pisidia, que no debe confundirse con Antioquía en Siria) y siguieron más allá hasta Iconio, Listra y Derbe. El regreso incluyó el paso por Listra, Iconio y Antioquía nuevamente. Desde allí viajaron a través de Panfília hasta Perge, y descendieron a Atalia, lugar desde el que regresaron en barco a su punto de partida: Antioquía en Siria.[8]

El concilio de Jerusalén

A pesar de que las tres "columnas" Pedro, Santiago y Juan habían reconocido a Pablo como colega en el ministerio, pronto aparecieron en Antioquía cristianos judaizantes que negaron la validez de lo que Pablo enseñaba. Entre sus puntos de discrepancia alegaban que la salvación dependía de que los recientemente convertidos fueran circuncidados. Pablo y Bernabé protestaron, y después de un tiempo tomaron la decisión de ir a Jerusalén para exponer la cuestión disputada ante los otros apóstoles. Allí fueron resistidos por "algunos de la secta de los fariseos, que habían creído", quienes sostenían que

---

[8] Podemos leer sobre este primer viaje misionero en Hch 13 y 14.

los nuevos convertidos no solamente se debían circuncidar, sino incluso "que [debían guardar] la ley de Moisés" (Hch 15:5).

Ante la oposición, los apóstoles junto con los ancianos de la iglesia de Jerusalén determinaron que no se iba a obligar a los nuevos cristianos ni a circuncidarse ni a someterse a la ley veterotestamentaria. En consecuencia, redactaron una carta a la iglesia de Antioquía en donde, entre otras cosas, manifestaban que los cristianos judaizantes que habían causado esta confusión doctrinal no habían sido autorizados por la iglesia de Jerusalén y las únicas cargas que pusieron sobre los nuevos convertidos fueron que se abstuvieran de lo ofrecido a los ídolos, de carne de animales estrangulados y de inmoralidad sexual (Hch 15:29).

Posteriormente Pablo y Bernabé regresaron a la iglesia de Antioquía, acompañados por dos profetas de la iglesia de Jerusalén, Judas (también llamado Barsabás) y Silas (Silvano).

El segundo viaje misionero

Ya hemos mencionado a Juan Marcos, que abandonó a Pablo y Bernabé en Perge (Panfília) durante el primer viaje misionero. Estos últimos acordaron hacer otro viaje para "visitar a los hermanos por todas las ciudades en las cuales hemos anunciado la palabra del Señor, [y así] saber cómo están" (Hch 15:36). Bernabé deseaba dar otra oportunidad a Juan Marcos, pero Pablo no estaba de acuerdo, conflicto que provocó su separación. Mientras Bernabé llevó a Juan Marco consigo a Chipre, Pablo eligió a Silas como su compañero. Silas era uno de los dos profetas de la iglesia que los había acompañado a Antioquía después del concilio de Jerusalén (Hch 15:36-40).

Fuente: *http://linajeescogido.tripod.com/Mapas/Mapas.htm#Segundo Viaje Misionero de Pablo*

Otra vez con Antioquía, como punto de partida, Pablo y Silas se encaminaron a través de la actual Turquía. Como se desprende de los mapas de los dos viajes misioneros de acuerdo con el plan de Hechos 15:36, visitaron varias ciudades a las que ya había estado en el primer viaje, por ejemplo, Listra (en donde conocieron a Timoteo) e Iconio. Pablo tuvo una visión mientras estaba en Troas, en la que un hombre de la provincia romana llamada Macedonia, en la actual Grecia, le llamaba diciendo: "Pasa a Macedonia, y ayúdanos", así que desde allí (Troas, en la costa oeste de la actual Turquía), se dirigieron a Europa, concretamente a la ciudad de Filipos.

En Filipos Pablo y Silas fueron encarcelados y luego puestos en libertad al día siguiente. De allí se dirigieron a Tesalónica, donde hubo una insurrección; aun así, una iglesia fue establecida. De Tesalónica partieron a Berea, de allí a Atenas y después a Corinto en donde Pablo permaneció año y medio; posteriormente viajó por vía marítima a Éfeso en la Turquía actual, y de allí a Cesarea. Después de una visita breve a Jerusalén, regresó a su punto de partida, Antioquía en Siria (Hch 15:39-18:22). Todo el viaje misionero duró aproximadamente tres años, desde el año 49 hasta 52 d.C. Durante este viaje, quizás poco tiempo después de la visita a Tesalónica y la fundación de su iglesia, Pablo escribió las dos epístolas a los Tesalonicenses.

El tercer viaje misionero

También el tercer viaje misionero, desde el año 53 hasta el 57 d.C., tomó su punto de partida en Antioquía. Al igual que en el segundo viaje, el recorrido inició a través de la actual Turquía. Sin embargo, Pablo permaneció casi tres años en Éfeso, en la provincia de Asia y en ese período, durante unos dos años estuvo "disputando cada día en la escuela de un cierto Tyranno, [...] de manera que todos los que habitaban en Asia [...] oyeron la palabra del Señor Jesús" (Hch 19:9-10).

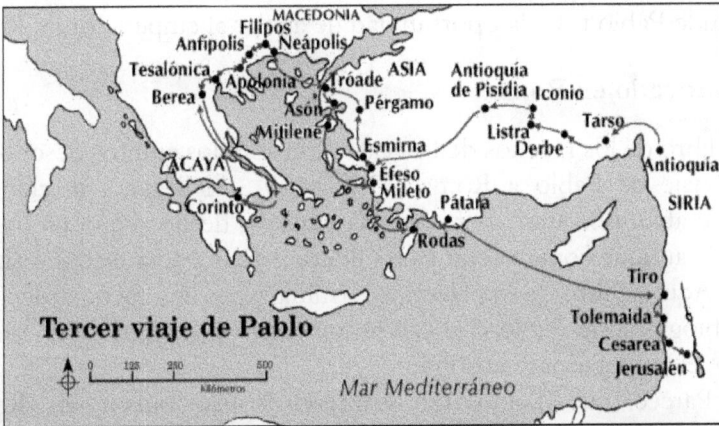

Fuente: *http://linajeescogido.tripod.com/Mapas/Mapas.htm#Tercer Viaje misionero de Pablo*

Pasando por Troas, el viaje continuó hacia la provincia de Macedonia[9] y Acaya en el sur de la actual Grecia, en donde Pablo se quedó unos tres meses. El regreso se dio por vía marítima desde Corinto a Macedonia y después de Filipos a Troas. Más adelante partió de Asón a Mitilene y luego a Mileto. La embarcación siguió hacia Cos, Rodas y Pátara, y de allí a Tiro. Después de una semana, continuaron hasta Tolemaida, y a través de Cesarea llegaron a Jerusalén (Hch 18:23–21:16).

---

[9] La provincia romana llamada Macedonia en el norte de la Grecia actual, no se debe confundir con la República de Macedonia que se independizó en 1991.

Cautiverio en Cesarea

Mientras estaba en Éfeso, Pablo había iniciado una colecta monetaria para la iglesia de Jerusalén. Después de una semana en Jerusalén, fue encarcelado porque algunos judíos de la provincia de Asia lo acusaron falsamente de haber profanado el templo, creyendo que había permitido a su colaborador gentil, un tal Trófimo de Éfeso, acompañarlo.[10]

Pablo fue recluido en la cárcel por los guardias romanos, y después de un par de días fue enviado a Cesarea donde estuvo detenido provisionalmente por dos años, desde el año 57 hasta 59 d.C. Fue allí donde Pablo tuvo la oportunidad de apelar al emperador de Roma.

Cautiverio en Roma

El libro de los Hechos dedica casi dos capítulos enteros describiendo el viaje de Pablo a Roma (27:1–28:15). Al llegar a la ciudad, le esperaban dos años de residencia vigilada, desde el año 60 hasta 62 d.C., aunque contaba con cierta libertad pues podía recibir visitas.[11]

Aquí el libro de los Hechos termina, pero una reconstrucción de la biografía de Pablo con sus propias epístolas como base, muestra que el emperador le absolvió.

Parece que Pablo fue encarcelado de nuevo en Roma,[12] probablemente después del gran incendio provocado, que muchos piensan fue iniciado por el mismo emperador Nerón. Según la

---

[10] "Y cuando estaban para acabarse los siete días, unos judíos de Asia, como le vieron en el templo, alborotaron todo el pueblo y le echaron mano, dando voces: varones israelitas, ayudad: este es el hombre que por todas partes enseña a todos contra el pueblo, y la ley, y este lugar; y además de esto ha metido gentiles en el templo y ha contaminado este lugar santo" (Hch 21:27-28).

[11] "Y como llegamos a Roma, el centurión entregó los presos al prefecto de los ejércitos, mas a Pablo fue permitido estar por sí, con un soldado que le guardase" (Hch 28:16). "Pablo [...] quedó dos años enteros en su casa de alquiler, y recibía a todos los que a él venían, predicando el reino de Dios y enseñando lo que es del Señor Jesucristo con toda libertad, sin impedimento" (Hch 28:30-31).

[12] Quizá este sea el último cautiverio de Pablo en Roma al que se refiere cuando escribe acerca de su colaborador Onesíforo que "estando él en Roma, me buscó solícitamente, y me halló" (2 Tim 1:17). "En mi primera defensa ninguno me ayudó, antes me desampararon todos. [...] Y el Señor me librará de toda obra mala, y me preservará para su reino celestial" (2 Tim 4:16,18).

tradición cristiana, Pablo fue decapitado, posiblemente en el año 65 d.C.

4

LAS EPÍSTOLAS DE PABLO

No solamente las epístolas de Pablo sino todas las epístolas del Nuevo Testamento, en gran medida cumplen con los requisitos de una carta de la antigüedad, consistiendo en una introducción donde el remitente se presenta a sí mismo y a los receptores a quienes saluda,[1] el mensaje principal y una conclusión, eventualmente con saludos a individuos concretos.[2]

El mensaje principal varía de una epístola a otra porque normalmente cada una es escrita con el objetivo de remediar necesidades concretas. Entre los recursos literarios utilizados encontramos la diatriba, el catálogo de virtudes, el catálogo de vicios, el 'Haustafel' (o código doméstico), el himno y la fórmula de fe (o el credo). Una *diatriba* básicamente es un diálogo ficticio entre un maestro y su supuesto alumno. Vamos a ver ejemplos en nuestro repaso de la carta de Pablo a los Romanos.[3] Un *catálogo de virtudes* es

---

[1] "Pablo, y Silvano, y Timoteo, a la iglesia de los Tesalonicenses que es en Dios nuestro Padre y en el Señor Jesucristo: gracia y paz a vosotros de Dios nuestro Padre y del Señor Jesucristo" (2 Tes 1:1-2).

[2] "Saludad a todos los santos en Cristo Jesús. Los hermanos que están conmigo, os saludan. Todos los santos os saludan, y mayormente los que son de casa de César. La gracia de nuestro Señor Jesucristo sea con todos vosotros" (Fil 4:21-23).

[3] D.F. Watson, "Diatribe" en Hawthorne, Martin y Reid (eds.), *Dictionary of Paul and His Letters* (1993), pp. 213-4.

una lista de características positivas,[4] mientras que *el catálogo de vicios* enumera características de actitud y comportamiento no deseadas.[5] Un *Haustafel* describe como las interrelaciones dentro de la familia deben funcionar, y puede incluir tanto las obligaciones de padres, hijos y/o esclavos. Este recurso literario lo encontramos por ejemplo en las epístolas a los Efesios (5:21–6:9) y los Colosenses (3:18–4:1), respectivamente.[6] Un *himno* es un texto rítmico-poético que probablemente tiene un origen litúrgico.[7] Incluso la *fórmula de fe* parece tener un fundamento litúrgico y se parece al himno.[8]

La epístola a los Gálatas

La epístola está dirigida "a las iglesias de Galacia" (Gal 1:2), pero existen dudas de si "Galacia" se refiere al territorio dentro del antiguo *reino* llamado de esta forma o al territorio de la ya existente *provincia romana* del mismo nombre, la cual no solamente incluía los terrenos del antiguo reino, sino que se extendía desde el Mar Negro en el norte hasta el Mediterráneo en el sur. Si "Galacia" se refiere a la provincia romana, las iglesias podrían ubicarse en las ciudades de Antioquía (en Pisidia), Iconio, Listra y Derbe, o sea iglesias fundadas por el apóstol

---

[4] "Mas el fruto del Espíritu es: caridad, gozo, paz, tolerancia, benignidad, bondad, fe, mansedumbre, templanza: contra tales cosas no hay ley" (Gál 5:22-23).

[5] "Y manifiestas son las obras de la carne, que son: adulterio, fornicación, inmundicia, disolución, idolatría, hechicerías, enemistades, pleitos, celos, iras, contiendas, disensiones, herejías, envidias, homicidios, borracheras, banqueteos, y cosas semejantes a estas" (Gal 5:19-21). Cf. C.G. Kruse, "Virtues and Vices" en Hawthorne, Martin y Reid (eds.), *Dictionary of Paul and His Letters* (1993), pp. 962-3.

[6] P.H. Towner, "Households and household codes" en Hawthorne, Martin y Reid (eds.), *Dictionary of Paul and His Letters* (1993), pp. 417-9.

[7] "Dios ha sido manifestado en carne; ha sido justificado con el Espíritu; ha sido visto de los ángeles; ha sido predicado a los gentiles; ha sido creído en el mundo; ha sido recibido en gloria" (1 Tim 3:16). Cf. R.P. Martin, "Hymns, hymn fragments, songs, spiritual songs" en Hawthorne, Martin y Reid (eds.), *Dictionary of Paul and His Letters* (1993), pp. 419-23.

[8] "Porque primeramente os he enseñado lo que asimismo recibí: que Cristo fue muerto por nuestros pecados, conforme a las escrituras; y que fue sepultado, y que resucitó al tercer día, conforme a las escrituras; y que apareció a Cefas, y después a los doce" (1 Cor 15:3-5). Cf. R.P. Martin, "Creed" en Hawthorne, Martin y Reid (eds.), *Dictionary of Paul and His Letters* (1993), pp. 190-2.

Pablo durante su primer viaje misionero en el año 46 d.C.[9] Si es así, Gálatas debe ser la primera epístola de Pablo, escrita antes del año 50 d.C. e incluso antes del concilio de Jerusalén.

El trasfondo de la carta es que Pablo se había enterado de que ciertas personas se habían infiltrado en la iglesia, intentando negar su autoridad apostólica y tratando de convencer a los gálatas de circuncidarse e incluso de solemnizar días específicos (probablemente fiestas judías). Posiblemente estos intrusos habían proclamado que Pablo estaba acreditado por los apóstoles de Jerusalén o por los líderes de la iglesia de la misma ciudad; también lo habrían acusado de ser inconsistente al adaptar su conducta y también su mensaje para ser reconocido en distintos contextos.[10] Es así que Pablo inicia la epístola constatando que es "apóstol, no de los hombres, ni por hombre, mas por Jesucristo y por Dios el Padre, que lo resucitó de los muertos" (Gál 1:1), y expresa su asombro de que los gálatas se hayan desviado tan pronto de sus enseñanzas.[11]

La defensa de Pablo contiene una presentación autobiográfica bastante larga donde el motivo, por lo menos en parte, parece ser poder constatar que su evangelio y su confirmación como apóstol, le fueron dados directamente por Cristo sin ningún intermediario humano.[12] Tras su conversión, Pablo no buscó ni recibió instrucción de los apóstoles de Jerusalén, [13] y solo después de haber pasado un tiempo en "Arabia" (lo cual probablemente se refiere al territorio de los nabateos [un pueblo árabe] al sur y al este de Palestina), seguido

---

[9] Bruce, *The Epistle to the Galatians. A Commentary on the Greek Text* (1982), pp. 3-18.

[10] "Porque, ¿persuado yo ahora a hombres o a Dios? ¿o busco de agradar a hombres? Cierto, que si todavía agradara a los hombres, no sería siervo de Cristo" (Gál 1:10). Cf. Bruce, *The Epistle to the Galatians. A Commentary on the Greek Text*, p. 84.

[11] "Estoy maravillado de que tan pronto os hayáis traspasado del que os llamó a la gracia de Cristo, a otro evangelio: no que hay otro, sino que hay algunos que os inquietan, y quieren pervertir el evangelio de Cristo" (Gál 1:6-7).

[12] "Mas os hago saber, hermanos, que el evangelio que ha sido anunciado por mí, no es según hombre. Pues ni yo lo recibí, ni lo aprendí de hombre, sino por revelación de Jesucristo" (Gál 1:11-12).

[13] "Mas cuando [agradó] a Dios, que me apartó desde el vientre de mi madre, y me llamó por su gracia, revelar a su Hijo en mí, para que le predicase entre los gentiles, luego no conferí con carne y sangre; ni fui a Jerusalén a los que eran apóstoles antes que yo; sino que me fui a la Arabia, y volví de nuevo a Damasco" (Gál 1:15-17).

por una visita más prolongada a Damasco (Siria), alrededor de 35 d.C., partió a Jerusalén donde se encontró con Pedro y Santiago (el hermano de Jesús).[14] ¿Acaso circulaban rumores de que los líderes de Jerusalén le habían introducido en la fe cristiana y que dicha fe obligaba a ser circuncidado, pero que Pablo más adelante había rechazado aquel requisito? En tal caso, el argumento de Pablo es que lo dicho no era posible, pues él había empezado a predicar su mensaje antes de su primer encuentro con los apóstoles.

Después de la relativamente breve visita a Jerusalén, Pablo se fue "a las partes de Siria y de Cilicia" (Gál 1:21); probablemente el apóstol describe detalladamente estos lugares por la necesidad de desmentir las afirmaciones de sus oponentes que decían que estaba en contacto con los líderes de Jerusalén. Como cristiano, Pablo "no era conocido de vista a las iglesias de Judea", es decir que "solamente habían oído decir: aquel que en otro tiempo nos perseguía, ahora anuncia la fe que en otro tiempo destruía. Y glorificaban a Dios en mí" (Gál 1:22-24). No hubo otro contacto del apóstol con los líderes de Jerusalén hasta haber pasado catorce años desde su primera visita a esa ciudad después de su conversión, o bien hasta haber pasado catorce años desde su conversión. Fue entonces cuando Pablo expuso su evangelio y los líderes de Jerusalén no tuvieron objeción alguna al respecto, lo cual vemos confirmado en las siguientes palabras: "Mas ni aun Tito, que estaba conmigo, siendo griego, fue compelido a circuncidarse" (Gál 2:3). Esta reunión en Jerusalén podría ser la misma del concilio que se describe en el libro de los Hechos en el capítulo 15. Anteriormente la iglesia de Antioquía (Siria) había recibido la visita de algunos de Judea que sostenían que nadie podía ser salvo sin antes haber sido circuncidado.[15] No se descarta que es a

---

[14] "Después, pasados tres años, fui a Jerusalén a ver a Pedro, y estuve con él quince días. Mas a ningún otro de los apóstoles vi, sino a Jacobo el hermano del Señor" (Gál 1:18-19). "Y como vino a Jerusalén, tentaba de juntarse con los discípulos; mas todos tenían miedo de él, no creyendo que era discípulo. Entonces Bernabé, tomándole, lo trajo a los apóstoles, y les contó cómo había visto al Señor en el camino, y que le había hablado, y cómo en Damasco había hablado confiadamente en el nombre de Jesús. Y entraba y salía con ellos en Jerusalén; y hablaba confiadamente en el nombre del Señor" (Hch 9:26-29). Cf. Bruce, *The Epistle to the Galatians. A Commentary on the Greek Text*, pp. 95-6.

[15] "Entonces algunos que venían de Judea enseñaban a los hermanos: que si no os circuncidáis conforme al rito de Moisés, no podéis ser salvos. Así que, suscitada una disensión y contienda no pequeña a Pablo y a Bernabé contra ellos,

aquello a lo que Pablo se refiere en Gálatas cuando escribe que ni Tito fue obligado a circuncidarse "por causa de los falsos hermanos, que se entraban secretamente [dentro de la iglesia de Antioquía] para espiar nuestra libertad que tenemos en Cristo Jesús, para ponernos en servidumbre; a los cuales ni aun por una hora cedimos sujetándonos, para que la verdad del evangelio permaneciese con vosotros" (Gál 2:4-5).

Y como para enfatizar que Pablo de ninguna manera es inferior a los apóstoles de Jerusalén, escribe: "[Pero] de aquellos que parecían ser algo (cuáles hayan sido algún tiempo, no tengo que ver; Dios no acepta apariencia de hombre), a mí ciertamente los que parecían ser algo, nada me dieron" (Gál 2:6). El llamado apostólico, o sea el mensaje y la obra de Pablo entre "los incircuncisos" fue completamente reconocido entre los líderes de Jerusalén;[16] sin embargo, esto no implicaba que él fuese su subordinado.

Esto último se hace evidente cuando Pablo destaca una visita posterior de Pedro a la iglesia de Antioquía donde se había visto obligado a reprenderle públicamente.[17] Pedro había, como Pablo, compartido con los creyentes no judíos en Antioquía, incluso había comido con ellos y celebrado la santa cena, hasta que se presentaron ciertos creyentes de la iglesia de Jerusalén. Pedro entonces se separó de los creyentes gentiles, y como resultado varios creyentes judíos hicieron lo mismo.[18] "Nosotros judíos naturales", dijo Pablo a Pedro,

---

determinaron que subiesen Pablo y Bernabé a Jerusalén, y algunos otros de ellos, a los apóstoles y a los ancianos, sobre esta cuestión" (Hch 15:1-2).

[16] "Antes por el contrario, como vieron que el evangelio de la incircuncisión me era encargado, como a Pedro el de la circuncisión, (Porque el que hizo por Pedro para el apostolado de la circuncisión hizo también por mí para con los gentiles; y como vieron la gracia que era dada, Jacobo y Cefas y Juan, que parecían ser las columnas, nos dieron las diestras de compañía a mí y a Bernabé, para que nosotros fuésemos a los gentiles, y ellos a la circuncisión" (Gál 2:7-9).

[17] "[Pero] viniendo Pedro a Antioquía, le resistí en la cara, porque era de condenar" (Gál 2:11).

[18] "Porque antes que viniesen unos de parte de Jacobo, comía con los gentiles; mas después que vinieron, se retraía y apartaba, teniendo miedo de los que eran de la circuncisión. Y a su disimulación consentían también los otros judíos; de tal manera que aun Bernabé fue también llevado de ellos en su simulación. Mas cuando vi que no andaban derechamente conforme a la verdad del evangelio, dije a Pedro delante de todos: Si tú, siendo judío, vives como los gentiles y no como judío, ¿por qué constriñes a los gentiles a judaizar?" (Gál 2:12-14).

"y no pecadores de los gentiles" (Gál 2:15), esto último posiblemente fue una cita de los judaizantes. Sin embargo, Pablo siguió, ambos – y muchos otros judíos también – hemos reconocido que la Ley no justifica, sino solamente la fe en Cristo Jesús.[19] Lo que sigue es difícil entender, pero parece que Pablo estuviera intentando defenderse de ciertas acusaciones. Tal vez quiere decir que cuando los judíos, que practican la Ley, no la reconocen más como fundamento para su justificación ante Dios – al igual que él mismo y Pedro lo habían hecho cuando reconocieron la justificación en Cristo – esto implica ponerse al mismo nivel de "pecadores como los gentiles" – y ser "hallados pecadores". Cuando no se puede más poner la confianza en la Ley ni tampoco en el propio cuidado de la misma, el individuo tiene que reconocer que es pecador y completamente dependiente de la gracia de Dios, que es el único que justifica. No obstante, esto no implica, como los antagonistas parecieron sostener, que Cristo se haya hecho "ministro de pecado".[20] Su deformación de las enseñanzas de Pablo parece determinar que si los cristianos que anteriormente eran judíos que practicaban la Ley ahora son "hallados pecadores", entonces la cantidad de pecadores en el mundo habría aumentado y Cristo se habría hecho un "ministro de pecado". A aquella afirmación Pablo seguramente contestaría que no fue la justificación en Cristo la que los convirtió en pecadores, sino que ellos han sido pecadores desde el principio.

Si una persona vuelve a edificar las mismas cosas que había destruido, se muestra por lo menos como inconsecuente. Si se trata de una inconsecuencia *moral*, aquella persona se puede denominar un transgresor (Gál 2:18): es malo derribar lo construido o es malo reedificarlo. El pensamiento parece ser que si es correcto destruir, sería incorrecto o pecaminoso edificar de nuevo. Para concretar: si la Ley desde la perspectiva de Dios todavía tuviera validez, como los

---

[19] "Sabiendo que el hombre no es justificado por las obras de la ley, sino por la fe de Jesucristo, nosotros también hemos creído en Jesucristo, para que fuésemos justificados por la fe de Cristo, y no por las obras de la ley; por cuanto por las obras de la ley ninguna carne será justificada" (Gál 2:16).

[20] "Y si buscando nosotros ser justificados en Cristo, también nosotros somos hallados pecadores, ¿es por eso Cristo ministro de pecado? En ninguna manera" (Gál 2:17). Cf. Bruce, *The Epistle to the Galatians. A Commentary on the Greek Text*, pp. 136-40.

gálatas fueron inducidos a creer, cualquier persona que hubiese buscado la salvación independientemente de esta, así, destruyendo "las cosas" relacionadas con la Ley (como también hicieron los gálatas inicialmente), sería transgresora según la Ley. Pero, si al contrario, la Ley no más tuviera validez porque Cristo es ahora el fundamento de la justificación, sería pecado volver a edificar "las cosas" relacionadas con la Ley. Porque si Cristo es el fundamento de la justificación, entonces nadie que busque la justificación de Dios a través de otro fundamento aparte de Cristo, será justificado.

Tal vez Pablo tenía su propia experiencia en mente – o sea que fue su entusiasmo por la Ley lo que antes le había convertido en un tenaz perseguidor de los cristianos. Después de su conversión, tuvo que reconocer que había cometido un pecado muy grave[21] y que la Ley no había sido capaz de mostrárselo, al contrario, fue la misma Ley la que le había impulsado a cometerlo. Cuando Pablo lo entendió a través de su conversión cristiana, "murió" ante la Ley, es decir, no pudo reconocer más la autoridad de la Ley sobre su propia vida.[22] Justamente como *murió* o, renunció a la Ley, ahora *vive* en comunión con Jesucristo y bajo su soberanía.[23]

Quizás el mensaje de Pablo acerca de la gracia en Cristo fue criticado porque los oyentes lo podrían abusar en el sentido de no tomar suficientemente en serio sus propios pecados. ¿Acaso es esa la acusación contra la cual Pablo se defiende cuando dice que no 'desecha' la gracia de Dios, o puede que se refiera a recibir la salvación en Cristo y después volver a la Ley (como los gálatas parecieron estar a punto de hacer)?[24]

Para conducir nuevamente a los gálatas al mensaje que inicialmente recibieron de él, les recuerda que habían observado y también personalmente experimentado la presencia y el poder del

---

[21] "Porque yo soy el más pequeño de los apóstoles, que no soy digno de ser llamado apóstol, porque perseguí la iglesia de Dios" (1 Cor 15:9).

[22] "Porque yo por la ley soy muerto a la ley, para vivir a Dios" (Gál 2:19). Cf. Bruce, *The Epistle to the Galatians. A Commentary on the Greek Text*, p. 143.

[23] "Con Cristo estoy juntamente crucificado, y vivo, no ya yo, mas vive Cristo en mí: y lo que ahora vivo en la carne, lo vivo en la fe del Hijo de Dios, el cual me amó, y se entregó a si mismo por mí. (Gál 2:20).

[24] "No desecho la gracia de Dios: porque si por la ley fuese la justicia, entonces por demás murió Cristo" (Gál 2:21).

Espíritu Santo como extensión de las enseñanzas de Pablo, las cuales no incluían el requisito de guardar las leyes del Antiguo Testamento.[25] Pablo entonces dirige la atención hacia el patriarca Abraham y sostiene que él mismo fue considerado justo porque "creyó a Dios" (Gál 3:6) cuando Dios le prometió una simiente más grande que todas las estrellas que pudiera contar en el cielo. Posiblemente los gálatas también habían sido persuadidos de que al igual que Abraham fue circuncidado como señal de haber entrado en un pacto con Dios, ellos debían hacer lo mismo.[26] Sin embargo, Pablo hace constar que la justificación de Abraham no fue basada en su circuncisión sino en su fe en Dios. Luego, los hijos de Abraham en el nuevo pacto, no son los que se someten a la Ley y la circuncisión, sino aquellos que en fe se entregan a Cristo. La bendición más importante que tienen en común con Abraham es la justificación ante Dios por medio de la fe.[27]

Obviamente hubo diferencias doctrinales dentro del mismo judaísmo. Los fariseos (tanto los sucesores de los rabinos Shamai e Hilel) no consideraban la salvación se obtenía después de haber logrado guardar la Ley. La razón de esto es que la persona, después de haber pecado (haber quebrantado la ley), confiaba en la gracia de Dios, al arrepentirse.[28] Pablo, en cambio, parece haber considerado irrelevante si el individuo era capaz o no de guardar los requisitos de la Ley; buscar salvación (justificación) a través de la Ley y por obras de la Ley, en sí mismo era un obstáculo para ser salvo,[29] siendo la Ley

---

[25] "Esto solo quiero saber de vosotros: ¿Recibisteis el Espíritu por las obras de la ley, o por el oír de la fe? [...] ¿Tantas cosas habéis padecido en vano? Si [pero] en vano. Aquel, pues, que os daba el Espíritu, y obraba maravillas entre vosotros ¿[lo hacía] por las obras de la ley, o por el oír de la fe?" (Gál 3:2, 4-5).

[26] Bruce, *The Epistle to the Galatians. A Commentary on the Greek Text*, pp. 154-5.

[27] "Como Abraham creyó a Dios, y le fue imputado a justicia. Sabéis por tanto, que los que son de fe, los tales son hijos de Abraham. Y viendo antes la escritura que Dios por la fe había de justificar a los gentiles, evangelizó antes a Abraham, diciendo: en ti serán bendecidas todas las naciones. Luego los de la fe son benditos con el creyente Abraham" (Gál 3:6-9).

[28] Bruce, *The Epistle to the Galatians. A Commentary on the Greek Text*, p. 160.

[29] "Porque todos los que son de las obras de la ley, están bajo de maldición. Porque escrito está: maldito todo aquel que no permaneciere en todas las cosas que están escritas en el libro de la ley, para hacerlas. Mas por cuanto por la ley ninguno se

y el evangelio mutuamente excluyentes – la primera requería obras mientras que el evangelio requería fe.[30] El Antiguo Testamento pronunció una maldición sobre los que rompieran la Ley[31] pero Cristo "nos redimió de la maldición de la ley, haciéndose por nosotros maldición; "porque está escrito: maldito cualquiera que es colgado en madero" (Gál 3:13). Así que tanto el judío como el gentil fueron redimidos[32] y aunque la Ley distinguía entre uno y otro, el gentil estaba incluido en las bendiciones de Abraham; la bendición alcanza los gentiles básicamente a través del Espíritu Santo.[33] La promesa de Dios fue dada a Abraham más de 400 años antes de que la Ley fuera dada a Moisés. Y, escribe Pablo, justamente como no se modifica el testamento de una persona, tampoco a través de la Ley se anula el pacto, ni las promesas que Dios dio a Abraham.[34]

¿Cuál fue la intención de la Ley? Pablo escribe que la Ley fue dada "por causa de las rebeliones" (Gál 3:19) hasta Cristo. Hasta entonces la humanidad se encontraba en cautividad bajo la ley. A través de la ley – sea la ley de la consciencia (relevante para el no judío) o la Ley del antiguo pacto (relevante para el judío) – se es consciente de ser pecador e incapaz de cumplir con los requisitos éticos de la Ley. Tanto la Ley (bajo Moisés) y las promesas (para Abraham) fueron dadas por Dios. "¿Luego la ley va en contra de las promesas de Dios? De ninguna manera: porque si la ley dada pudiera vivificar, la justicia fuera verdaderamente por la ley" (Gál 3:21). La ley, sin embargo,

---

justifica para con Dios, queda manifiesto: que el justo por la fe vivirá" (Gál 3:10-11).

[30] "La ley también no es de la fe; sino, el hombre que los hiciere, vivirá en ellos" (Gál 3:12). Véase también Lev 18:5 – "Por tanto mis estatutos y mis derechos guardaréis, los cuales haciendo el hombre, vivirá en ellos: yo Jehová."

[31] "Maldito el que no confirmare las palabras de esta ley para cumplirlas" (Dt 27:26).

[32] "Porque los gentiles que no tienen ley, naturalmente haciendo lo que es de la ley, los tales, aunque no tengan ley, ellos son ley a sí mismos" (Rom 2:14).

[33] "Para que la bendición de Abraham fuese sobre los gentiles en Cristo Jesús; para que por la fe recibamos la promesa del Espíritu" (Gál 3:14).

[34] "Esto pues digo: que el contrato confirmado de Dios para con Cristo, la ley que fue hecha cuatrocientos treinta años después, no lo abroga, para invalidar la promesa" (Gál 3:17).

solamente tuvo una validez provisional hasta Cristo.[35] Desde la obra salvífica de Jesús la justificación es asequible tanto para judíos como para no judíos. Incluso los no judíos son contados como descendientes de Abraham porque ellos justamente como él consiguieron su justificación por medio de la fe.[36]

Por la salvación en Cristo hemos sido redimidos del cautiverio de la Ley.[37] Tal vez Pablo estaba pensando principalmente en los judeocristianos cuando escribió que anteriormente eran "siervos bajo los rudimentos del mundo" (Gál 4:3), o sea que estaban bajo la Ley del Antiguo Testamento. Pero también los cristianos de entre los gentiles, o los gálatas mismos, han servido bajo "los flacos y pobres rudimentos" (Gál 4:9). En *este* mismo contexto se refiere al hecho de que ellos habían sido esclavos bajo los supuestos dioses en los cuales anteriormente habían creído y servido.[38] Los gálatas volvieron a ser esclavos si nuevamente se dirigían a la religión judía. Parece como si se hubieran sometido al calendario judío comprometiéndose a solemnizar los días festivos del judaísmo. Pablo expresa su preocupación por ello[39] y, a pesar de este desvío, busca convencer a los gálatas de que no han pecado contra él; estos son sus "hijos" espirituales, y como se identifica con ellos, desea que también ellos se identifiquen con él.[40] Cuando inicialmente les predicó el evangelio,

---

[35] "[Pero] antes que viniese la fe, estábamos guardados bajo la ley, encerrados para aquella fe que había de ser descubierta" (Gál 3:23-25).

[36] "No hay judío, ni griego; no hay siervo, ni libre; no hay varón, ni hembra: porque todos vosotros sois uno en Cristo Jesús. Y si vosotros sois de Cristo, ciertamente la simiente de Abraham sois, y conforme a la promesa los herederos" (Gál 3:28-29).

[37] "Mas venido el cumplimiento del tiempo, Dios envió su Hijo, hecho de mujer, hecho súbdito a la ley, para que redimiese a los que estaban debajo de la ley, a fin de que recibiésemos la adopción de hijos" (Gál 4:4-5).

[38] "Antes, en otro tiempo, no conociendo a Dios, servíais a los que por naturaleza no son dioses: mas ahora, habiendo conocido a Dios, o más bien, siendo conocidos de Dios, ¿cómo os volvéis de nuevo a los flacos y pobres rudimentos, en los cuales queréis volver a servir?" (Gál 4:8-9). Bruce, *The Epistle to the Galatians. A Commentary on the Greek Text*, pp. 193-4, 202-4.

[39] "Guardáis los días, y los meses, y los tiempos, y los años. Temo de vosotros, que no haya trabajado en vano en vosotros" (Gál 4:10-11).

[40] "Sed como yo porque yo soy como vosotros: ningún agravio me habéis hecho" (Gál 4:12).

le habían recibido con complacencia.[41] Y ahora "¿me he hecho su enemigo por decirles la verdad?", Pablo les pregunta (Gál 4:16). Los intrusos de la iglesia ya mencionados fueron quienes intentaron establecer la supuesta enemistad,[42] y en vez de ceder ante su mensaje, Pablo anima a los gálatas a mantenerse firmes en el mensaje que habían escuchado de Pablo, también cuando él no estaba con ellos.[43] Son llamados a liberarse de los requisitos de la Ley y a no someterse otra vez bajo "yugo de servidumbre" (Gál 5:1). Al ceder ante los intrusos dejándose circuncidar, Pablo les escribe que "Cristo no [les] aprovechará nada" (Gál 5:2). Reconociendo la circuncisión como demanda de Dios, implícitamente estaban diciendo que la justificación implica cumplir las demandas de las leyes del Antiguo Testamento. Es como renunciar a la gracia de Dios en Cristo.[44] Pablo compara el legalismo de los gálatas con una "levadura [que] leuda toda la masa" (Gál 5:9) – tal como no era permitido bajo el antiguo pacto tener levadura en casa durante la fiesta de la pascua,[45] tampoco tenía el legalismo ningún lugar lícito dentro de una iglesia cristiana.

Pablo reitera que los gálatas son "llamados a libertad"; obviamente esto no significa que como creyentes pueden hacer lo que quieran. La libertad cristiana implica vivir en conformidad con la voluntad de Dios.[46] Si verdaderamente se preocupaban por la Ley del Antiguo Testamento, deberían saber que el mandamiento más importante

---

[41] "Que vosotros sabéis que por flaqueza de carne os anuncié el evangelio al principio: y no desechasteis ni menospreciasteis mi tentación que estaba en mi carne: antes me recibisteis como a un ángel de Dios, como a Cristo Jesús. ¿Dónde está pues vuestra bienaventuranza? Porque yo os doy testimonio que si se pudiera hacer, os hubierais sacado vuestros ojos para dármelos" (Gál 4:13-15).

[42] "Tienen celos de vosotros, pero no bien: antes os quieren echar fuera para que vosotros los celéis a ellos" (Gál 4:17).

[43] "Bueno es ser celoso en bien siempre; y no solamente cuando estoy presente con vosotros" (Gál 4:18).

[44] "Y otra vez vuelvo a protestar a todo hombre que se circuncidare, que está obligado a hacer toda la ley. Vacíos sois de Cristo los que por la ley os justificáis; de la gracia habéis caído" (Gál 5:3-4).

[45] "Siete días comeréis panes sin levadura y así el primer día haréis que no haya levadura en vuestras casas" (Éx 12:15).

[46] "Porque vosotros, hermanos, a libertad habéis sido llamados; solamente que no uséis la libertad como ocasión a la carne, sino servíos por amor los unos a los otros" (Gál 5:13).

hablaba del amor al prójimo.[47] Este sin embargo no era el fruto más visible entre los gálatas, al contrario, las enseñanzas de los intrusos generaban contiendas internas.[48]

Pablo les exhorta a "andar en el Espíritu" en vez de satisfacer "la concupiscencia de la carne" (Gál 5:16). La 'carne' se refiere al ser humano en choque con la voluntad de Dios. 'Andar en el Espíritu' conlleva someterse al control del Espíritu Santo y activamente dejar ser influido por Él. La 'carne', o sea el creyente en un estado de no sometimiento al Espíritu de Dios, siempre estará chocando con éste.[49] Si los gálatas eligen estar sometidos al Espíritu de Dios, estarán chocando con lo que desearían hacer al no estar bajo su control. Si, al contrario, eligen escaparse de la influencia del Espíritu, estarán chocando con lo que desearían al estar sometidos a Él.

El estar bajo la Ley no ofrece protección alguna contra los deseos de la 'carne'. El creyente siempre va a tener una lucha contra algo dentro de sí mismo que busca escaparse de una vida controlada por el Espíritu de Dios. Pero la solución no es someterse a la Ley, sino al Espíritu.[50] Pablo enumera varios pecados definidos como las "obras de la carne" y como alternativa a estos define el "fruto del Espíritu" – o sea el resultado de una vida sometida a la soberanía del Espíritu – como "caridad, gozo, paz, tolerancia, benignidad, bondad, fe [lealtad], mansedumbre, templanza" (Gál 5:22). Estas características no pueden ser conseguidas a la fuerza como una demanda de la Ley, sino son resultado de la obra del Espíritu dentro y a través de un creyente en Cristo.[51]

Al final Pablo establece cómo manifestar un genuino amor cristiano al prójimo. En vez de buscar sus propios intereses,[52] los

---

[47] "Porque toda la ley en esta sola palabra se cumple: Amarás a tu prójimo como a ti mismo" (Gál 5:14).

[48] "Y si mordéis y os coméis los unos a los otros, mirad que también no os consumáis los unos a los otros" (Gál 5:15).

[49] "Porque la carne codicia contra el Espíritu, y el Espíritu contra la carne: y estas cosas se oponen la una a la otra, para que no hagáis lo que quisiereis" (Gál 5:17).

[50] "Mas si sois guiados del Espíritu, no estáis bajo la ley" (Gál 5:18).

[51] Bruce, *The Epistle to the Galatians. A Commentary on the Greek Text*, p. 255.

[52] "No seamos codiciosos de vana gloria, irritando los uno a los otros, envidiándose los unos a los otros" (Gál 5:26).

miembros son exhortados a sobrellevar "los unos las cargas de los otros; y cumplid así la ley de Cristo" (Gál 6:2). Los miembros son advertidos tanto indirecta[53] como directamente contra el orgullo personal.[54] Una manera de sobrellevar los unos las cargas de los otros puede implicar proveer económicamente para los líderes de la iglesia.[55] En términos generales Pablo exhorta a los gálatas a 'sembrar en el Espíritu' (Gál 6:8), o sea "hacer bien" sin cansarse (Gál 6:9) en vez de 'sembrar para su carne' (Gál 6:8), o sea, hacer lo que *no* está bien. Él escribe: "Así que, entre tanto que tenemos tiempo, hagamos bien a todos, y mayormente a los [de la familia] de la fe" (Gál 6:10).

Las epístolas a los Tesalonicenses

Estas cartas parecen haber sido escritas alrededor del año 50 d.C., durante el segundo viaje misionero de Pablo. Poco tiempo antes de la escritura de las cartas, mientras estuvo en Troas (en Turquía), Pablo había tenido una visión donde Dios lo llamó a Europa, y más específicamente, a la provincia romana llamada Macedonia en la Grecia actual.[56] Antes de llegar a Tesalónica, tuvo una estadía de unos días en la ciudad macedónica llamada Filipos. Allí tanto él como su colaborador Silas fueron encarcelados, pero puestos en libertad al día siguiente.[57]

---

[53] "Hermanos, si alguno fuere tomado en alguna falta, vosotros que sois espirituales, restaurad al tal con el espíritu de mansedumbre considerándote a ti mismo, porque tú no seas también tentado" (Gál 6:1).

[54] "Porque el que estima de sí que es algo, no siendo nada, a sí mismo se engaña. Así que cada uno examine su obra, y entonces tendrá gloria solo respecto de sí mismo, y no en otro" (Gál 6:3-4).

[55] "Y el que es enseñado en la palabra, comunique en todos los bienes al que lo instruye" (Gál 6:6).

[56] "Y pasando a Misia, descendieron a Troas. Y fue mostrado a Pablo de noche una visión: un varón Macedonio se puso delante, rogándole, y diciendo: pasa a Macedonia, y ayúdanos" (Hch 16:8-9).

[57] El viaje misionero empezó con Pablo y Silas, y fue aumentado con Timoteo (que se unió con ellos en Listra) y Lucas, el cual tal vez se encontró con ellos en Troas. Por lo menos fue en Troas que el autor del libro de los Hechos empezó a incluirse en la narración.

Después de haber salido de Filipos "y pasando por Anfípolis y Apolonia, llegaron a Tesalónica" (Hch 17:1).[58] La ciudad contaba con una colonia judía bastante grande, y durante tres sábados sucesivos Pablo conversó con varios de ellos en la sinagoga.[59] Tanto judíos como gentiles se abrieron al mensaje cristiano,[60] y esto provocó que los judíos "teniendo celos, tomaron consigo a algunos ociosos, malos hombres, y juntando compañía, alborotaron la ciudad" (Hch 17:5). Esa misma noche tanto Pablo como Silas salieron de Tesalónica y pasaron primeramente por Berea, y luego por Atenas, hasta llegar a Corinto. En esta última ciudad se quedó por tres meses, y por lo menos la supuesta 1 Tesalonicenses parece haber sido escrita desde allí, quizás porque a pesar de intentarlo dos veces, Pablo no logró realizar una segunda visita.[61]

También, en las otras cartas de Pablo, encontramos referencias positivas a las iglesias de Macedonia,[62] de las cuales los Tesalonicences formaron parte. Las referencias tuvieron que ver con la disposición de las iglesias de aceptar una responsabilidad económica con la iglesia de Jerusalén en relación con la colecta de Pablo.

---

[58] Parece que si Lucas se quedara en Filipos, mientras que los tres otros se fueron para Tesalónica.

[59] "Y algunos de ellos creyeron, y se juntaron con Pablo y con Silas; y de los griegos religiosos grande multitud, y mujeres nobles no pocas" (Hch 17:4). Es incierto por cuánto tiempo Pablo se quedó en Tesalónica. 1 Tes 2:9 muestra que Pablo debe haberse quedado lo suficiente para establecerse en su profesión habitual: "Porque ya, hermanos, os acordáis de nuestro trabajo y fatiga: que trabajando de noche y de día por no ser gravosos a ninguno de vosotros, os predicamos el evangelio de Dios." Parece extraño que la iglesia de Filipos dos veces le enviara apoyo económico durante su estadía en Tesalónica si solamente se trataba de tres semanas. "Porque aun a Tesalónica me enviasteis lo necesario una y dos veces" (Fil 4:16).

[60] Puede que muchos gentiles *sin* vínculo con la sinagoga hayan sido ganados por la fe cristiana, aunque esto no esté reflejado en el libro de los Hechos. De verdad, parece que la mayoría de los recientemente convertidos fueran gentiles sin conexión previa con el judaismo y la sinagoga. Pablo de hecho escribe acerca de ellos: "Y cómo os convertisteis de los ídolos a Dios, para servir al Dios vivo y verdadero" (1 Tes 1:9).

[61] "Mas nosotros, hermanos, privados de vosotros por un poco de tiempo, de vista, no de corazón, tanto más procuramos con mucho deseo ver vuestro rostro. Por lo cual quisimos ir a vosotros, yo Pablo a la verdad, una vez y otra; mas Satanás nos embarazó" (1 Tes 2:17-18).

[62] 2 Cor 8:1-5; 11:9, Rom 15:26.

Alrededor del año 55 d.C, o sea cinco años después de haber escrito las dos cartas a los Tesalonicenses, Pablo escribió desde Éfeso que estaba planeando viajar por Macedonia para visitar la iglesia de Corinto, entre otras razones esto justificaba dicha colecta.[63] Estos planes no fueron ejecutados de esta forma y Pablo visitó las iglesias de Macedonia en camino hacia Corinto[64] y también pasó por ahí después de la visita de la iglesia de Corinto durante su tercer viaje misionero.[65]

Para resumir: después de la primera visita de Pablo, Silas y Timoteo en Tesalónica, donde una iglesia fue plantada, y seguido por una despedida abrupta donde primeramente fueron enviados a Berea, Pablo se fue solo a Atenas mientras que Silas y Timoteo se quedaron en Berea.[66] Silas y Timoteo probablemente acaban de llegar a Atenas hasta que Timoteo fue enviado de nuevo a Tesalónica. Aquello sin duda se debía en parte a la preocupación que Pablo sintió por los nuevos convertidos, por causa de la persecución que inmediatamente tuvieron que padecer, y por otra parte, porque la corta estadía de Pablo no había sido suficiente para dar el fundamento doctrinal que

---

[63] "Y a vosotros iré, cuando hubiere pasado por Macedonia, porque por Macedonia tengo de pasar. [...] Pero estaré en Éfeso hasta Pentecostés; porque se me ha abierto puerta grande y eficaz, y muchos son los adversarios" (1 Cor 16:5-6, 8-9).

[64] "Y acabadas estas cosas [en Éfeso], se propuso Pablo en espíritu partir a Jerusalén, después de andada Macedonia y Acaya. [...] Y enviando a Macedonia a dos de los que le ayudaban, Timoteo y Erasto, él se estuvo por algún tiempo en Asia" (Hch 19:21-22). "[Pablo] se despidió, y partió para ir a Macedonia. Y andado que hubo aquellas partes, [...] vino a Grecia. Y después de haber estado allí tres meses [...]" (Hch 20:1-3).

[65] "Habiendo de navegar [desde Cencrea ubicado en el sur de Corinto] a Siria, le fueron puestas asechanzas por los judíos; y así tomó consejo de volverse por Macedonia" (Hch 20:3). En versículo 4 Pablo enumera unos compañeros de viaje consistiendo de siete personas, los cuatro primeros de las iglesias de Macedonia, y dos de aquellos mismos específicamente de la iglesia de Tesalónica: "Y le acompañaron hasta Asia Sopater Bereense, y los Tesalonicenses, Aristarco y Segundo; y Gayo de Derbe, y Timoteo; y de Asia, Tíquico y Trófimo."

[66] "Mas como entendieron los judíos de Tesalónica que también en Berea era anunciada la palabra de Dios por Pablo, fueron, y también allí tumultuaron al pueblo. Pero luego los hermanos enviaron a Pablo que fuese como a la mar; y Silas y Timoteo se quedaron allí. Y los que habían tomado a cargo a Pablo, le llevaron hasta Atenas; y tomando encargo para Silas y Timoteo, que viniesen a él lo más presto que pudiesen, partieron" (Hch 17:13-15).

él había deseado.[67] Tal vez Timoteo pudo llevar consigo la carta que posteriormente se denominó 2 Tesalonicenses, a pesar del hecho de que muy posiblemente fue la primera epístola que Pablo escribió a la iglesia en Tesalónica.[68] Timoteo pronto volvió con las buenas noticias de que los Tesalonicenses "que siempre tenéis buena memoria de nosotros, deseando vernos, como también nosotros a vosotros" (1 Tes 3:6). Cuando Timoteo volvió, no obstante, Pablo y Silas habían dejado Atenas por Corinto.

Pablo incluye a Silas y Timoteo en sus dos epístolas a los Tesalonicenses,[69] las cuales fueron escritas en la primera persona del plural. La forma de *nosotros*, sin embargo, es sustituida por *yo* en tres ocasiones,[70] y en uno de estos tres casos por "yo, Pablo"; es probable que estos últimos reflejen una contribución independiente de Pablo.

Los tres primeros capítulos de la supuesta primera epístola a los Tesalonicenses en gran parte es un resumen de la visita de Pablo a Tesalónica, donde él los elogia por su perseverancia en la fe. Sin embargo, a finales del primer capítulo leemos no solamente que los Tesalonicenses se habían convertido, sino que estaban esperando "a Jesús, el cual nos libró de la ira que ha de venir" (1 Tes 1:10). El tópico de la inminente venida de Cristo vuelve a ser un tema más importante a medida que seguimos leyendo: "Para que sean confirmados vuestros corazones en santidad, irreprensibles delante de Dios y nuestro Padre, para la venida de nuestro Señor Jesucristo con todos sus santos" (1 Tes 3:13).

En seguida vamos a ver más detalladamente cómo las enseñanzas acerca de la venida de Cristo están desarrolladas en los últimos

---

[67] "Mas nosotros, hermanos, privados de vosotros por un poco de tiempo, de vista, no de corazón [...] Por lo cual, no pudiendo esperar más, acordamos quedarnos solos en Atenas, y enviamos a Timoteo, nuestro hermano, y ministro de Dios, y colaborador nuestro en el evangelio de Cristo, a confirmaros y exhortaros en vuestra fe. [...] Por lo cual, también yo, no esperando más, he enviado a reconocer vuestra fe, no sea que os haya tentado el tentador, y que nuestro trabajo haya sido en vano" (1 Tes 2:17; 3:1-3, 5).

[68] Wanamaker, *The Epistles to the Thessalonians. A Commentary on the Greek Text* (1990), pp. 37-45.

[69] "Pablo, y Silvano, y Timoteo, a la iglesia de los Tesalonicenses que es en Dios nuestro Padre y en el Señor Jesucristo" (2 Tes 1:1).

[70] 1 Tes 2:18; 3:5; 5:27.

capítulos de esa epístola. Sin embargo, como es muy probable que la segunda epístola fue escrita antes que la primera, vamos a detenernos ante la segunda, primeramente.

2 Tesalonicenses

Pablo dejó una iglesia recientemente establecida y esta era objeto de sus persecuciones. A pesar de la intranquilidad de Pablo,[71] no parece haber tenido información de primera mano sobre las condiciones de la iglesia cuando la segunda epístola a los Tesalonicenses fue escrita.

Un motivo importante para escribir la epístola tiene que ver con la opinión errada de los tesalonicenses de que "el día del Señor" ya había llegado (2 Tes 2:2). Es bastante probable que no identificaran "el día del Señor" exactamente con la venida de Cristo, pero sí con eventos previos que anticipaban que contribuirían a la venida de Cristo.[72] Sin embargo, Pablo escribe que la venida de Cristo no puede suceder antes de que cierta persona inicua aparezca.[73] Aquella persona se opone y se levanta "contra todo lo que se llama Dios, o que se adora; tanto que se asiente en el templo de Dios como Dios, haciéndose parecer Dios" (2 Tes 2:4). Pablo sigue escribiendo sobre aquel inicuo "cuyo advenimiento es según operación de Satanás, con grande potencia, y señales, y milagros mentirosos" (2 Tes 2:9).

El segundo motivo importante para escribir la segunda carta a los Tesalonicenses es una exhortación ética, probablemente porque Pablo se había enterado de que algunos dentro de la iglesia se hicieron dependientes de otros económicamente: "Porque oímos que andan algunos entre vosotros fuera de orden, no trabajando en nada, sino ocupados en curiosear. Y a los tales requerimos y rogamos por nuestro Señor Jesucristo, que, trabajando con decoro, coman su pan" (2 Tes 3:11-12). Es difícil opinar sobre si dejaban de trabajar por su fe errada, que decía que "el día del Señor" ya había llegado y, que la

---

[71] "Por lo cual, no pudiendo esperar más, acordamos quedarnos solos en Atenas" (1 Tes 3:1).

[72] Wanamaker, *The Epistles to the Thessalonians. A Commentary on the Greek Text* (1990), p. 240.

[73] "Y aquel inicuo, cuyo advenimiento es según operación de Satanás, con grande potencia, y señales, y milagros mentirosos, y con todo engaño de iniquidad en los que perecen ; por cuanto no recibieron el amor de la verdad para ser salvos" (2 Tes 2:9-10).

venida de Cristo era inmediata o, si no había ninguna relación entre su escatología equivocada y su conducta impropia.

1 Tesalonicenses

Como mencionamos anteriormente, los primeros dos capítulos, en gran medida, consisten en referencias a la visita inicial de Pablo, cuando muchos recibieron a Cristo y una iglesia fue establecida. En el capítulo tres, Pablo habla de su inquietud por la iglesia, la cual tuvo como resultado que Timoteo regresara para "confirmaros y exhortaros en vuestra fe" (1 Tes 3:2-3). Timoteo entonces, de nuevo, volvió donde Pablo con buenas noticias: "Pero volviendo de vosotros a nosotros Timoteo, y haciéndonos saber vuestra fe y caridad. [...] En ello, hermanos, recibimos consolación de vosotros en toda nuestra necesidad y aflicción por causa de vuestra fe" (1 Tes 3:6-7).

La primera epístola a los Tesalonicenses contiene pocas exhortaciones éticas. Al contrario, los tesalonicenses son animados a mantener la vida que ya están viviendo.[74] Entre otras cosas, está enfatizado el autocontrol sexual. Además, Pablo anima la iglesia procurar "tener quietud, y hacer vuestros negocios, y obréis de vuestras manos de la manera que os hemos mandado; a fin de que andéis honestamente para con los extraños, y no necesitéis de nada" (1 Tes 4:11-12). Esto último fue enfatizado en la supuesta segunda epístola a los tesalonicenses. Los miembros de la iglesia no pertenecían a la clase alta, sino que trabajaban todos los días como artesanos o como jornaleros, por lo que podrían representar una carga económica para otras personas.[75]

Como fue el caso en la segunda epístola a los tesalonicenses, también en la primera epístola, Pablo plantea cuestiones escatológicas. El objetivo parece ser que varios miembros de la iglesia habían fallecido, y los demás temían por aquellos cuando Jesús volviera. ¿Cómo pudieron entrar en el cielo si ya habían fallecido?

---

[74] "Resta pues, hermanos, que os roguemos y exhortemos en el Señor Jesús, que de la manera que fuisteis enseñados de nosotros de cómo os conviene andar, y agradar a Dios, así vayáis creciendo" (1 Tes 4:1).

[75] Wanamaker, *The Epistles to the Thessalonians. A Commentary on the Greek Text* (1990), p. 163.

Pablo entonces muestra que estar vivo en el momento en que Jesús vuelva, en sí, no ofrece ninguna ventaja escatológica: "Porque si creemos que Jesús murió y resucitó, así también traerá Dios con él a los que durmieron en Jesús" (1 Tes 4:14). O aún más concretamente:

> Por lo cual, os decimos esto en palabra del Señor: que nosotros que vivimos, que habremos quedado hasta la venida del Señor, no seremos delanteros a los que durmieron. Porque el mismo Señor con aclamación, con voz de arcángel, y con trompeta de Dios, descenderá del cielo; y los muertos en Cristo resucitarán primero: luego nosotros, los que vivimos, los que quedamos, juntamente con ellos seremos arrebatados en las nubes a recibir al Señor en el aire, y así estaremos siempre con el Señor. Por tanto, consolaos los unos a los otros en estas palabras. (1 Tes 4:15-18)

Al final de la primera epístola a los tesalonicenses se resalta la venida de Cristo como inminente.[76] Sin embargo, la iglesia de Tesalónica, como parte del pueblo de Dios, es animada a estar preparada. "Mas vosotros, hermanos, no estáis en tinieblas, para que aquel día os sobrecoja como ladrón; porque todos vosotros sois hijos de luz, e hijos del día; no somos de la noche, ni de las tinieblas. Por tanto, no durmamos como los demás; antes velemos y seamos sobrios" (1 Tes 5:4-6). Para el pueblo de Dios la venida de Cristo no representa la ira de Dios, sino su salvación final: "Pues Dios no nos destinó a sufrir el castigo sino a recibir la salvación por medio de nuestro Señor Jesucristo" (1 Tes 5:9).

La epístola termina con exhortaciones generales sobre la importancia de honrar a los líderes, corregir a los que viven una vida desordenada, animar a los que estén luchando, dar prioridad a la oración, ser agradecido con Dios y no descuidar los dones espirituales como la profecía. Al mismo tiempo se debe ser crítico con cualquier profecía, "examinadlo todo; retened lo bueno" (1 Tes 5:21).

---

[76] "Porque vosotros sabéis bien, que el día del Señor vendrá así como ladrón de noche, que cuando dirán, paz y seguridad, entonces vendrá sobre ellos destrucción de repente, como los dolores a la mujer preñada; y no escaparán" (1 Tes 5:2-3).

Las epístolas a los corintios

La primera visita de Pablo a Corinto, que resultó en el establecimiento de una iglesia, ocurrió durante su segundo viaje misionero como una extensión de sus visitas y plantaciones de iglesias en Filipos y Tesalónica en Macedonia.[77] Silas y Timoteo colaboraron con Pablo, aunque llegaron más tarde a Corinto.[78] Pablo se quedó aproximadamente dieciocho meses allí,[79] y parece haberse hospedado con el matrimonio judío Aquila y Priscila. Al igual que Aquila, Pablo también era fabricante de carpas, y trabajaron juntos. Probablemente Aquila y Priscila tenían un almacén pequeño, y podemos suponer que muchas de las conversaciones religiosas donde varios individuos recibieron a Cristo, tomaron lugar mientras él estaba sentado allí trabajando.[80] Los primeros ganados para la fe fueron "la casa de Estéfanas" (1 Cor 16:15), los cuales fueron bautizados por Pablo mismo.[81] En cuanto a Estéfanas, sabemos que tanto él como su familia "se han dedicado al ministerio de los santos" (1 Cor 16:15). Entre los primeros convertidos, Pablo menciona a Crispo y a Gayo.[82] Gayo probablemente es la misma persona a quien se refiere a finales de la epístola a los Romanos (que fue escrita en Corinto) como "mi huésped, y de toda la iglesia" (Rom 16:23). También es posible que Crispo sea a quien se refiere como el principal de la sinagoga

---

[77] Después de haber salido de Tesalónica, Pablo y Silas partieron hacia Derbe, donde muchos aceptaron la fe. Sin embargo, allí también hubo resistencia, y Pablo se dirigió a Atenas, y de allí a Corinto (Hch 17).

[78] "Porque el Hijo de Dios, Jesucristo, que por nosotros ha sido entre vosotros predicado, por mí y Silvano y Timoteo, no ha sido sí y no; mas ha sido sí en él" (2 Cor 1:19).

[79] "Y se detuvo allí un año y seis meses, enseñándoles la palabra de Dios" (Hch 18:11).

[80] Quizá también fue así que Pablo trabajó en Tesalónica: "Porque ya, hermanos, os acordáis de nuestro trabajo y fatiga: que trabajando de noche y de día por no ser gravosos a ninguno de vosotros, os predicamos el evangelio de Dios" (1 Tes 2:9). Cf. Thiselton, *The First Epistle to the Corinthians. A Commentary on the Greek Text* (2000), pp. 23-4, 209, 217.

[81] "Y también bauticé la familia de Estéfanas" (1 Cor 1:16).

[82] "Doy gracias a Dios, que a ninguno de vosotros he bautizado, sino a Crispo y a Gayo para que ninguno diga que habéis sido bautizados en mi nombre" (1 Cor 1:14).

mencionado en el libro de los Hechos 18:8, quien junto con toda su familia recibió a Cristo. Tanto Estéfanas como Crispo y Gayo eran personas de rango y quizá bastante adinerados.[83]

Después de unos dieciocho meses en Corinto, Pablo junto con Aquila y Priscila fueron en barco hasta Éfeso. Allí la pareja se quedó mientras Pablo continuó por Cesarea y más allá hasta Antioquía antes de iniciar su tercer viaje misionero.

En Éfeso, Aquila y Priscila conocieron a Apolos, que a pesar de que solamente sabía del bautismo de Juan, "enseñaba diligentemente las cosas que son del Señor" (Hch 18:25). La pareja le ofreció a Apolos enseñanzas más profundas, y pronto Apolos fue a Corinto donde "con gran vehemencia convencía públicamente a los judíos mostrando por las Escrituras que Jesús era el Cristo" (Hch 18:28).

Alrededor del año 53 d.C., Apolos dejó Corinto, y tal vez como consecuencia de sus observaciones y reflexiones desde allí, Pablo escribió su primera carta para la iglesia. Lamentablemente aquella carta no ha sido conservada para la posteridad.[84]

1 Corintios

La primera epístola a los corintios fue escrita en Éfeso (alrededor del año 54 d.C.) durante los casi tres años que Pablo se quedó en la ciudad durante su tercer viaje misionero.[85] El trasfondo del origen de esta epístola parece bastante complejo. Ya hemos mencionado que Pablo había escrito una carta antes, la cual no ha sido preservada y fue respondida por los corintios.[86] Lo más probable es que varios en

---

[83] Thiselton, *The First Epistle to the Corinthians. A Commentary on the Greek Text* (2000), p. 28.

[84] "Os he escrito por carta, que no os envolváis con los fornicarios" (1 Cor 5:9). En el versículo que sigue Pablo profundiza lo que inicialmente había querido expresar en su primera carta, la cual no se ha conservado.

[85] "Y a vosotros iré, cuando hubiere pasado por Macedonia, porque por Macedonia tengo de pasar: y podrá ser que me quede con vosotros, o invernaré también, para que vosotros me llevéis a donde hubiere de ir. Porque no os quiero ahora ver de paso; porque espero estar con vosotros algún tiempo, si el Señor lo permitiere. [Pero] estaré en Éfeso hasta Pentecostés" (1 Cor 16:5-8).

[86] "Cuanto a las cosas de que me escribisteis, bien es al hombre no tocar mujer" (1 Cor 7:1).

la iglesia desearan una nueva visita de Apolos,[87] algo que también le pareció bien a Pablo, aunque Apolos no consideró realizarla[88] y por esta razón Pablo decidió enviar a su colaborador Timoteo.[89]

Otra razón contribuyente al nacimiento de la primera epístola a los corintios tiene que ver con rumores de discordias dentro de la iglesia. Fueron rumores transmitidos por "los que son de Cloé" (1 Cor 1:11), conocidos comerciantes o posiblemente esclavos responsables de hacer negocios en su nombre.[90] Puede haber sido gente que pertenecía a la iglesia de Éfeso, pero con contacto regular con la iglesia de Corinto. Sobre si la visita de Estéfanas, Fortunato y Acaico a Éfeso tuvo alguna influencia en la escritura de la primera epístola a los corintios,[91] es más difícil tener alguna opinión sustancial. Sin embargo, se supone que podrían haber completado la información sobre "los que son de Cloé" y así implícitamente ejercieron cierta influencia en el contenido de la epístola.

La iglesia de Corinto se caracterizaba en parte por tener una cultura de honra y vergüenza donde el reconocimiento público era importante.[92] Varios en la iglesia parecieron avergonzarse de Pablo, quizá entre otras razones porque se había sostenido económicamente como fabricante de carpas y así parecía inferior a los maestros itinerantes de retórica. Pablo por su parte, parece haberse distanciado conscientemente de la retórica manipuladora de muchos de los supuestos profesores de sabiduría.[93] El deseo de prestigio, sin

---

[87] "Porque diciendo el uno: yo cierto soy de Pablo; y el otro: yo de Apolos; ¿no sois carnales?" (1 Cor 3:4).

[88] "Acerca del hermano Apolos, mucho le he rogado que fuese a vosotros con los hermanos; mas en ninguna manera tuvo voluntad de ir por ahora; pero irá cuando tuviere oportunidad" (1 Cor 16:12).

[89] "Y si llegare Timoteo, mirad que esté con vosotros seguramente; porque la obra del Señor hace también como yo" (1 Cor 16:10).

[90] Thiselton, *The First Epistle to the Corinthians. A Commentary on the Greek Text* (2000), p. 32.

[91] "[Me regocijo] de la venida de Estéfanas y de Fortunato y de Acaico: porque estos suplieron lo que a vosotros faltaba" (1 Cor 16:17).

[92] Thiselton, *The First Epistle to the Corinthians. A Commentary on the Greek Text* (2000), pp. 13, 21, 862.

[93] "Porque [...] me envió Cristo a [...] predicar el evangelio: no en sabiduría de palabras, porque no sea hecha vana la cruz de Cristo" (1 Cor 1:17). "Y ni mi palabra ni mi predicación fue con palabras persuasivas de humana sabiduría, mas con

embargo, hizo que varios dentro de la iglesia sostuvieran tener relaciones especiales: algunos con Pablo, otros con Apolos o Pedro, y con el mismo Cristo.[94]

Parece que uno o varios de los segmentos de la iglesia asumieron una actitud elitista y en virtud de estudios, prestigio social o manifestaciones carismáticas se consideraban los dueños de una "sabiduría" específica que a los demás les faltaba. Pablo, no obstante, no respalda ese tipo de "sabiduría".[95] En su lugar afirma que la sabiduría genuina debe identificarse con el mensaje de salvación.

A partir del capítulo 5 Pablo se hace más concreto en cuanto a sus exhortaciones éticas. La iglesia ha permitido que uno de sus miembros sostenga relaciones sexuales con su madrastra (la cual posiblemente era de su misma edad).[96] La iglesia recibe instrucciones claras de expulsarlo. En este contexto también hay una alusión a la carta inicial, que no ha sido preservada para la posteridad. En aquella carta Pablo había escrito "que no os [juntéis] con los fornicarios" (1 Cor 5:9). Los corintios le habían malentendido como si él les prohibiera tener contacto con personas *fuera* de la iglesia. Para rectificar Pablo escribe:

> No absolutamente con los fornicarios de este mundo, o con los avaros, o con los ladrones, o con los idólatras; pues en tal caso os sería [necesario] salir del mundo. Mas ahora os he escrito, que no os [juntéis], es a saber, que si alguno llamándose hermano fuere fornicario, o avaro, o idólatra, o maldiciente, o borracho, o ladrón, con el tal ni aun comáis. Porque ¿qué me

---

demostración del Espíritu y de poder; para que vuestra fe no esté fundada en sabiduría de hombres, mas en poder de Dios" (1 Cor 2:4-5).

[94] "Quiero decir, que cada uno de vosotros dice: yo cierto soy de Pablo; pues yo de Apolos; y yo de Cefas; y yo de Cristo" (1 Cor 1:12).

[95] Véase la cita veterotestamentaria en 1 Cor 1:19: "Porque está escrito: destruiré la sabiduría de los sabios, y desecharé la inteligencia de los entendidos."

[96] "De cierto se oye que hay entre vosotros fornicación, y tal fornicación cual ni aun se nombra entre los gentiles; tanto que alguno tenga la mujer de su padre. Y vosotros estáis [envanecidos], y no más bien tuvisteis duelo, para que fuese quitado de en medio de vosotros el que hizo tal obra" (1 Cor 5:1-2). Thiselton, *The First Epistle to the Corinthians. A Commentary on the Greek Text* (2000), p. 387.

va a mí en juzgar a los que están fuera ¿No juzgáis vosotros a los que están dentro? (1 Cor 5:10-13).[97]

El capítulo 6 nos introduce a otro planteamiento moral. El trasfondo parece ser que varios de los miembros de buena situación económica y con buenos contactos fuera de la iglesia, levantaron pleito contra otros miembros, que no tenían tanto dinero ni contactos jurídicos que los defenderían.[98] "Así que, por cierto es ya una falta en vosotros que tengáis pleitos entre vosotros mismos," Pablo escribe. "¿Por qué no sufrís antes la injuria? ¿Por qué no sufrís antes ser defraudados?" (1 Cor 6:7).

"¿No sabéis que los injustos no poseerán el reino de Dios?" (1 Cor 6:9) Pablo pregunta. Enumera varios asuntos éticos que descalifican para la salvación y, es obvio que varios de los miembros de la iglesia habían experimentado personalmente con dichos asuntos, por lo menos antes de su conversión a Cristo.[99]

"Todas las cosas me son lícitas" (1 Cor 6:12) puede haber sido un lema corintio[100] que Pablo limitara con "mas no todas convienen" y con "mas yo no me meteré debajo de potestad de nada". Seguramente para un cristiano todas las cosas no le eran lícitas en el sentido de tener absoluta libertad corporal. "La comida es para el estómago, y el estómago para la comida, pero Dios destruirá tanto al uno como a la otra" (1 Cor 6:13) probablemente fue otro lema

---

[97] Pablo aquí está escribiendo a la iglesia como tal y está dando instrucciones sobre cómo actuar hacia la persona en cuestión, para que dicha persona no tenga ninguna duda sobre haber sido expulsado de la iglesia. No implica necesariamente que los miembros de la iglesia – como individuos – tengan que rehuir cualquier contacto con él. De todos modos, sería imposible hacerlo cumplir ya que no se tiene el control en situaciones donde uno mismo u otra persona estén fuera de la iglesia.

[98] "¿Osa alguno de vosotros, teniendo algo con otro, ir a juicio delante de los injustos, y no delante de los santos?" (1 Cor 6:1). Cf. Thiselton, *The First Epistle to the Corinthians. A Commentary on the Greek Text* (2000), pp. 419-21.

[99] "¿No sabéis que los injustos no poseerán el reino de Dios? No erréis, que ni los fornicarios, ni los idólatras, ni los adúlteros, ni los afeminados, ni los que se echan con varones, ni los ladrones, ni los avaros, ni los borrachos, ni los maldicientes, ni los robadores, heredarán el reino de Dios. Y esto erais algunos: mas ya sois lavados, mas ya sois santificados, mas ya sois justificados en el nombre del Señor Jesús, y por el Espíritu de nuestro Dios" (1 Cor 6:9-11).

[100] Thiselton, *The First Epistle to the Corinthians. A Commentary on the Greek Text* (2000), p. 460.

corintio en el sentido de que no importa lo que hagamos con nuestros cuerpos porque es algo pasajero y sin significado permanente para los seres espirituales como varios de los corintios se consideraban a sí mismos. Pablo pone límite otra vez, ahora con las palabras "mas el cuerpo no es para la fornicación, sino para el Señor; y el Señor para el cuerpo" (1 Cor 6:13). Lo que hagamos con nuestro cuerpo tiene significado para nuestra vida espiritual. No es que el cuerpo represente algo pasajero, sino que será resucitado a la venida de Cristo.[101] El significado del cuerpo en nuestra vida espiritual se manifiesta claramente cuando Pablo hace constar que "vuestros cuerpos son miembros de Cristo" y "¿Quitaré pues los miembros de Cristo, y los haré miembros de una ramera? Lejos sea" (1 Cor 6:15).

Los capítulos 7, 8, 9 y 10 tratan de la respuesta de Pablo a la pregunta hecha por los corintios en la primera carta que le escribieron.[102] En el capítulo 7 escribe acerca de la convivencia conyugal y empieza con la cita: "bien es al hombre no tocar mujer". Pablo inmediatamente se detiene.[103] Quizá también argumentaba en contra de un grupo pseudo-espiritual dentro de la iglesia de Corinto que atenuaba la importancia de la intimidad física entre marido y mujer.[104] En el resto del capítulo Pablo ofrece consejos pastorales a los no casados y las viudas, además a los divorciados y a aquellos que tenían pareja no creyente.

En los capítulos 8-10 Pablo pone sobre el tapete si como creyente se puede comer carne que ha sido sacrificada a los ídolos. Parece que Pablo estuviera citando a un grupo arrogante entre los corintios, a quienes escribe: "[En cuanto a lo sacrificado a los ídolos], sabemos que todos tenemos ciencia" (1 Cor 8:1). Y no es que el apóstol no esté de acuerdo – justamente después escribe: "Acerca, pues, de las viandas que son sacrificadas a los ídolos, sabemos que el ídolo nada

---

[101] "Y Dios que levantó al Señor, también a nosotros nos levantará con su poder" (1 Cor 6:14).. Cf. Thiselton, *The First Epistle to the Corinthians. A Commentary on the Greek Text* (2000), pp. 462-3.

[102] "Cuánto a las cosas de que me escribisteis…" (1 Cor 7:1).

[103] "Mas a causa de las fornicaciones, cada uno tenga su mujer, y cada una tenga su marido" (1 Cor 7:2).

[104] "No os [neguéis] el uno al otro, a no ser por algún tiempo de mutuo consentimiento, para ocuparos en la oración: y volved a juntaros en uno, porque no os tiene Satanás a causa de vuestra incontinencia" (1 Cor 7:5).

es en el mundo, y que no hay más de un Dios" (1 Cor 8:4). A pesar de que ese grupo en teoría tenía razón, su actitud era incorrecta. Y por esa razón Pablo los corrige diciendo "La ciencia [envanece], [pero el amor] edifica. Y si alguno se imagina que sabe algo, aun no sabe nada como debe saber" (1 Cor 8:1-2).

Los arrogantes se describen como 'fuertes' en contradicción a los 'debiles' (o 'flacos'), o sea a los que "con consciencia del ídolo hasta aquí, comen como sacrificado a ídolos; y su conciencia, siendo [débil], es contaminada" (1 Cor 8:7). En teoría Pablo está de acuerdo con los 'fuertes': "Si bien la vianda no nos hace más aceptos a Dios: porque ni que comamos, seremos más ricos; ni que no comamos, seremos más pobres" (1 Cor 8:8). El mensaje principal en los capítulos 8-10 es que los supuestos 'fuertes' – los que tienen el derecho de su lado – voluntariamente deben renunciar a sus derechos en solidaridad con los que por su conciencia no pueden seguir los ideales de los 'fuertes'.[105]

Pablo continúa en el capítulo 9 la discusión que inició en el capítulo anterior. Ahora está poniéndose a sí mismo como ejemplo: es apóstol y por tanto tiene 'derechos' ante los corintios tal como los 'fuertes' invocaban el derecho a comer carne sacrificada a los ídolos debido al hecho de que no hay otro dios más que el Dios de los cristianos: "¿No soy apóstol? ¿no soy libre? [...] ¿no tenemos [derecho] de comer y de beber? [...] ¿O solo yo y Bernabé no tenemos [derecho] de no trabajar?" (1 Cor 9:1, 4, 6) A pesar de su derecho a un sustento económico, Pablo voluntariamente había optado por renunciar al mismo.[106]

En el capítulo 10 Pablo inicia hablando de los pecados de Israel en el desierto durante el antiguo pacto.[107] Advierte de comer carne

---

[105] "Mas mirad que esta vuestra libertad no sea tropezadero a los que son [débiles]. Porque si te ve alguno, a ti que tienes ciencia, que estás sentado a la mesa en el lugar de los ídolos, ¿la conciencia de aquel que es [débil], no será adelantada a comer de lo sacrificado a los ídolos? [...] Por la cual, si la comida es a mi hermano ocasión de caer, jamás comeré carne por no escandalizar a mi hermano" (1 Cor 8:9-10, 13).

[106] "Si nosotros os sembramos lo espiritual, ¿es gran cosa si segáremos lo vuestro carnal? Si otros tienen en vosotros esta [libertad], ¿no más bien nosotros? Mas no hemos usado de esta [libertad]: antes lo sufrimos todo, por no poner ningún obstáculo al evangelio de Cristo" (1 Cor 9:11-12).

[107] "[Pero] estas cosas fueron en figura de nosotros, para que no codiciemos cosas malas, como ellos codiciaron" (1 Cor 10:6).

que anteriormente ha sido sacrificada a ídolos, aunque en sí mismo no es malo. De nuevo, es la preocupación por la conciencia de los 'débiles' lo que determina si el acto es lícito o no: aunque "todas las cosas me son lícitas", no todas nos "convienen" o nos edifican: "Ninguno busque su propio bien, sino el del otro" (1 Cor 10:24).

Los capítulos 11-14 en gran manera tratan de las reuniones públicas de la iglesia. Inicialmente en el capítulo 11 Pablo está tocando la relación entre hombre y mujer. Los hombres tienen prohibido cubrir su cabeza durante la oración o prédica en contraste con la práctica común dentro de otras religiones.[108] Las mujeres, no obstante, debían cubrir su cabeza probablemente en contraposición a la cultura de la época en aquella sociedad donde el cabello largo y no cubierto a menudo reflejaba que una mujer estaba sexualmente disponible: "Mas toda mujer que ora o profetiza no cubierta su cabeza, afrenta su cabeza" (1 Cor 11:5), o sea su marido.[109] Si una mujer cristiana deshonraba públicamente a su marido evitando cubrir su cabello, podría, Pablo escribe retóricamente, dar el paso decisivo: "Porque si la mujer no se cubre, trasquílese también" (1 Cor 11:6).

Después Pablo introduce otro tópico: la celebración de la santa cena. Esta tenía como objetivo reflejar la unidad de la iglesia. ¿Quizá en Corinto algunos creyentes habían puesto su casa a disposición de la iglesia para celebrar la santa cena a la vez que invitaban a un selecto grupo de creyentes a una comida privada en su comedor formal (el *triclinio*)?[110] "Cuando pues os juntáis, *esto* no es comer la cena del Señor: porque cada uno toma antes para comer su propia cena; y el uno tiene hambre, y el otro está embriagado" (1 Cor 11:21). ¿No podrían los adinerados, aquellos que invitaban a la iglesia para tener los cultos en su casa, haber invitado a sus amigos cercanos en momentos adecuados en vez de permitir que los dos eventos coincidieran (reunión social con un exclusivo círculo de amistades y celebración de la santa cena para toda la iglesia) así humillando a los

---

[108] "Todo varón que ora o profetiza cubierta la cabeza, afrenta su cabeza" (1 Cor 11:4). Cf. Thiselton, *The First Epistle to the Corinthians. A Commentary on the Greek Text* (2000), p. 823.

[109] "Mas quiero que sepáis, que Cristo es la cabeza de todo varón; y el varón es la cabeza de la mujer; y Dios la cabeza de Cristo" (1 Cor 11:3).

[110] Thiselton, *The First Epistle to the Corinthians. A Commentary on the Greek Text* (2000), pp. 856-61.

miembros de la iglesia que no participaron de la misma atención de los dueños de la casa? "Pues que, ¿no tenéis casas en que comáis y bebáis?", Pablo los critica, o sea en otros momentos en vez de cuando como dueños invitan a reuniones para la iglesia. "¿O menospreciáis la iglesia de Dios, y avergonzáis a los que no tienen? ¿Qué os diré? ¿Os alabaré? En esto no os alabo" (1 Cor 11:22).

El capítulo 12, que trata con los dones espirituales ("palabra de sabiduría", "palabra de ciencia", "fe", "dones de sanidades", "operaciones de milagros", "profecía", "discernimiento de espíritus", el "hablar en lenguas" y la "interpretación de lenguas"), no tiene como objetivo mostrar la variedad de dones. En vez de ello creo que el objetivo es mostrar que cada don espiritual genuino tiene su origen en el Espíritu Santo. Ningún de los nueve dones que son enumerados, incluyendo el hablar en lenguas, se puede considerar como un don de altos estados. Todos los que de corazón sean capaces de confesar que "Cristo es el Señor", lo hacen "por el Espíritu Santo" (1 Cor 12:3). Como creyentes, "por un Espíritu somos todos bautizados en un cuerpo [...] y todos hemos bebido de un mismo Espíritu" (1 Cor 12:13). Aun si los dones se manifiestan de maneras distintas, cada creyente tiene el mismo valor: "[Pero] hay repartimiento de dones; mas el Espíritu es el mismo" (1 Cor 12:4). Los dones son manifestaciones del Espíritu Santo según como Dios soberanamente ha determinado. "[Pero] a cada uno le es dada manifestación del Espíritu para provecho" (1 Cor 12:7).[111]

El capítulo de los dones espirituales está ubicado en un contexto de discordia interna, como ya hemos visto.[112] Se puede suponer que la evaluación positiva de los corintios acerca de ciertos dones espirituales contribuyeron a un sentido de inferioridad[113] para unos y, para otros, un sentido de ser más importantes de lo que realmente

---

[111] Además, Pablo escribe: "Mas todas estas cosas obra uno y el mismo Espíritu, repartiendo a cada uno como quiere" (1 Cor 12:11).

[112] "Os ruego pues, hermanos, por el nombre de nuestro Señor Jesucristo, que habléis todos una misma cosa, y que no haya entre vosotros disensiones, antes seáis perfectamente unidos en una misma mente y en un mismo parecer" (1 Cor 1:10).

[113] "Si dijere el pie: porque no soy mano, no soy del cuerpo: ¿por eso no será del cuerpo? Y si dijere la oreja: porque no soy ojo, no soy del cuerpo: ¿por eso no será del cuerpo?" (1 Cor 12:15-16).

eran.[114] Tal como en lo natural escondemos o cubrimos las partes corporales "que estimamos ser de menos honor" (1 Cor 12: 23), en el contexto de la iglesia somos llamados a vestir "aun con más honor […] a los miembros menos decorosos" (1 Cor 12: 23). ¿Tal vez Pablo está hablando de miembros de la iglesia que no 'impresionan' ni por prestigio económico o social, ni por alguna sabiduría específica, ni por ser identificados como 'fuertes' y, que tampoco tienen algún don espiritual visible como los nueve enumerados en el capítulo 12. Pablo dice: "Muy al contrario, los miembros del cuerpo que parecen ser los más débiles son indispensables. Además, a los miembros del cuerpo que estimamos ser de menos honor, a estos vestimos aun con más decoro. […] Porque nuestros miembros más honrosos no tienen necesidad; pero Dios ordenó el cuerpo, dando más abundante honor al que le faltaba, para que no haya desavenencia en el cuerpo, sino que todos los miembros se preocupen los unos por los otros" (1 Cor 12:22, 24).

En este caso, Pablo nos recuerda de nuevo, que la solución al problema de los corintios era asumir una posición de sometimiento bajo Cristo imitando su ejemplo abnegado tanto a través de su vida en la tierra como a través de su muerte. Si no por otro motivo, por lo menos "los miembros del cuerpo que parecen más [débiles] son necesarios" (1 Cor 12:22) para la iglesia porque así se tiene la oportunidad de practicar el ejemplo abnegado a que Cristo nos ha llamado.[115] No se trata exclusivamente de renunciar voluntariamente a sus derechos, como hemos visto en relación con los capítulos 8-10, sino que "Dios ordenó al cuerpo, dando más abundante honor al que le faltaba" (1 Cor 12:24). Aquellos que lo necesitan, entonces deben recibir un cuidado particular.

Es verdad que Dios "puso en la iglesia, primeramente apóstoles, en segundo lugar profetas, en tercer lugar maestros; después los que hacen milagros, después los dones de sanidades, los que ayudan, los que administran, los que tienen diversidad de lenguas" (1 Cor 12:28), pero no para que inmaduros corintios arribistas exageraran su propia

---

[114] "Ni el ojo puede decir a la mano: no tengo necesidad de ti: ni asimismo la cabeza a los pies: no tengo necesidad de vosotros" (1 Cor 12:21). Cf. Thiselton, *The First Epistle to the Corinthians. A Commentary on the Greek Text* (2000), p. 1004.

[115] Thiselton, *The First Epistle to the Corinthians. A Commentary on the Greek Text* (2000), pp. 1005-9.

importancia en detrimento de otros creyentes. Más grande que cualquier don espiritual es el amor.[116] Si el amor de Dios domina a alguien, este no envidiará a creyentes por dones que en su propia iglesia se consideran de mayor prestigio y tampoco menospreciará a creyentes que carecen de los dones que él mismo posee.[117] Quien está dominado por el amor de Dios tampoco va a usar sus dones para llamar la atención hacia sí mismo y hacia su supuesta espiritualidad, por ejemplo por ser capaz de hablar en lenguas o profetizar o por un estilo de prédica manipulador.[118]

Los dones espirituales se acabarán a la segunda venida de Cristo, pero el amor de Dios siempre permanecerá.[119] Los corintios son animados a *seguir* el amor, pero también a *procurar* "los dones espirituales, mas sobre todo que profeticéis" (1 Cor 14:1). La mayor parte del capítulo 14 compara el hablar en lenguas con profetizar. En gran medida es el mismo tópico tratado en capítulos anteriores: tener consideración con las necesidades de los demás. El hablar en lenguas es básicamente para edificación privada, mientras que "el que profetiza, habla a los hombres para edificación y exhortación, y consolación" (1 Cor 14:3). "Además: "El que [solamente] habla lengua extraña, a sí mismo se edifica; mas el que profetiza, edifica a la iglesia" (1 Cor 14:4). Por esta razón el que profetiza "mayor es que el que habla lenguas, si también no interpretare, para que la iglesia tome edificación" (1 Cor 14:5). No es que Pablo desprecie el valor de hablar en lenguas para edificación privada porque también escribe "Así que, quisiera que todos vosotros hablaseis lenguas" (1 Cor 14:5) y "Doy gracias a Dios que hablo lenguas más que todos vosotros" (1 Cor 14:18). El objetivo de los dones espirituales no es promoverse a sí mismo y a la espiritualidad propia, sino servir a la comunidad.

---

[116] "Si yo hablase lenguas humanas y angélicas, y no tengo [amor], vengo a ser como metal que resuena, o címbalo que retiñe. Y si tuviese profecía, y entendiese todos los misterios y toda ciencia; y si tuviese toda la fe, de tal manera que traspasase los montes, y no tengo [amor], nada soy" (1 Cor 13:1-2).

[117] "[El amor es sufrido], es [benigno]; [el amor] no tiene envidia, [el amor] no hace sin razón, no se [envanece]" (1 Cor 13:4).

[118] El amor "no es injurioso, no busca lo suyo, no se irrita, no piensa el mal" (1 Cor 13:5).

[119] "[El amor] nunca deja de ser: mas las profecías se han de acabar, y cesarán las lenguas, y la ciencia ha de ser quitada" (1 Cor 13:8).

Pablo continúa, "en la iglesia más quiero hablar cinco palabras con mi sentido, para que enseñe también a los otros, que diez mil palabras en lengua desconocida" (1 Cor 14:19). Y no solo eso, sino sigue en el versículo siguiente: "Hermanos, no seáis niños en el sentido", lo que implica que muchos tenían una posición inmadura hacia el hablar en lenguas como un don superior en vez de ocuparse por la comunidad de la iglesia y cómo edificarla.

El capítulo 15 parece haber sido escrito porque algunos entre los corintios sostenían que "no hay resurrección de muertos" (1 Cor 15:12). Sinceramente no sabemos lo que querían decir. Posiblemente no dudaban de la resurrección de Jesús, sino de una resurrección futura de los creyentes.[120] Por esa razón Pablo introduce el capítulo *declarándoles* "el evangelio que os he predicado" (1 Cor 15:1). Jesús no solamente murió por nuestros pecados, sino que su resurrección fue atestiguada por varios de los primeros creyentes.[121] Si los creyentes no resucitan en el futuro, porque una resurrección no es posible, Pablo argumenta, así tampoco Jesús pudo haber resucitado.[122] Pero entonces, continúa, el propio mensaje de Pablo debe ser falso y la fe de los corintios vana.[123] Sin embargo, Jesús verdaderamente ha resucitado como las "primicias", como representante de todos aquellos que han fallecido creyendo en Él.[124] El primer ser humano,

---

[120] Thiselton, *The First Epistle to the Corinthians. A Commentary on the Greek Text* (2000), p. 1216.

[121] "Porque primeramente os he enseñado lo que asimismo recibí: que Cristo fue muerto por nuestros pecados, conforme a las escrituras; y que fue sepultado, y que resucitó al tercer día, conforme a las escrituras; y que apareció a Cefas, y después a los doce. Después apareció a más de quinientos hermanos juntos; de los cuales muchos viven aún, y otros son muertos. Después apareció a Jacobo y después a todos los apóstoles. Y el postrero de todos, como a un abortivo, me apareció a mí" (1 Cor 15:3-8).

[122] "Porque si no hay resurrección de muertos, Cristo tampoco resucitó" (1 Cor 15:13).

[123] "Y si Cristo no resucitó, vuestra fe es vana; aun estáis en vuestros pecados. Entonces también los que durmieron en Cristo son perdidos. Si en esta vida solamente esperamos en Cristo, los más miserables somos de todos los hombres. Mas ahora Cristo ha resucitado de los muertos; primicias de los que durmieron es hecho" (1 Cor 15:17-20).

[124] "Mas ahora Cristo ha resucitado de los muertos; primicias de los que durmieron es hecho" (1 Cor 15:20).

Adán, fue hecho representante de toda la humanidad. Debido a su pecado, la muerte entró en el mundo. Jesús se hace representante de aquellos que reconozcan su obra salvífica y le acepten como Señor personal: "Porque por cuanto la muerte entró por un hombre, también por un hombre la resurrección de los muertos. Porque así como en Adán todos mueren, así también en Cristo todos serán vivificados" (1 Cor 15:21-22).

Pablo evade cualquier discusión acerca de cómo se manifestará la resurrección de los creyentes y su apariencia.[125] Como en la siembra, por ejemplo, una semilla de trigo es algo distinto de lo que brota en la superficie del terreno un tiempo después (una planta), así tampoco podemos comparar nuestro cuerpo con el "cuerpo" que vamos a recibir en la resurrección. En ese sentido no hay ninguna diferencia entre los creyentes que mueran antes de la venida de Cristo y los que sigan vivos: "Todos ciertamente no dormiremos, mas todos seremos transformados. En un momento, en un abrir de ojos, a la final trompeta; porque será tocada la trompeta, y los muertos serán levantados sin corrupción, y nosotros seremos transformados" (1 Cor 15:51-52). En qué consiste esa incorrupción, la Biblia apenas la menciona.

Al final Pablo menciona una colecta para la iglesia de Jerusalén. Anteriormente tocamos ese tema en relación con la estadía de casi tres años de Pablo en Éfeso durante su tercer viaje misionero. Y como también hemos notado, fue durante aquel período, que la primera epístola a los corintios fue escrita, justamente desde Éfeso: "Cuanto a la colecta para los santos, haced vosotros también de la manera que ordené en las iglesias de Galacia" (1 Cor 16:1). Probablemente Pablo se refiere a las iglesias de Antioquía, Iconio, Listra y Derbe, las cuales él estableció durante su primer viaje misionero. Además, Pablo menciona que ha pensado viajar por Macedonia, pero que está contemplando la posibilidad de pasar quizá todo el invierno en Corinto (1 Cor 16:5-6).

---

[125] "Mas dirá alguno: ¿Cómo resucitarán los muertos? ¿Con qué cuerpo vendrán?" (1 Cor 15:35).

Entre 1 y 2 Corintios

Ya hemos mencionado que la primera epístola fue escrita durante la estadía de Pablo en Éfeso, probablemente alrededor del año 54 d.C. Antes de la escritura de la epístola, Pablo había enviado a su colaborador Timoteo a Macedonia y Corinto.[126] Después de aquella visita, Pablo se habría enterado de divisiones dentro de la iglesia. Los rumores posiblemente fueron confirmados por una delegación de la iglesia, conformada por Estéfanas, Fortunato y Acaico (1 Cor 16:17). Es factible que la primera epístola a los corintios fuese finalizada durante la visita de la delegación y posiblemente también entregada a la iglesia por los tres mismos individuos.

Más tarde el colaborador Timoteo visitó la iglesia para preparar una colecta para los pobres de la iglesia de Jerusalén como Pablo había instruido a finales de la primera epístola a los corintios.[127] Ni la visita de Timoteo ni la de Tito parecen haber sido exitosas, y tampoco la primera epístola tuvo el efecto que Pablo esperaba. A lo mejor porque maestros judaizantes lograron entrar en la iglesia,[128] al final Pablo se vio obligado a dejar Éfeso temporalmente para realizar una dolorosa visita a Corinto.[129]

---

[126] "Y enviando a Macedonia a dos de los que le ayudaban, Timoteo y Erasto, él se detuvo por algún tiempo en Asia" (Hch 19:22). "Por lo cual os he enviado a Timoteo, que es mi hijo amado y fiel en el Señor, el cual os amonestará de mis caminos cuáles sean en Cristo, de la manera que enseño en todas partes en todas las iglesias" (1 Cor 4:17). "Y si llegare Timoteo, mirad que esté con vosotros seguramente; porque la obra del Señor hace también como yo" (1 Cor 16:10).

[127] "Cuanto a la colecta para los santos, haced vosotros también de la manera que ordené en las iglesias de Galacia. Cada primer día de la semana cada uno de vosotros aparte en su casa, guardando lo que por la bondad de Dios pudiere; para que cuando yo llegare, no se hagan entonces colectas. Y cuando habré llegado, los que aprobareis por cartas, a estos enviaré que lleven vuestro beneficio a Jerusalén" (1 Cor 16:1-3). "De manera que exhortamos a Tito, que como comenzó antes, así también acabe esta gracia entre vosotros también" (2 Cor 8:6).

[128] "Porque si el que viene, predicare otro Jesús que el que hemos predicado, o recibiereis otro espíritu del que habéis recibido, u otro evangelio del que habéis aceptado, lo sufrierais bien. Cierto pienso que en nada he sido inferior a aquellos grandes apóstoles" (2 Cor 11:4-5). "¿Son hebreos? Yo también. ¿Son israelitas? Yo también. ¿Son simientes de Abraham? También yo" (2 Cor 11:22).

[129] "Esto pues determiné para conmigo, no venir otra vez a vosotros con tristeza" (2 Cor 2:1). "Que cuando volviere, me humille Dios entre vosotros, y haya de llorar por muchos de los que antes habrán pecado, y no se han arrepentido de la inmundicia y fornicación y deshonestidad que han cometido" (2 Cor 12:21). "He

Después de esa visita, Pablo (o su representante) fue atacado verbalmente por un portavoz de un grupo que se le opuso críticamente.[130]

Y más tarde Tito es enviado de Éfeso a Corinto con una carta escrita por Pablo, que no se ha conservado.[131] El encargo de Tito, si la carta fue bien recibida, era estimular la colecta monetaria para la iglesia de Jerusalén y después encontrarse con Pablo en el puerto de Troas (en la parte noroeste de la Turquía actual) y, si no lo lograba, en Macedonia.[132] Cuando Pablo no encontró a Tito en Troas, cruzó el Mar Egeo para organizar la colecta en las iglesias de Macedonia y a su vez encontrarse con Tito allí.

Felizmente la iglesia de Corinto recibió bien la carta de Pablo (la cual es la segunda carta a los corintios perdida), y Tito se encontró con Pablo en Macedonia donde le informó de las buenas noticias.[133]

---

dicho antes, y ahora digo otra vez como presente, y ahora ausente lo escribo a los que antes pecaron, y a todos los demás, que si voy otra vez, no perdonaré" (2 Cor 13:2).

[130] "Que si alguno me contristó, no me contristó a mí, sino en parte, por no cargaros, a todos vosotros. Bástale al tal esta represión hecha de muchos; así que, al contrario, vosotros más bien lo perdonéis y consoléis, porque no sea el tal consumido de demasiada tristeza. Por lo cual os ruego que confirméis el amor para con él. [...] Y al que vosotros perdonareis, yo también: porque también yo lo que he perdonado, si algo he perdonado, por vosotros lo he hecho en persona de Cristo" (2 Cor 2:5-8, 10). "Así que, aunque os escribí, no fue por causa del que hizo la injuria, ni por causa del que la padeció, mas para que os fuese manifiesta nuestra solicitud que tenemos por vosotros delante de Dios" (2 Cor 7:12). Cf. Harris, *The Second Epistle to the Corinthians. A Commentary on the Greek Text* (2013), p. 545.

[131] "Y esto mismo os escribí, porque cuando llegare no tenga tristeza sobre tristeza de los que me debiera gozar; confiando en vosotros todos que mi gozo es el de todos vosotros. [...] Porque también por este fin os escribí, para tener experiencia de vosotros si sois obedientes en todo" (2 Cor 2:3, 9). "Porque aunque os contristé por la carta, no me arrepiento, bien que me arrepentí; porque veo que aquella carta, aunque por algún tiempo os contristó" (2 Cor 7:8).

[132] "Cuando vine a Troas para el evangelio de Cristo, aunque me fue abierta puerta en el Señor, no tuve reposo en mi espíritu, por no haber hallado a Tito mi hermano: así, despidiéndome de ellos, partí para Macedonia" (2 Cor 2:12-13).

[133] "Porque aun cuando vinimos a Macedonia, ningún reposo tuvo nuestra carne; antes, en todo fuimos atribulados: de fuera, cuestiones; de dentro, temores. Mas Dios, que consuela a los humildes, nos consoló con la venida de Tito: y no solo con su venida, sino también con la consolación con que él fue consolado acerca de vosotros, haciéndonos saber vuestro deseo grande, vuestro lloro, vuestro celo por mí, para que así me gozase más. Porque aunque os contristé por la carta, no me arrepiento, bien que me arrepentí; porque veo que aquella carta, aunque por algún

Mientras Pablo estaba haciendo la obra en Macedonia y, tal vez también en la provincia romana llamada Ilírico, que forma parte de la Península Balcánica, desde la costa de Albania en el sureste hasta la frontera de Eslovenia en el noroeste,[134] empezó a escribir los primeros 9 capítulos de la segunda epístola a los corintios. Mientras tanto, visitantes críticos de Pablo siguieron saboteando su autoridad en la iglesia de Corinto (2 Cor 10-13). Al volver a Macedonia, después de haber hecho la obra en Ilírico, enterándose de nuevos problemas en la iglesia de Corinto, Pablo escribe los capítulos 10-13 de la segunda epístola y envía la carta entera a la iglesia por medio de Tito y dos colaboradores adicionales.[135] Probablemente esto ocurrió alrededor del año 56 d.C. Poco tiempo después, Pablo pasa tres meses en Grecia, y básicamente en Corinto, donde también escribe la epístola a los Romanos.[136] Luego se dirige a Jerusalén, acompañado por delegados de varias iglesias que habían contribuido a la colecta para los pobres de la iglesia de Jerusalén.[137]

---

tiempo os contristó, ahora me gozo, no porque hayáis sido contristados, sino porque fuisteis contristados para arrepentimiento; porque habéis sido contristados según Dios, para que ninguna pérdida padecieseis por nuestra parte" (2 Cor 7:5-9).

[134] "Porque no osaría hablar alguna cosa que Cristo no haya hecho por mí para la obediencia de los gentiles, con la palabra y con las obras, con potencia de milagros y prodigios, en virtud del Espíritu de Dios; de manera que desde Jerusalén, y por los alrededores hasta Ilírico, he llenado todo del evangelio de Cristo" (Rom 15:18-19).

[135] "[Pero] gracias a Dios que dio la misma solicitud por vosotros en el corazón de Tito. Pues a la verdad recibió la exhortación; mas estando también muy solícito, de su voluntad partió para vosotros. [...] Enviamos también con ellos a nuestro hermano, al cual muchas veces hemos experimentado diligente, mas ahora mucho más con la mucha confianza que tiene en vosotros" (2 Cor 8:16-18, 22). Harris, *The Second Epistle to the Corinthians. A Commentary on the Greek Text* (2013), pp. 30-1, 50-2, 66-7, 661-2.

[136] "Y después que cesó el alboroto [en Éfeso], llamando Pablo a los discípulos, habiéndoles exhortado y abrazado, se despidió, y partió para ir a Macedonia. Y andado que hubo aquellas partes, y exhortándoles con abundancia de palabra, vino a Grecia. Y después de haber estado allí tres meses, y habiendo de navegar a Siria, le fueron puestas asechanzas por los judíos; y así tomó consejo de volverse por Macedonia" (Hch 20:1-3).

[137] "Mas ahora parto para Jerusalén a ministrar a los santos. Porque Macedonia y Acaya tuvieron por bien hacer una colecta para los pobres de los santos que están en Jerusalén" (Rom 15:25-26). "Mas pasados muchos años, vine a hacer limosnas a mi nación, y ofrendas" (Hch 24:17).

2 Corintios

Después de los saludos iniciales[138] Pablo habla de las pruebas que experimentó en la provincia de Asia (en la Turquía actual). No sabemos concretamente lo que pasó allí ni cuánto tiempo duró la experiencia y al no ser mencionada en la primera epístola a los corintios, es probable que ocurriera después de que aquella epístola fuese escrita.

> Porque hermanos, no queremos que ignoréis de nuestra tribulación que nos fue hecha en Asia; que sobremanera fuimos cargados sobre nuestras fuerzas de tal manera que estuviésemos en duda de la vida (2 Cor 1:8).

Es interesante notar que cuando Pablo escribió las epístolas a los Tesalonicenses alrededor del año 50 d.C, creía que estaría vivo para la venida de Cristo,[139] y ese pensamiento parece haber cambiado seis años después. Como se va a mostrar, debido a sus pruebas en Asia, Pablo tuvo que renunciar a su autosuficiencia y someterse conscientemente confiando en la voluntad de Dios.[140] Esa experiencia le obligó a reflexionar otra vez sobre la muerte en relación al creyente.

Luego Pablo entra en una autodefensa pues su conducta había sido criticada por varios de los corintios, entre otras razones porque sus cartas, según ellos, eran confusas ya que él escribía una cosa mientras opinaba otra. Pablo se defiende apelando a su propia

---

[138] "Pablo, apóstol de Jesucristo por la voluntad de Dios, y Timoteo el hermano, a la iglesia de Dios que está en Corinto, juntamente con todos los santos que están por toda Acaya: gracia y paz a vosotros de Dios nuestro Padre, y del Señor Jesucristo" (2 Cor 1:1-2).

[139] "Por lo cual, os decimos esto en palabra del Señor: que nosotros que vivimos, que habremos quedado hasta la venida del Señor, no [precederemos] a los que durmieron" (1 Tes 4:15). Véase también el versículo 17: "Luego nosotros, los que vivimos, los que quedamos, juntamente con ellos seremos arrebatados en las nubes a recibir al Señor en el aire, y así estaremos siempre con el Señor."

[140] "Mas nosotros tuvimos en nosotros mismos respuesta de muerte, para que no confiemos en nosotros mismos, sino en Dios que levanta los muertos: el cual nos libró, y libra de tanta muerte; en el cual esperamos que aun nos librará: ayudándonos también vosotros con oración por nosotros, [para que por muchas personas sean dadas gracias a favor nuestro por el don concedido a nosotros por medio de muchos]" (2 Cor 1:9-11).

consciencia y al conocimiento personal de los corintios hacia él mismo.[141]

Una agrupación anti-paulina en Corinto parece haberle acusado de no ser confiable y de ser inestable. Las acusaciones tienen que ver con el hecho de que Pablo les había escrito acerca de su itinerario, el cual no se realizó según el plan inicial. Alrededor del año 54, mientras Pablo estaba en Éfeso, escribió que primeramente iba a visitar las iglesias en Macedonia antes de pasar un tiempo más largo en Corinto (plan A).[142] Sin embargo, Pablo también transmitió un plan alternativo, viajar en barco de Éfeso a Corinto y de allí viajar por carretera hasta Macedonia y entonces regresar a Corinto (plan B). Ese último plan se menciona inicialmente en la segunda epístola a los corintios, pero el mismo ya era conocido entre ellos.[143] La razón para mencionarlo en la segunda epístola a los corintios, es que a pesar de las buenas noticias entregadas por Tito de que la iglesia había recibido bien el mensaje de la carta 'dolorosa' de Pablo (que no ha sido preservada), Tito también le habría informado de la agrupación anti-paulina que ya mencionamos. Pablo se defiende afirmando que se ha mostrado fiel en su predicación de la verdadera palabra de Dios, ¿sería posible que fuera menos confiable en cuestiones de menos importancia, por ejemplo, las relacionadas con su itinerario?[144] Él no

---

[141] "Porque nuestra gloria es esta: el testimonio de nuestra conciencia, que con simplicidad y sinceridad de Dios, no con sabiduría carnal, mas con la gracia de Dios, hemos conversado en el mundo, y [mucho] más con vosotros. Porque no os escribimos otras cosas de las que leéis, o también conocéis: y espero que aun hasta el fin las conoceréis" (2 Cor 1:12-13).

[142] "Y a vosotros iré, cuando hubiere pasado por Macedonia, porque por Macedonia tengo de pasar: y podrá ser que me quede con vosotros, o invernaré también, para que vosotros me llevéis a donde hubiere de ir. Porque no os quiero ahora ver de paso; porque espero estar con vosotros algún tiempo, si el Señor lo permitiere. [Pero] estaré en Éfeso hasta Pentecostés" (1 Cor 16:5-8).

[143] "Y con esta confianza quise primero ir a vosotros, para que tuvieseis una segunda gracia; y por vosotros pasar a Macedonia, y de Macedonia venir otra vez a vosotros, y ser vuelto de vosotros a Judea" (2 Cor 1:15-16). Harris, *The Second Epistle to the Corinthians. A Commentary on the Greek Text* (2013), pp. 59-60.

[144] "Así que, pretendiendo esto, ¿usé quizá de liviandad? o lo que pienso hacer, ¿[lo] pienso según la carne, para que haya en mí sí y no? Antes, Dios fiel sabe que nuestra palabra con vosotros no es sí y no. Porque el Hijo de Dios, Jesucristo, que por nosotros ha sido entre vosotros predicado, por mí y Silvano y Timoteo, no ha sido sí y no; mas ha sido sí en Él" (2 Cor 1:17-19).

se consideraba a sí mismo como "ligero" diciendo "sí" y "no" indistintamente. Tampoco Dios es "ligero" o inestable ni tampoco ambiguo, ya que sus promesas "son en Él sí, y en Él amén" (2 Cor 1:20).

Sin embargo, hemos notado que ninguno de los dos itinerarios fue realizado. Pablo había ido directamente de Éfeso a Corinto (la llamada visita "dolorosa") y entonces regresó a Éfeso.

Después de que el platero llamado Demetrio causó una insurrección contra Pablo en Éfeso (Hch 19:23-41), Pablo se dirigió a Macedonia.[145] Así el plan A se estropeó cuando Pablo fue en barco directamente de Éfeso a Corinto en la visita "dolorosa" en vez de viajar por tierra a través de Macedonia; el plan B tampoco se dio por su regreso a Éfeso en vez de ir de Corinto a Macedonia, y posteriormente a Corinto otra vez. Y no siendo suficiente con esto: después de su regreso a Éfeso, Pablo retomó su plan A viajando desde allí a través de Macedonia hacia Corinto. Eso entre otros factores conforma la base del ataque de algunos de los corintios a la confiabilidad en Pablo.[146]

Pablo asegura a los corintios que fue "por ser indulgente con [ellos que] no [había] pasado todavía a Corinto", o sea para una visita extendida (2 Cor 1:23), cosa que posiblemente habría reforzado la intensidad de la breve visita "dolorosa" que ya había realizado.[147] En vez de esto optó por escribirles. Aquella carta, como se ha mencionado, se extravió.[148] Una de las razones para escribir dicha carta era que Pablo quería que la iglesia actuara frente al individuo que le había atacado verbalmente (o a su representante [¿Timoteo?]) durante o después de la visita "dolorosa". Después de que Tito regresó con buenas noticias y Pablo se enteró de que aquella persona

---

[145] "Y después que cesó el alboroto, llamando Pablo a los discípulos, habiéndoles exhortado y abrazado, se despidió y partió para ir a Macedonia" (Hch 20:1).

[146] Harris, *The Second Epistle to the Corinthians. A Commentary on the Greek Text* (2013), pp. 194-200.

[147] "Esto pues determiné para conmigo, no venir otra vez a vosotros con tristeza" (2 Cor 2:1).

[148] "Y esto mismo os escribí, porque cuando llegare no tenga tristeza sobre tristeza de los que me debiera gozar. [...] Porque por la mucha tribulación y angustia del corazón os escribí con muchas lágrimas; no para que fueseis contristados, mas para que supieseis cuánto más amor tengo para con vosotros" (2 Cor 1:3-4).

se había arrepentido, pidió a la iglesia extender su mano y perdonarlo.[149]

A partir de 2 Cor 2:14 hasta 7:4 podemos leer una digresión bastante larga donde Pablo describe el mismo ministerio apostólico.[150] Como fieles colaboradores de Dios, ellos representaban "buen olor de Cristo" (2 Cor 2:15), o sea que independientemente de sus resultados, representaban a Dios. Uno de los objetivos de Pablo obviamente era defender su propio ministerio como apóstol, escribiendo que él mismo y sus colaboradores "no [son] como muchos, mercaderes falsos de la palabra de Dios" (2 Cor 2:17). Probablemente Pablo tiene en su mente predicadores itinerantes que han visitado Corinto y que, a diferencia de él, *han* predicado un mensaje no bíblico e incluso tienen intereses económicos. Contrario a ellos, escribe Pablo, "hablamos [...] con sinceridad, como de Dios, delante de Dios" (2 Cor 2:17).

Los predicadores itinerantes habían llegado a Corinto con cartas de recomendación y obviamente también habían pedido que los corintios les dieran cartas semejantes, las cuales podrían utilizar para ser recibidos en otras iglesias. Pablo, no obstante, sostiene que no necesita ninguna carta de recomendación de los corintios. Ellos son el fruto directo de su labor y así representan adecuadamente su aprobación como apóstol ante Dios.[151] Pablo es "ministro suficiente de un nuevo pacto" (2 Cor 3:6). En los versículos siguientes, Pablo compara la manera en que la presencia y el poder de Dios se manifestaron en el antiguo y nuevo pacto, y concluye que el nuevo

---

[149] "Bástale al tal esta represión hecha de muchos; así que, al contrario, vosotros más bien lo perdonéis y consoléis, porque no sea el tal consumido de demasiada tristeza. Por lo cual os ruego que confirméis el amor para con él. Porque también por este fin os escribí, para tener experiencia de vosotros si sois obedientes en todo." (2 Cor 2:6-9).

[150] Harris, *The Second Epistle to the Corinthians. A Commentary on the Greek Text* (2013), pp. 240-1.

[151] "¿Comenzamos otra vez a alabarnos a nosotros mismos? ¿o tenemos necesidad, como algunos, de letras de recomendación para vosotros, o de recomendación de vosotros? Nuestras letras sois vosotros, escritas en nuestros corazones, sabidas y leídas de todos los hombres; siendo manifiesto que sois letra de Cristo administrada de nosotros, escrita no con tinta, mas con el Espíritu del Dios vivo; no en tablas de piedra, sino en tablas de carne del corazón" (2 Cor 3:1-3).

pacto es superior al antiguo.[152] Tal como Moisés bajo el antiguo pacto tuvo que usar una cobertura, todavía, escribe Pablo, hay un "velo puesto sobre el corazón de [los judíos]" cuando "Moisés es leído" (2 Cor 3:15), o sea el Pentateuco, así que no son capaces de entender el propósito de Dios acerca del antiguo pacto como temporal e inferior al nuevo pacto. ¿Quizá esto sea una respuesta de Pablo hacia alguna crítica de sus oponentes (¿judíos?) en Corinto, la cual puede haber tenido que ver con el hecho de que pocos judíos en Corinto habían reconocido la validez del mensaje de Pablo, y que esto posiblemente mostraba que Jesús no era el Mesías o el Cristo?[153]

En el capítulo 4 Pablo vuelve a las acusaciones de sus oponentes contra las cuales se defiende.[154] Tal vez de parte de Pablo hay un contraataque contra los críticos, quienes, de verdad, son los culpables de lo que ellos mismos acusan a: manipular y falsificar la palabra de Dios. Si alguno no entendía el mensaje de Pablo, no fue porque él fuese ambiguo sino porque el diablo le había cegado.[155]

El ministerio del apóstol bajo el nuevo pacto no solamente trae la presencia y el poder de Dios, sino también sufrimiento.[156] En medio de su debilidad humana y en sus sufrimientos ("atribulado", "en apuro", "perseguido", y "abatido"), también experimenta la inter-

---

[152] "Y si el ministerio de muerte en la letra grabado en piedra, fue con gloria, tanto que los hijos de Israel no pudiesen poner los ojos en la faz de Moisés a causa de la gloria de su rostro, la cual había de perecer, ¿Cómo no será más bien con gloria el ministerio del espíritu?" (2 Cor 3:7-8).

[153] Harris, *The Second Epistle to the Corinthians. A Commentary on the Greek Text* (2013), p. 300.

[154] "Antes quitamos los escondrijos de vergüenza, no andando con astucia, ni adulterando la palabra de Dios, sino por manifestación de la verdad encomendándonos a nosotros mismos a toda conciencia humana delante de Dios" (2 Cor 4:2).

[155] "Que si nuestro evangelio está aún encubierto, entre los que se pierden está encubierto; En los cuales el dios de este siglo cegó los entendimientos de los incrédulos, para que no les resplandezca la lumbre del evangelio de la gloria de Cristo, el cual es la imagen de Dios" (2 Cor 4:3-4).

[156] "Estando atribulados en todo, mas no angustiados; en apuros, mas no desesperamos; perseguidos, mas no desamparados; abatidos, mas no perecemos; Llevando siempre por todas partes la muerte de Jesús en el cuerpo, para que también la vida de Jesús sea manifestada en nuestros cuerpos. Porque nosotros que vivimos, siempre estamos entregados a muerte por Jesús, para que también la vida de Jesús sea manifestada en nuestra carne mortal" (2 Cor 4:8-11).

vención de Dios ("no angustiado", "no desesperado", "no desamparado", y "no perecido"). A pesar de tanta persecución y sufrimiento, Pablo sigue hablando, o sea predicando el evangelio. La fe simplemente no puede callarse.[157] Desde la perspectiva de la eternidad, escribe Pablo, su prueba es "momentánea y leve" (2 Cor 4:17). Es que no está "mirando a las cosas que se ven", o sea los sufrimientos relacionados con su ministerio apostólico, sino está mirando "a las que no se ven", o sea las cosas que tienen valor eterno: vida eterna con Cristo.[158]

Ya he mencionado que Pablo en su segunda epístola a los corintios cuenta con la muerte antes de la venida de Cristo. Compara el cuerpo humano con una casa y escribe que "si la casa terrestre de nuestra habitación se deshiciere, tenemos de Dios un edificio, una casa no hecha de manos, eterna en los cielos" (2 Cor 5:1). En cierto punto, después de haber llegado al cielo, el creyente recibirá otro 'cuerpo'. Mientras que estemos en la tierra, sometidos bajo tribulaciones de diferentes tipos, "gemimos" como Pablo escribe, porque deseamos "ser sobrevestidos de aquella nuestra habitación celestial" (2 Cor 5:2); es decir, el nuevo cuerpo que vamos a recibir después de llegar al cielo. Además, escribe que mientras estemos aquí, "gemimos agravados" (2 Cor 5:4) y probablemente tiene en su mente tanto la persecución física de la cual a veces fue objeto como la sobrecarga mental. En el cielo, todo aquello se acabará, y él mismo como todos los creyentes recibirá un cuerpo adaptado a la existencia celestial.[159]

Como garantía o anticipo de lo que nos espera en el cielo, Dios ya nos ha hecho participar del Espíritu Santo.[160] Eso nos da confianza,

---

[157] "De manera que la muerte obra en nosotros, y en vosotros la vida. Pero teniendo el mismo espíritu de fe, conforme a lo que está escrito: creí, por lo cual también hablé: nosotros también creemos, por lo cual también hablamos; estando ciertos que el que levantó al Señor Jesús, a nosotros también nos levantará por Jesús, y nos pondrá con vosotros" (2 Cor 4:12-14).

[158] "No mirando nosotros a las cosas que se ven, sino a las que no se ven: porque las cosas que se ven con temporales, mas las que no se ven son eternas (2 Cor 4:18).

[159] Harris, *The Second Epistle to the Corinthians. A Commentary on the Greek Text* (2013), pp. 387-8.

[160] "Mas el que nos hizo para esto mismo, es Dios; el cual nos ha dado la prenda del Espíritu" (2 Cor 5:5).

a pesar de que todavía no podemos experimentar la presencia de Dios tal como cuando la salvación sea consumada en el cielo.[161] Aunque Pablo todavía no la había experimentado en el cielo y, aunque de verdad estaba anhelándola, era su fe en lo venidero lo que lo caracterizaba, y por su confianza en Dios, procuraba practicar su voluntad en su vida cotidiana.[162] Su afán por ganar almas para el evangelio entre otras cosas se basaba en su reverencia a Dios.[163] Aunque hubo otros no reconocieron a Pablo y su ministerio, por lo menos Dios lo hacía, él que "por la voluntad de Dios [era] apóstol de Jesucristo" (2 Cor 1:1): "Mas a Dios somos manifiestos", Pablo escribe y continúa, "y espero que también en vuestras conciencias somos manifiestos" (2 Cor 5:11), es decir, que también los corintios reconocieran que su labor apostólica era de Dios, defendiéndolo contra los oponentes dentro de la iglesia.[164] Estos últimos, Pablo escribe, solamente estaban interesados en lo espectacular y seguramente sostenían ser superiores a Pablo. A ese tema pronto volveremos.

Tal vez Pablo había sido acusado de fanatismo religioso y se defiende escribiendo que "Porque [si estamos locos], es para Dios, y si [somos cuerdos], es para vosotros" (2 Cor 5:13), o sea los corintios. A Pablo no le motiva un interés personal, en cambio está dirigido por su amor a Cristo, donde el individuo no está en el centro.[165] Como cristiano, Pablo no quiere dar valor a otras personas por criterios

---

[161] "Así que vivimos confiados siempre, y sabiendo, que entre tanto que estamos en el cuerpo, peregrinamos ausentes del Señor" (2 Cor 5:6).

[162] "Porque por fe andamos, no por vista; mas confiamos, y más quisiéramos partir del cuerpo, y estar presentes al Señor. Por tanto procuramos también, o ausentes, serle agradables" (2 Cor 5:7-9).

[163] "Porque es [necesario] que todos nosotros parezcamos ante el tribunal de Cristo, para que cada uno reciba según lo que hubiere hecho por medio del cuerpo, sea bueno o malo. Estando pues poseídos del temor del Señor, persuadimos a los hombres" (2 Cor 5:10-11).

[164] "No nos encomendamos pues otra vez a vosotros, sino os damos ocasión de gloriaros por nosotros, para que tengáis que responder contra los que se glorían en las apariencias, y no en el corazón" (2 Cor 5:12).

[165] "Porque el amor de Cristo nos constriñe, pensando esto: que si uno murió por todos, luego todos son muertos; y por todos murió, para que los que viven, ya no vivan para sí, mas para aquel que murió y resucitó por ellos" (2 Cor 5:14-15). Harris, *The Second Epistle to the Corinthians. A Commentary on the Greek Text* (2013), p. 417.

superficiales como etnia, estado social, aptitudes intelectuales, etc. Sus anteriores conceptos superficiales y errados de Jesús (quien supuestamente cayó en autoexaltación identificándose como el Mesías) habían tenido que cambiar por una nueva comprensión de Él como Señor supremo.[166] De igual manera, ahora considera a los cristianos gentiles como verdaderos cristianos; y es que una nueva manera de considerar a Cristo tenía que ver con su forma de ver a los creyentes. Ser salvo implica un cambio radical de identidad donde el creyente no reconoce pertenecer más a sí mismo, sino a Cristo. Se entrega el modo de pensar, los sentimientos y la voluntad a Él: "De modo que si alguno está en Cristo, nueva criatura es: las cosas viejas pasaron; he aquí todas son hechas nuevas" (2 Cor 5:17).

"Todo esto", o sea la nueva manera de considerar a Jesús (versículo 16), incluso los bienes salvíficos (reconciliación entre Dios y el ser humano; el cambio de identidad del creyente) "es de Dios" (2 Cor 5:18) y no puede ser iniciado por el ser humano. Fue Dios quien tomó la iniciativa. Fue Él quien "estaba en Cristo reconciliando el mundo a sí, no imputándole sus pecados, y puso en [Pablo y sus colaboradores] la palabra de la reconciliación" (2 Cor 5:19), o sea el mensaje acerca de la salvación en Jesús. Pablo se identifica como "embajador en nombre de Cristo, como si Dios rogase por medio nuestro" (2 Cor 5:20). Independientemente de lo que algunos corintios puedan haber opinado sobre él, Pablo tenía la aprobación de Dios.

A pesar de ello opta por hablar a la iglesia de Corinto como a creyentes puestos en pie de igualdad, "como colaboradores". En este nivel de igualdad Pablo les exhorta a que "no recibáis en vano la gracia de Dios" (2 Cor 6:1) o sea una invitación de dar de nuevo a Dios un lugar en sus vidas para que puedan experimentar crecimiento espiritual.[167]

Pablo vuelve al tema de su ministerio apostólico entre los corintios. No desea que su ministerio sea impedido por el concepto equivocado que algunos tienen de él, por lo tanto, procura de nuevo

---

[166] "De manera que nosotros de aquí adelante a nadie conocemos según la carne: y aun si a Cristo conocimos según la carne, [pero] ahora ya no le conocemos" (2 Cor 5:16).

[167] Harris, *The Second Epistle to the Corinthians. A Commentary on the Greek Text* (2013), pp. 458-9.

a corregir malinterpretaciones.[168] Su objetivo es que los corintios abran sus corazones con el mismo afecto que él siente por ellos en virtud de ser su padre espiritual.[169]

Ya hemos tocado gran parte del mensaje del séptimo capítulo de 2 de Corintios: Pablo está describiendo su inquietud hasta que se encontró con Tito en Macedonia, cuando este le entregó las buenas noticias de que los corintios habían respondido de manera positiva a la carta (perdida) que el apóstol les había escrito.[170]

Luego Pablo pasa al tema principal de la segunda epístola a los corintios: la colecta para los pobres de la iglesia de Jerusalén. Ya alrededor del año 46 d.C., antes de su primer viaje misionero, él y Bernabé fueron comisionados por la iglesia de Antioquía (Siria) para ir a Jerusalén con una ofrenda económica para los creyentes de allí.[171] Aproximadamente tres años después, alrededor del año 49 d.C.,

---

[168] "No dando a nadie ningún escándalo, porque el ministerio nuestro no sea vituperado: antes habiéndonos en todas cosas como ministros de Dios, en mucha paciencia, en tribulaciones, en necesidades, en angustias; en azotes, en cárceles, en alborotos, en trabajos, en vigilias, en ayunos; en castidad, en ciencia, en longanimidad, en bondad, en Espíritu Santo, en amor no fingido; en palabra de verdad, en potencia de Dios, en armas de justicia a diestro y a siniestro; por honra y por deshonra, por infamia y por buena fama; como engañadores, mas hombres de verdad" (2 Cor 6:3-8).

[169] "Nuestra boca está abierta a vosotros, oh corintios: nuestro corazón es ensanchado. No estáis estrechos en nosotros, mas estáis estrechos en vuestras propias entrañas. Pues, para corresponder al propio modo (como a hijos hablo), ensanchaos también vosotros" (2 Cor 6:11-13).

[170] "Mas Dios, que consuela a los humildes, nos consoló con la venida de Tito: y no solo con su venida, sino también con la consolación con que él fue consolado acerca de vosotros, haciéndonos saber vuestro deseo grande, vuestro lloro, vuestro celo por mí, para que así me gozase más. Porque aunque os contristé por la carta, no me arrepiento, bien que me arrepentí; porque veo que aquella carta, aunque por algún tiempo os contristó, ahora me gozo, no porque hayáis sido contristados, sino porque fuisteis contristados para arrepentimiento; porque habéis sido contristados según Dios, para que ninguna pérdida padecieseis por nuestra parte. Porque el dolor que es según Dios, obra arrepentimiento para salvación, de que no hay que arrepentirse" (2 Cor 7:6-10).

[171] "Y en aquellos días descendieron de Jerusalén profetas a Antioquía. Y levantándose uno de ellos, llamado Agabo, daba a entender por Espíritu, que había de haber una grande hambre en toda la tierra habitada: la cual hubo en tiempo de Claudio. Entonces los discípulos, cada uno conforme a lo que tenía, determinaron enviar subsidio a los hermanos que habitaban en Judea: lo cual asimismo hicieron, enviándolo a los ancianos por mano de Bernabé y de Saulo" (Hch 11:27-30).

Pablo y Bernabé otra vez estuvieron en Jerusalén y esta vez fue debido a una disputa doctrinal en Antioquía porque ciertos cristianos judíos habían llegado intentando infundir en la iglesia enseñanzas, como por ejemplo, que nadie podría ser salvo sin la circuncisión. Como vimos anteriormente, la iglesia de Jerusalén, apoyaba a Pablo y decidió "no imponer [a la iglesia de Antioquía] carga más que estas cosas necesarias: que [se abstengan] de cosas sacrificadas a ídolos y de sangre, y de ahogado, y de fornicación" (Hch 15:29). El mismo Pablo además fue pedido "que [se acordara] de los pobres". Y Pablo escribe que "lo mismo que [fue él] también solícito en hacer" (Gál 2:10) y, posiblemente desde el principio él ha entendido que una colecta monetaria para los pobres de la iglesia de Jerusalén iniciada por cristianos gentiles fortalecería la unidad espiritual entre cristianos judíos y no judíos. Entonces alrededor del año 52, después de su segundo viaje misionero, otra vez realizó una visita breve a Jerusalén.[172] Pablo volvió a Antioquía antes de empezar su tercer viaje misionero. "Y habiendo estado allí algún tiempo, partió, andando por orden la provincia de Galacia, y Frigia, confirmando a todos los discípulos" (Hch 18:23). Las iglesias de Galacia parecen ser las primeras que recibieron instrucciones sobre la nueva colecta pues en la primera epístola a los corintios Pablo escribe: "Cuanto a la colecta para los santos, haced vosotros también de la manera que ordené en las iglesias de Galacia" (1 Cor 16:1). Posiblemente su visita breve a Jerusalén se debió al deseo de informar a los líderes de allí sobre la colecta planeada.

Los capítulos 8 y 9 de la segunda epístola a los corintios tratan de la colecta. Como ya se ha mencionado, la segunda epístola a los corintios fue escrita en Macedonia alrededor del año 56 d.C. y Pablo inicia el capítulo 8 jactándose de los macedonios, los cuales a pesar de ser muy pobres, han ofrendado por encima de sus fuerzas para el proyecto de urgencia en Jerusalén.[173] El objetivo de Pablo probable-

---

[172] "Y habiendo arribado a Cesarea subió a Jerusalén; y después de saludar a la iglesia, descendió a Antioquía" (Hch 18:22). Cf. Harris, *The Second Epistle to the Corinthians. A Commentary on the Greek Text* (2013), p. 556.

[173] "Asimismo, hermanos, os hacemos saber la gracia de Dios que ha sido dada a las iglesias de Macedonia: que en grande prueba de tribulación, la abundancia de su gozo y su profunda pobreza abundaron en riquezas de su bondad. Pues de su grado

mente es incitar un afán parecido entre los corintios. También se infiere que el colaborador Tito ya el año anterior había iniciado ese proyecto en Corinto;[174] Pablo escribe que ahora le enviará a él, junto con dos colaboradores adicionales, para finalizar la colecta antes de su llegada. Una de las razones para ello seguramente es que quiere evitar un contacto directo con el dinero, para evitar ser acusado de desear enriquecerse utilizando algo del dinero para sí mismo y su ministerio.[175]

Pablo escribe que "Acaya", que en este contexto se refiere a la iglesia de Corinto, "está apercibida desde el año pasado" (2 Cor 9:2), y seguramente está pensando en la *actitud* de la iglesia con respecto a la colecta. Sin embargo, no es suficiente tener solo una buena disposición, por lo tanto Pablo envía a Tito y a los otros dos colaboradores con anterioridad para completar la colecta.[176]

Los capítulos 10 al 13 constituyen la tercera y última parte principal de esta epístola. En esos capítulos Pablo de nuevo defiende su ministerio apostólico. Ya he mencionado que esos últimos capítulos probablemente han sido escritos después de que Pablo, habiendo regresado de la provincia romana llamada Ilírico a Macedonia, se había enterado de que algunos de sus críticos (judíos

---

han dado conforme a sus fuerzas, yo testifico, y aun sobre sus fuerzas" (2 Cor 8:1-3).

[174] "De manera que exhortamos a Tito, que como comenzó antes, así también acabe esta gracia entre vosotros también" (2 Cor 8:6). "[...] a vosotros, que comenzasteis antes, no solo a hacerlo, mas aun a quererlo desde el año pasado" (2 Cor 8:10). Harris, *The Second Epistle to the Corinthians. A Commentary on the Greek Text* (2013), p. 558.

[175] "Evitando que nadie nos vitupere en esta abundancia que ministramos; procurando las cosas honestas, no solo delante del Señor, mas aun delante de los hombres" (2 Cor 8:20-21). Cf. Harris, *The Second Epistle to the Corinthians. A Commentary on the Greek Text* (2013), pp. 605-6.

[176] "Pues conozco vuestro pronto ánimo, del cual me glorío yo entre los de Macedonia, que Acaya está [preparada] desde el año pasado; y vuestro ejemplo ha estimulado a muchos. Mas he enviado los hermanos, porque nuestra gloria de vosotros no sea vana en esta parte; para que, como lo he dicho, estéis [preparados]; no sea que, si vinieren conmigo Macedonios, y os hallaren [desprevenidos], nos avergoncemos nosotros, por no decir vosotros, de este firme gloriarnos. Por tanto, tuve por cosa necesaria exhortar a los hermanos que fuesen primero a vosotros, y apresten primero vuestra bendición antes prometida, para que esté aparejada como de bendición, y no como de mezquindad" (2 Cor 9:2-5).

de Palestina) habían continuado saboteando su autoridad en la iglesia de los corintios.

Una de las acusaciones contra Pablo parece haber sido que le faltaba la autoridad necesaria cuando estaba en la iglesia, mientras que sus epístolas eran muy agresivas.[177] Además fue acusado de andar "según la carne" (2 Cor 10:2), aunque él mismo lo niega. En su lucha contra los intrusos y contra la agrupación antipaulina de la iglesia, él deseaba, de forma *espiritual* y en virtud de la capacidad que Dios le había dado, demoler las acusaciones contra sí mismo, las cuales indirectamente impedían a otros recibir el evangelio que él predicaba.[178] Si fuera necesario, Pablo estaba más que dispuesto a hacer algo ante aquellos que negaron reconocer su función apostólica dentro de la iglesia y para ello necesitaba el apoyo de gran parte de sus miembros.[179] Luego Pablo ataca verbalmente a los intrusos que habían intentado "entrar en la medida de otro [Pablo] para [gloriarse] en lo que ya estaba aparejado" (2 Cor 10:16). A diferencia de ellos Pablo no deseaba jactarse "en trabajos ajenos" (2 Cor 10:15). Según él, el único elogio lícito es el gloriarse "en el Señor", o sea honrar a Cristo por quien Él es y por lo que ha hecho.[180] A diferencia de los intrusos, Pablo y sus colaboradores solamente querían "[gloriarse] conforme de la medida de la regla, de la medida que Dios [los] repartió", por ejemplo la iglesia de Corinto, debido al hecho de que pese a todo ya habían "[llegado] aun hasta [ellos]" (2 Cor 10:13). "Porque", Pablo escribe, "no nos extendemos sobre nuestra medida, como si no llegásemos hasta vosotros. [...] No gloriándonos fuera de nuestra medida en trabajos ajenos" (2 Cor 10:14-15). "Porque no el que se alaba a sí mismo, el tal es aprobado", continúa con los intrusos

---

[177] "[...] yo que presentemente ciertamente soy bajo entre vosotros, mas ausente soy confiado entre vosotros." (2 Cor 10:1) "Porque a la verdad, dicen, las cartas son graves y fuertes; mas la presencia corporal [débil], y la palabra menospreciable" (2 Cor 10:10).

[178] "Porque las armas de nuestra milicia no son carnales, sino poderosas en Dios para la destrucción de fortalezas; destruyendo consejos, y toda altura que se levanta contra [el conocimiento] de Dios, y cautivando todo intento a la obediencia de Cristo" (2 Cor 10:4-5).

[179] "Y estando prestos para castigar toda desobediencia, cuando vuestra obediencia fuere cumplida" (2 Cor 10:6).

[180] "Mas el que se gloría, gloríese en el Señor" (2 Cor 10:17).

en mente, "mas aquel a quien Dios alaba" (2 Cor 10:18). Aquí está acusando a los invasores de jactancia ilícita.[181]

Para Pablo jactarse de sí mismo y de sus propios resultados ministeriales era una locura. Como los corintios ciegamente habían aceptado la jactancia de los invasores, y como Pablo sentía un celo por el crecimiento espiritual de los corintios,[182] en los capítulos 12 y 13 él opta por aplicar la misma estrategia de los invasores: jactarse de sí mismo.[183] Sin embargo, es obvio que Pablo no se siente cómodo utilizando esa estrategia y que solamente lo hace para evitar perder a los corintios, pues corrían el riesgo de abrazar un evangelio falso.[184]

"Ojalá toleraseis un poco mi locura; [pero] toleradme" (2 Cor 11:1), Pablo escribe irónicamente porque en seguida supuestamente empieza a imitar la autoexaltación de los intrusos y se compara con ellos, tal como ellos se habían comparado con él frente a los corintios. Probablemente los intrusos también habían comparado a Pablo con los apóstoles de Jesús en Jerusalén concluyendo que Pablo no alcanzaba su nivel. Pablo, al contrario, sostiene de ninguna manera ser inferior a los apóstoles de Jerusalén, a pesar de nunca haber conocido a Cristo durante Su vida terrenal.[185]

Un reclamo contra Pablo sobre lo cual leemos tanto en la primera como en la segunda epístola a los corintios, es que era considerado como no profesional en la transmisión pública de su mensaje. Los intrusos parecen haber sostenido que era inferior a los apóstoles de Jerusalén incluso en cuanto a su conocimiento. ¿Posiblemente se referían al conocimiento sobre el Jesús histórico? Pablo da la razón

---

[181] Harris, *The Second Epistle to the Corinthians. A Commentary on the Greek Text* (2013), pp. 706-28.

[182] "Pues que os celo con celo de Dios" (2 Cor 11:2).

[183] "Pues que muchos se glorían según la carne, también yo me gloriaré. Porque de buena gana toleráis los necios, siendo vosotros sabios" (2 Cor 11:18-19).

[184] "Mas temo que como la serpiente engañó a Eva con su astucia, sean corrompidos así vuestros sentidos en alguna manera, de la simplicidad que es en Cristo. Porque si el que viene, predicare otro Jesús que el que hemos predicado, o recibiereis otro espíritu del que habéis recibido, u otro evangelio del que habéis aceptado, lo sufrierais bien" (2 Cor 11:4-5).

[185] "Cierto pienso que en nada he sido inferior a aquellos grandes apóstoles" (2 Cor 11:5).

en que no necesariamente sobresalía como orador, pero que no estaba a la zaga de los otros apóstoles en cuanto a conocimiento.[186]

Otro reclamo contra Pablo tuvo que ver con el asunto de dinero y apoyo económico. Parece que varios de los corintios reaccionaron negativamente frente a Pablo pues no quería recibir apoyo económico de ellos mientras que él estaba en Corinto a pesar de que no tenía ningún problema con recibir de las iglesias de Macedonia.[187] Uno de los objetivos de Pablo probablemente era mostrar una diferencia positiva entre él mismo y los intrusos, las cuales seguramente habrían deseado que también él hubiera recibido apoyo económico de los corintios para que el contraste entre él y ellos no hubiera sido tan obvio.[188]

Los intrusos tal vez se consideraban a sí mismos como apóstoles, mientras que intentaban quitar a Pablo su estatus apostólico. Pablo, no obstante, los identifica como "falsos apóstoles".[189] Los intrusos sacaban provecho, y no únicamente en sentido económico.[190] Estos podían ser identificados como judíos y probablemente acusaron a Pablo por no ser 'suficientemente judío', pues él nació en Tarso,

---

[186] "Porque aunque soy basto en la palabra, [pero] no en la ciencia: mas en todo somos ya del todo manifiestos a vosotros" (2 Cor 11:6). Harris, *The Second Epistle to the Corinthians. A Commentary on the Greek Text* (2013), p. 748.

[187] "¿Pequé yo humillándome a mí mismo, para que vosotros fueseis ensalzados, porque os he predicado el evangelio de Dios de balde? He despojado las otras iglesias, recibiendo salario para ministraros a vosotros. Y estando con vosotros y teniendo necesidad, a ninguno fui carga; porque lo que me faltaba, suplieron los hermanos que vinieron de Macedonia: y en todo me guardé de seros gravoso, y me guardaré" (2 Cor 11:7-9).

[188] "Es la verdad de Cristo en mí, que esta gloria no me será cerrada en las partes de Acaya. ¿Por qué? ¿porque no os amo? Dios lo sabe. Mas lo hago, haré aún, para cortar la ocasión de aquellos que la desean, a fin de que en aquello que se glorían, sean hallados semejantes a nosotros" (2 Cor 11:10-12).

[189] "Porque éstos son falsos apóstoles, obreros fraudulentos, transfigurándose en apóstoles de Cristo. Y no es maravilla, porque el mismo Satanás se transfigura en ángel de luz. Así que, no es mucho si también sus ministros se transfiguran como ministros de justicia; cuyo fin será conforme a sus obras" (2 Cor 11:13-15).

[190] "Porque toleráis si alguno os pone en servidumbre, si alguno os devora, si alguno toma, si alguno se ensalza, si alguno os hiere en la cara" (2 Cor 11:20).

Turquía y no perteneció al grupo de discípulos.[191] Los intrusos escribieron sobre sí mismos que fueron "ministros de Cristo", pero Pablo responde: "Yo más" (2 Cor 11:23).

El criterio de ser "ministro de Cristo", por lo menos en comparación con los invasores judíos, los cuales probablemente no eran capaces de mostrar algo parecido, fue una enumeración de sufrimientos concretos que Pablo había padecido como consecuencia de su ministerio apostólico:

> ¿Son ministros de Cristo? (como poco sabio hablo) yo más: en trabajos más abundante; en azotes sin medida; en cárceles más; en muertes, muchas veces. De los judíos cinco veces he recibido cuarenta azotes menos uno. Tres veces he sido azotado con varas; una vez apedreado; tres veces he padecido naufragio; una noche y un día estado en lo profundo de la mar (2 Cor 11:23-25).

Además de todo esto también estaba el cuidado diario de sus iglesias. Si hubiera reclamos de que Pablo era insensible con los recientemente convertidos, él dice: "¿Quién enferma, y yo no enfermo? ¿Quién se escandaliza, y yo no me quemo?" (2 Cor 11:29). Su cuidado pastoral implicaba una identificación empática con los recientemente convertidos en toda su debilidad.[192]

Aunque Pablo consideraba necesario imitar la autoexaltación de los invasores, en gran manera elige enfatizar sus sufrimientos por el evangelio y la intervención de Dios.[193] En el penúltimo capítulo, no obstante, entra en el tema de sus visiones y revelaciones. No se descarta que los intrusos en Corinto hubieran anunciado la importancia de tener visiones y revelaciones sobrenaturales para

---

[191] "¿Son hebreos? Yo también. ¿Son israelitas? Yo también. ¿Son simiente de Abraham? También yo. ¿Son ministros de Cristo? (Como poco sabio hablo) yo más" (2 Cor 11:22-23).

[192] Harris, *The Second Epistle to the Corinthians. A Commentary on the Greek Text* (2013), p. 814.

[193] "Si es [necesario] gloriarse, me gloriaré yo de lo que es de mi flaqueza. El Dios y Padre del Señor nuestro Jesucristo, que es bendito por siglos, sabe que no miento. En Damasco, el gobernador de la provincia del rey Aretas guardaba la ciudad de los Damascenos para prenderme; y fui descolgado del muro en un serón por una ventana, y escapé de sus manos" (2 Cor 11:30-33).

lícitamente poder ser llamados apóstoles. Y posiblemente a Pablo también le habían acusado por no tener dichas experiencias. Él cuenta, no obstante, que hace catorce años que "fue arrebatado al paraíso, donde oyó palabras secretas que el hombre no puede decir" (2 Cor 12:4). Para no enorgullecerse, a Pablo le había sido "dado un aguijón en [su] carne un mensajero de Satanás que [lo] abofetee" (2 Cor 12:7).

Pablo probablemente había sido acusado tanto por ser inferior a los apóstoles de Jerusalén como por no poseer los dones que el ministerio apostólico requiere. Por aquella razón los corintios supuestamente habían sido desfavorecidos comparado con otras iglesias.[194] Pablo responde a los reclamos sosteniendo que lo único en que los corintios habían sido marginados en relación con las demás iglesias era en que no habían tenido la ocasión de apoyarlo económicamente. "Perdonadme esta injuria", escribe irónicamente.

Al final Pablo prepara a la iglesia para su tercera visita y les asegura que esta vez tampoco va a hacerse dependiente económicamente de ellos. No anda buscando su dinero, sino su afecto.[195]

Pablo entonces se defiende contra acusaciones de haberlos estafado económicamente.[196] La idea parece haber sido que aunque Pablo no había recibido ninguna remuneración por sus dieciocho meses en Corinto, tenía acceso al dinero de ellos a través de la colecta para los pobres de Jerusalén. A través de mediadores como Tito, el dinero de todos modos terminaría en los bolsillos de Pablo.[197]

---

[194] "Heme hecho un necio en gloriarme; vosotros me constreñisteis; pues yo había de ser alabado de vosotros: porque en nada he sido menos que los sumos apóstoles, aunque soy nada. Con todo esto, las señales de apóstol han sido hechas entre vosotros en toda paciencia, en señales, y en prodigios, y en maravillas. Porque ¿qué hay en que habéis sido menos que las otras iglesias, sino en que yo mismo no os he sido carga? Perdonadme esta injuria" (2 Cor 12:11-13). Harris, *The Second Epistle to the Corinthians. A Commentary on the Greek Text* (2013), pp. 877-8.

[195] "He aquí estoy aparejado para ir a vosotros la tercera vez, y no os seré gravoso; porque no busco vuestras cosas, sino a vosotros; porque no han de atesorar los hijos para los padres, sino los padres para los hijos. Pero yo de muy buena gana despenderé y seré despendido por vuestras almas, aunque amándoos más, sea amado menos" (2 Cor 12:14-15).

[196] "Mas sea así, yo no os he agravado; sino que, como soy astuto, os he tomado por engaño" (2 Cor 12:16).

[197] "¿Acaso os he engañado por alguno de los que he enviado a vosotros? Rogué a Tito, y envié con él al hermano. ¿Os engañó quizá Tito? ¿no hemos procedido con

Para guardarse de la sospecha de que los trece capítulos de la segunda epístola a los corintios fueron escritos como una larga defensa y en indignación con los corintios, Pablo escribe: "¿Pensáis aún que nos excusamos con vosotros? Delante de Dios en Cristo hablamos: mas todo, muy amados, por vuestra edificación" (2 Cor 12:19). No fueron los corintios sino Dios mismo, a quien Pablo quería agradar, pero obviamente era importante hacerles entender los motivos del apóstol para poder ganar el afecto de ellos.

Sin embargo, Pablo temía que durante su tercera visita no encontraría la iglesia en la condición espiritual que esperaba, y que también los corintios hallarían a otro Pablo diferente del suave y permisivo.[198] Pablo escribe:

> He dicho antes, y ahora digo otra vez como presente, ahora ausente lo escribo a los que antes pecaron, y a todos los demás, que si voy otra vez, no perdonaré; pues buscáis una prueba de Cristo que habla en mí, el cual no es [débil] para con vosotros, antes es poderoso en vosotros (2 Cor 13:2-3).

En virtud de su autoridad apostólica Pablo iba a corregir públicamente a los que por bastante tiempo habían mostrado la ausencia del deseo de arrepentirse.[199] Él exhorta a la iglesia como tal: "Examinaos a vosotros mismos si estáis en fe; probaos a vosotros mismos. ¿No os conocéis a vosotros mismos, que Jesucristo está en vosotros? si ya no sois reprobados" (2 Cor 13:5).

---

el mismo espíritu y por las mismas pisadas?" (2 Cor 12:17-18). Harris, *The Second Epistle to the Corinthians. A Commentary on the Greek Text* (2013), p. 889.

[198] "Porque temo que cuando llegare, no os halle tales como quiero, y yo sea hallado de vosotros cual no queréis; que haya entre vosotros contiendas, envidias, iras, disensiones, detracciones, murmuraciones, soberbias], [desórdenes]: que cuando volviere, me humille Dios entre vosotros, y haya de llorar por muchos de los que antes habrán pecado, y no se han arrepentido de la inmundicia y fornicación y deshonestidad que han cometido" (2 Cor 12:20-21).

[199] "Por tanto os escribo esto ausente, por no tratar presente con dureza, conforme a la potestad que el Señor me ha dado para edificación, y no para destrucción" (2 Cor 13:10).

La epístola a los Romanos

Esta epístola probablemente fue escrita en Corinto durante una estadía de tres meses, los cuales pertenecían a la última parte del tercer viaje misionero de Pablo, alrededor del año 57 d.C.[200] Pablo dictó la epístola que fue escrita físicamente por su secretario Tercio,[201] todo esto cuando el apóstol acababa de terminar su colecta monetaria para los pobres de Jerusalén. De acuerdo al plan, su itinerario inmediato incluía primeramente Jerusalén y después España (a donde posiblemente no pudo ir); el deseo de Pablo era detenerse en Roma de camino a España.[202]

La iglesia de Roma no fue fundada por Pablo, y es probable que hubiera judíos de Roma entre los primeros convertidos en Jerusalén el día de Pentecostés según lo escrito en el libro de los Hechos capítulo 2 (véase v. 10). Estos judíos habrían regresado más adelante a Roma a su medio social y espiritual alrededor de la sinagoga allí. La iglesia, no obstante, también incluía no judíos,[203] y posiblemente

---

[200] "Y andado que hubo aquellas partes, y exhortándoles con abundancia de palabra, vino a Grecia. Y después de haber estado allí tres meses y habiendo de navegar a Siria, le fueron puestas asechanzas por los judíos; y así tomó consejo de volverse por Macedonia" (Hch 20:2-3). A finales a la epístola a los romanos (16:1-2), Pablo escribe que "[os encomiendo] a Febe nuestra hermana, la cual es diaconisa de la iglesia que está en Cencreas: que la recibáis en el Señor, como es digno a los santos, y que la ayudéis en cualquiera cosa en que os hubiere [necesario]." Cencreas era un puerto al lado de Corinto, y no se descarta que fue Febe quien llevó consigo a la iglesia la epístola a los romanos.

[201] "Yo Tercio, que escribí la epístola, os saludo en el Señor" (Rom 16:22).

[202] "Y de esta manera me esforcé a predicar el evangelio, no donde antes Cristo fuese nombrado, por no edificar sobre ajeno fundamento: sino, como está escrito: a los que no fue anunciado de él, verán: y los que no oyeron, entenderán. Por lo cual aun he sido impedido muchas veces de venir a vosotros. Mas ahora no teniendo más lugar en estas regiones, y deseando ir a vosotros muchos años, cuando partiere para España, iré a vosotros; porque espero que pasando os veré, y que seré llevado de vosotros allá, [una vez que haya] gozado [con] vosotros. Mas ahora parto para Jerusalén a ministrar a los santos. Porque Macedonia y Acaya tuvieron por bien hacer una colecta para los pobres de los santos que están en Jerusalén. Porque les pareció bueno, y son deudores a ellos; porque si los gentiles han sido hechos participantes de sus bienes espirituales, deben también ellos servirles en los carnales. Así que, cuando hubiere concluido esto, y les hubiere consignado este fruto, pasaré por vosotros a España" (Rom 15:20-28).

[203] "Por que a vosotros hablo, gentiles" (Rom 11:13). Cf. Moo, *The Epistle to the Romans* (1996), p. 4.

muchos de estos últimos inicialmente eran cercanos a la sinagoga por su interés en el judaísmo.

Pablo no menciona cuál es su objetivo al escribir la epístola a los romanos, pero puede ser que esperara apoyo económico para el viaje a España que había planeado. En tal caso se puede considerar la epístola a los romanos como una carta de presentación donde Pablo explica sus posiciones teológicas.[204] A lo mejor también sintió la necesidad de distanciarse de rumores falsos sobre su teología verdadera. En la epístola a los romanos corrige tanto la comprensión judía acerca de la Ley del antiguo pacto (la cual posiblemente fue creída por los cristianos judíos de la iglesia), como también el desdén gentil por todo lo judío (lo cual quizá fue relevante para los miembros no judíos de la iglesia). En ese sentido, es interesante observar que Pablo, en varias ocasiones utiliza el género literario llamado *diatriba* iniciando un diálogo ficticio con un oponente con el objetivo de refutar los argumentos de este. El tema principal de la epístola a los romanos es lo que según Pablo constituye el evangelio, o sea que pecadores no merecedores de la gracia de Dios pueden participar de la comunión con Dios, reconociendo a Jesucristo como su Salvador y Señor personal. En este evangelio, según Pablo, "la justicia de Dios se descubre" (Rom 1:17), o sea el inmerecido indulto de Dios a pecadores que en fe reciben el mensaje.

No obstante, la ira de Dios se manifiesta sobre aquellos que no han recibido la salvación en Cristo, Pablo también escribe. Y es que nadie tiene excusa, porque Dios se ha dado a conocer suficientemente a cualquier persona;[205] aquí seguramente está pensando principalmente en los "gentiles", no en los judíos.

"Por lo cual eres inexcusable, oh hombre, cualquiera que juzgas" (Rom 2:1), escribe en el siguiente capítulo; ahora la polémica es

---

[204] Moo, *The Epistle to the Romans* (1996), p. 17.

[205] "Porque manifiesta es la ira de Dios del cielo contra toda impiedad e injusticia de los hombres, que detienen la verdad con injusticia; porque lo que de Dios se conoce, a ellos es manifiesto; porque Dios se lo manifestó. Porque las cosas invisibles de él, su eterna potencia y divinidad, se echan de ver desde la creación del mundo, siendo entendidas por las cosas que son hechas; de modo que son inexcusables" (Rom 1:18-20).

contra los judíos,[206] quienes de ninguna manera son mejores que los "gentiles", que están "atestados de toda iniquidad, de fornicación, de malicia, de avaricia, de maldad; llenos de envidia, de homicidios, de contiendas, de engaños, de malignidades; murmuradores, detractores, aborrecedores de Dios, injuriosos, soberbios, altivos, inventores de males, desobedientes a los padres, necios desleales, sin afecto natural, implacables, sin misericordia" (Rom 1:29-31). Así que los judíos no tienen excusa porque "lo mismo haces tú que juzgas" (Rom 2:1). A lo mejor Pablo también buscaba corregir una predominante seguridad falsa entre los judíos que supuestamente pertenecían al pueblo del pacto y por esa razón no necesitaban tomar suficientemente en serio el pecado personal.[207] El juicio final de Dios sobre el ser humano, se basará en el *comportamiento* de cada individuo y no sobre el hecho de pertenecer al pueblo del pacto o no.[208] Estos son versículos difíciles que aparentemente son contradictorios como las enseñanzas de Pablo en la epístola a los Gálatas y también más adelante a los Romanos, donde la salvación no está basada en obras, sino en fe. Pero puede que "obras" aquí se deba entender como la vida que se ha vivido y "a los que perseverando en hacer el bien, buscan gloria y honra e inmortalidad" (Rom 2:7) se puede referir a la conducta básica de cualquier cristiano sincero.

Dios va a pronunciar el juicio final tanto sobre los judíos como los gentiles, y los primeros no van a tener ninguna preferencia

---

[206] "He aquí, tú tienes el sobrenombre de judío, y estás reposado en la ley" (Rom 2:17).

[207] "¿Y piensas esto, oh hombre, que juzgas a los que hacen tales cosas, y haces las mismas, que tú escaparás del juicio de Dios? ¿O menosprecias las riquezas de su benignidad, y paciencia, y longanimidad, ignorando que su benignidad te guía a arrepentimiento? Mas por tu dureza, y por tu corazón no arrepentido, atesoras para ti mismo ira para el día de la ira y de la manifestación del justo juicio de Dios" (Rom 2:3-5). Moo, *The Epistle to the Romans* (1996), p. 133.

[208] "El cual pagará a cada uno conforme a sus obras: a los que perseverando en bien hacer, buscan gloria y honra e inmortalidad, la vida eterna. Mas a los que son contenciosos, y no obedecen a la verdad, antes obedecen a la injusticia, enojo e ira; tribulación y angustia sobre toda persona humana que obra lo malo, el judío primeramente, y también el griego: mas gloria y honra y paz a cualquiera que obra el bien, al judío primeramente, y también al griego. Porque no hay acepción de personas para con Dios" (Rom 2:6-11).

salvífica. Ellos tampoco alcanzan a cumplir las demandas de la Ley.[209] Incluso los no judíos, aún sin haber recibido enseñanza sobre las reglas del pacto antiguo, tienen un conocimiento interno sobre lo correcto y lo incorrecto y van a ser juzgados según la ley de su consciencia.[210]

Tanto la Ley como la circuncisión física fueron consideradas por los judíos como señal de su supuesta posición privilegiada siendo el pueblo especial de Dios. Al contrario, Pablo escribe que "la circuncisión en verdad aprovecha, si guardares la ley; mas si eres rebelde a la ley, tu circuncisión es hecha incircuncisión" (Rom 2:25). La supuesta utilidad de la circuncisión entonces solamente refleja una concesión teórica por parte de Pablo, porque absolutamente nadie – salvo el mismo Jesucristo – ha logrado cumplir con las demandas de la Ley. Entonces, "¿no tienen los judíos ninguna ventaja?", Pablo pregunta. Anteriormente ha demostrado que no tienen ninguna ventaja salvífica, sin embargo, tienen la ventaja de que "la palabra de Dios les ha sido confiada" (Rom 3:2). Aunque los judíos hayan sido infieles, las promesas de Dios aún permanecen para ellos.[211] Dichas promesas, bajo el antiguo pacto, incluían no solamente bendición, sino también castigo al ser infieles. Dios no es injusto "que da castigo" (Rom 3:5). En el caso de los judíos bajo el antiguo pacto, como se ha demostrado, salvíficamente estos no tienen ninguna

---

[209] "He aquí, tú tienes el sobrenombre de judío, y estás reposado en la ley, y te glorías en Dios, Y sabes su voluntad, y apruebas lo mejor, instruido por la ley ; y confías que eres guía de los ciegos, luz de los que están en tinieblas, enseñador de los que no saben, maestro de niños, que tienes la forma de la ciencia y de la verdad en la ley : tú pues, que enseñas a otro, ¿no te enseñas a ti mismo? ¿Tú, que predicas que no se ha de hurtar, hurtas? ¿Tú, que dices que no se ha de adulterar, adulteras? ¿Tú, que abominas los ídolos, cometes sacrilegio? ¿Tú, que te jactas de la ley, con infracción de la ley deshonras a Dios?" (Rom 2:17-23).

[210] "Porque no hay acepción de personas para con Dios. Porque todos los que sin ley pecaron, sin ley también perecerán; y todos los que en la ley pecaron, por la ley serán juzgados: porque no los oidores de la ley son justos para con Dios, mas los hacedores de la ley serán justificados. Porque los gentiles que no tienen ley, naturalmente haciendo lo que es de la ley, los tales, aunque no tengan ley, ellos son ley a sí mismos: mostrando la obra de la ley escrita en sus corazones, dando testimonio juntamente sus conciencias, y acusándose y también excusándose sus pensamientos unos con otros; en el día que juzgará el Señor lo encubierto de los hombres, conforme a mi evangelio, por Jesucristo" (Rom 2:11-16).

[211] "¿Pues qué si algunos de ellos han sido incrédulos? ¿la incredulidad de ellos habrá hecho vana la verdad de Dios?" (Rom 3:3).

preferencia sobre los no judíos,[212] "por cuanto todos", o sea tanto judíos como gentiles, pecaron y están destituidos de la gloria de Dios" (Rom 3:23). La justificación – o sea la absolución del castigo de Dios – exclusivamente es posible a través de la inmerecida gracia de Dios por medio de la fe en Jesucristo.[213]

Como una coartada veterotestamentaria, por el hecho de que la justificación se basa en la fe, Pablo se apoya a Abraham, el cual a pesar de su edad avanzada confiaba en las promesas de Dios de que él mismo tendría un hijo y que su descendencia sería tan numerosa que nadie podría contarla.[214] Fue la fe de Abraham, no su fidelidad a la Ley ni tampoco la circuncisión (la cual tuvo lugar mucho después), la que hizo que Dios le considerase justo. Incluso la comunión que Abraham disfrutaba con Dios fue basada en fe y no en sus méritos.[215] Al igual que Abraham fue considerado justo inmerecidamente solo por su fe antes de haber sido circuncidado, la misma justificación inmerecida es asequible tanto para judíos como para gentiles.[216]

Mientras los primeros cuatro capítulos de la epístola a los romanos están enfocados en gran medida a la justificación, donde Dios de

---

[212] "¿Qué pues? ¿Somos mejores que ellos? En ninguna manera: porque ya hemos acusado a judíos y a gentiles, que todos están bajo pecado. Como está escrito: no hay justo, ni aun uno" (Rom 3:9-10). Moo, *The Epistle to the Romans* (1996), p. 188.

[213] "Siendo justificados gratuitamente por su gracia, por la redención que es en Cristo Jesús" (Rom 3:24).

[214] "[Dios le sacó] fuera, y dijo: mira ahora a los cielos, y cuenta las estrellas, si las puedes contar. Y le dijo: así será tu simiente. Y creyó a Jehová, y [le contó] por justicia" (Gén 15:5-6).

[215] "Que si Abraham fue justificado por las obras, tiene de qué gloriarse, mas no para con Dios. Porque ¿qué dice la escritura? Y creyó Abraham a Dios, y le fue atribuido a justicia. Pero al que obra, no se le cuenta el salario por [gracia], sino por [obligación]. Mas al que no obra, pero cree en aquél que justifica al impío, la fe le es contada por justicia" (Rom 4:2-5)

[216] "¿Es pues esta bienaventuranza solamente en la circuncisión, o también en la incircuncisión? Porque decimos que a Abraham fue contada la fe por justicia. ¿Cómo pues le fue contada? ¿en la circuncisión, o en la incircuncisión? No en la circuncisión, sino en la incircuncisión. Y recibió la circuncisión por señal, por sello de la justicia de la fe que tuvo en la incircuncisión: para que fuese padre de todos los creyentes no circuncidados, para que también a ellos les sea contado por justicia; y padre de la circuncisión, no solamente a los que son de la circuncisión, mas también a los que siguen las pisadas de la fe que fue en nuestro padre Abraham antes de ser circuncidado" (Rom 4:9-12).

forma inmerecida y por gracia absuelve a aquél que en fe recibe a Jesús como su salvador y Señor personal, el capítulo cinco introduce un tópico nuevo, la convicción de la salvación final del creyente en la segunda venida de Cristo. Obviamente cada uno tendrá que enfrentar dificultades y padecimientos en esta vida terrenal, pero la presencia e intervención del Espíritu Santo en la vida del cristiano le asegura que va a escapar del juicio final.[217]

Antes de ser salvo, el ser humano es considerado enemigo de Dios, pero la enemistad termina cuando se recibe a Cristo como Salvador y Señor personal.[218] El que ha sido considerado justificado, también ha entrado en paz o reconciliación con Dios. Obviamente también va a experimentar pruebas en la vida, pero Pablo nos enseña la importancia de regocijarnos en ellas porque fortalecen nuestro carácter[219] y a la vez se afianza la esperanza de la salvación final, pues podemos contemplar la obra de Dios en nosotros mismos. Esta esperanza, Pablo escribe, no es una esperanza ciega, sino que se basa en haber experimentado el verdadero amor de Dios para nosotros, el cual está disponible en esta vida.[220] Ese amor de Dios sobrepasa cualquier amor y entendimiento humano. Jesús murió por nosotros mientras todavía éramos los enemigos de Dios.[221]

Pablo escribe brevemente sobre la manera en la que el primer ser humano, Adán, pecó y cómo aquello tuvo consecuencias trágicas para la humanidad. La muerte tuvo entrada debido al pecado, y seguramente Pablo se refiere tanto a la muerte física como espiritual

---

[217] "Luego mucho más ahora, justificados en su sangre, por él seremos salvos de la ira. Porque si siendo enemigos, fuimos reconciliados con Dios por la muerte de su Hijo, mucho más, estando reconciliados, seremos salvos por su vida" (Rom 5:9-10). Moo, *The Epistle to the Romans* (1996), pp. 290-3.

[218] "Justificados pues por la fe, tenemos paz para con Dios por medio de nuestro Señor Jesucristo" (Rom 5:1).

[219] "Y no solo [la esperanza de la gloria de Dios], mas aun nos gloriamos en las tribulaciones, sabiendo que la tribulación produce paciencia; y la paciencia, prueba; y la prueba, esperanza" (Rom 5:3-4).

[220] "Y la esperanza no avergüenza; porque el amor de Dios está derramado en nuestros corazones por el Espíritu Santo que nos es dado" (Rom 5:5).

[221] "Ciertamente apenas muere alguno por un justo: con todo podrá ser que alguno osara morir por el bueno. Mas Dios encarece su caridad para con nosotros, porque siendo aún pecadores, Cristo murió por nosotros" (Rom 5:7-8).

(ruptura de comunión entre Dios y el ser humano).[222] Dios identifica la humanidad con Adán: "Así que, de la manera que por un delito vino la culpa a todos los hombres para condenación" (Rom 5:18), pero asimismo Dios ve a aquél que ha recibido a Jesús como Salvador y Señor personal como participante en Cristo: "[...] así por su justicia vino la gracia a todos los hombres para justificación de vida. Porque como por la desobediencia de un hombre los muchos fueron constituidos pecadores, así por la obediencia de uno los muchos serán constituidos justos" (Rom 5:18-19).

¿Cuáles son las implicaciones prácticas de ser contados como justos en Cristo? Por lo menos no implica, como sostenían irónicamente algunos de los críticos de Pablo, que quien hubiera experimentado la gracia de Dios, podía intensificar su conducta pecaminosa para que la gracia de Dios aumentara.[223]

Pablo refuta la crítica diciendo que hacerse cristiano – que incluía tanto arrepentimiento como bautismo – implica una identificación personal con Cristo en su muerte en la cruz. Como creyentes somos declarados participantes en la muerte y la resurrección de Jesús en el sentido de que el pecado no gobierna nuestras vidas.[224] "Nuestro viejo hombre", refiriéndose a nuestra vida anterior como pecador, practicante "fue crucificado con él" (Rom 6:6).[225] "Porque el que es

---

[222] "De consiguiente, vino la reconciliación por uno, así como el pecado entró en el mundo por un hombre, y por el pecado la muerte, y la muerte así pasó a todos los hombres, pues que todos pecaron" (Rom 5:12) Quizá debemos entender el versículo como que "la muerte", o sea la ruptura de comunión con Dios, acontece directamente por el pecado personal, pero de manera fundamental porque la naturaleza humana después de la caída de Adán está infestada con pecado; por lo tanto ¿puede ser que el pecado individual sea inevitable? Si vemos Rom 5:12 a la luz de Rom 5:18-19, seguramente esta no sería una interpretación poco realista.

[223] "¿Pues qué diremos? ¿Perseveraremos en pecado para que la gracia crezca?" (Rom 6:1).

[224] "¿O no sabéis que todos los que somos bautizados en Cristo Jesús, somos bautizados en su muerte? Porque somos sepultados juntamente con él a muerte por el bautismo; para que como Cristo resucitó de los muertos por la gloria del Padre, así también nosotros andamos en novedad de vida. Porque si fuimos plantados juntamente en él a la semejanza de su muerte, así también lo seremos a la de su resurrección" (Rom 6:3-5).

[225] "Sabiendo esto, que nuestro viejo hombre juntamente fue crucificado con él, para que el cuerpo del pecado sea deshecho, a fin de que no sirvamos más al pecado" (Rom 6:6). No es que el cuerpo como tal sea pecaminoso, pero Pablo utiliza el término "cuerpo" para identificar la totalidad de la persona en su contacto

muerto, justificado es del pecado" (Rom 6:7). Igual que la muerte física ya no tenía ningún poder sobre Jesús después de su resurrección, así el pecado ya no tiene poder sobre nuestras vidas. Pablo exhorta a no permitir al pecado reinar "en [nuestro] cuerpo mortal, para que le [obedezcamos] en sus concupiscencias" (Rom 6:12).

"Porque el pecado no se enseñoreará de vosotros", Pablo escribe a los cristianos en Roma, "pues no estáis bajo la ley, sino bajo la gracia" (Rom 6:14). "Bajo la ley" puede interpretarse como bajo el pecado, porque "por la ley es el conocimiento del pecado" (Rom 3:20), la ley "obra ira" (Rom 4:15) y, "la ley entró para que el pecado creciese" (Rom 5:20). No se puede ser liberado del poder del pecado siguiendo "bajo la ley". Obviamente el hombre se encontraba bajo el poder del pecado desde la caída de Adán hasta que Dios a través de Moisés entregó la Ley al pueblo de Israel. Sin embargo, cometer pecado después de que Dios había dado mandamientos específicos, parece ser aún más grave, tal como el mismo pecado de Adán.[226]

"¿Pues qué? ¿Pecaremos, porque no estamos bajo de la ley, sino bajo de la gracia?" (Rom 6:15), podrían objetar algunos de los críticos judíos. ¿Acaso no vieron ninguna posibilidad de conquistar el pecado sin tener las exigencias y las prohibiciones de la Ley? Pablo responde diciendo que *todos* somos esclavos, ya sea bajo "el pecado" o bajo "la obediencia para justicia.[227] La libertad cristiana no significa hacer cualquier cosa que deseemos, sino ser liberados para servir a Jesús;[228] sin embargo, ser siervo (esclavo) de Jesús no implica una degradación

---

con el mundo físico. En cuanto a nuestro contacto e interacción con el ambiente a nuestro alrededor hemos sido liberados del poder del pecado.

[226] "Porque hasta la ley, el pecado estaba en el mundo; pero no se imputa pecado no habiendo ley. No obstante, reinó la muerte desde Adán hasta Moisés, aun en los que no pecaron a la manera de la rebelión de Adán; el cual es figura del que había de venir" (Rom 5:13-14). Moo, *The Epistle to the Romans* (1996), p. 332.

[227] "¿No sabéis que a quien os prestáis vosotros mismos por siervos para obedecerle, sois siervos de aquel a quien obedecéis, o del pecado para muerte, o de la obediencia para justicia?" (Rom 6:16).

[228] "Pero gracias a Dios, que aunque fuisteis siervos del pecado, habéis obedecido de corazón a aquella forma de doctrina a la cual sois entregados. Y libertados del pecado, sois hechos siervos de la justicia" (Rom 6:17-18).

de la dignidad humana tal como la que experimentaban los esclavos en la época de Pablo.

En el séptimo capítulo de Romanos, Pablo profundiza lo que anteriormente ha sugerido sobre el efecto negativo de la Ley sobre aquellos que intentan guardarla. Justamente, como cualquier ley, solamente tiene autoridad sobre nosotros mientras que estamos en vida, como cristianos en virtud de nuestra participación con Jesús en su muerte y su resurrección, también estamos "muertos a la ley" (Rom 7:4). Este versículo fundamentalmente es para el cristiano judío, pero incluso cristianos gentiles en Roma necesitaban saber que no tenía ningún sentido someterse a las demandas de la Ley para ser reconocidos como el pueblo especial de Dios.[229] "Mientras estábamos en la carne", Pablo escribe sobre sí mismo y los cristianos judíos en Roma, o sea antes de que hubiesen recibido a Cristo, "los afectos de los pecados que eran por la ley, obraban en nuestros miembros" (Rom 7:5). En cierto modo, el problema no es la Ley como tal,[230] el mandamiento es "santo", "justo" y "bueno" (Rom 7:12) y viene de Dios, pero el pecado del ser humano hace que la puntualización de la Ley acerca de qué es pecaminoso estimule al pecador a cometer aún más pecados.[231] "Yo, sin la ley vivía algún tiempo", Pablo escribe, probablemente identificándose con el pueblo de Israel antes de que la Ley le fuera entregada a través de Moisés. "Mas, venido el mandamiento [la Ley], el pecado revivió, y yo morí. Y hallé que el mandamiento, intimado para vida, para mí era mortal" (Rom 7:9-10). Si alguien hubiera sido capaz de cumplir los mandamientos, seguramente la Ley habría podido darles "vida", pero en vez de ello produjo "muerte", ya que cada uno se dio cuenta de su propia rebelión contra Dios.

Cuando Pablo como cristiano vio su pasado como judío bajo el antiguo pacto, en solidaridad con el pueblo de Israel,[232] pudo

---

[229] Moo, *The Epistle to the Romans* (1996), pp. 416-8.

[230] "¿Qué pues diremos? ¿La ley es pecado? En ninguna manera" (Rom 7:7).

[231] "Pero yo no conocí el pecado sino por la ley: porque tampoco conociera la concupiscencia, si la ley no dijera: no codiciarás. Mas el pecado, tomando ocasión, obró en mí por el mandamiento toda concupiscencia: porque sin la ley el pecado está muerto" (Rom 7:7-8).

[232] Moo, *The Epistle to the Romans* (1996), p. 431.

constatar que era imposible cumplir con las demandas de la Ley.[233] Obviamente cada individuo es responsable ante Dios por no haber logrado guardar la Ley, pero al mismo tiempo Pablo cuenta con una tendencia pecaminosa innata que impedía tanto a él mismo como a cualquier judío inconverso bajo el antiguo pacto vivir en conformidad con su propia consciencia ética.[234] En un sentido espiritual habían reconocido la validez de los mandamientos, pero en sus vidas prácticas se dieron cuenta dolorosamente de otra autoridad [la ley] competidora—la autoridad y el poder del pecado innato.[235]

Sin embargo, el castigo por el pecado humano ha sido pagado a través de la muerte y la resurrección de Jesús.[236] La Ley del antiguo pacto no podía liberar al hombre del poder del pecado, nadie salvo el Espíritu Santo es capaz de aquello.[237] Sin embargo, una condición para un cristiano es "no [andar] conforme a la carne, mas conforme al espíritu" (Rom 8:4), o sea estar sometido al Espíritu de Dios. Andar "conforme a la carne" es contrario a vivir una vida sometida al Espíritu Santo. Por esta razón Pablo puede decir que *andar según* o *ser*

---

[233] "Porque sabemos que la ley es espiritual; mas yo soy carnal, vendido a sujeción del pecado. Porque lo que hago, no lo entiendo; ni lo que quiero, hago; antes lo que aborrezco, aquello hago" (Rom 7:14-15)

[234] "De manera que yo no obro aquello, sino el pecado que mora en mí. Y yo sé que en mí (es a saber, en mi carne) no mora el bien: porque tengo el querer, mas efectuar el bien no lo alcanzo. Porque no hago el bien que quiero; mas el mal que no quiero, este hago. Y si hago lo que no quiero, ya no lo obro yo, sino el pecado que mora en mí. Así que, queriendo yo hacer el bien, hallo esta ley: que el mal está en mí" (Rom 7:17-21).

[235] "Porque según el hombre interior, me deleito en la ley de Dios: mas veo otra ley en mis miembros, que se rebela contra la ley de mi espíritu y que me lleva cautivo a la ley del pecado que está en mis miembros. ¡Miserable hombre de mí! ¿quién me librará del cuerpo de esta muerte? Gracias doy a Dios, por Jesucristo Señor nuestro. Así que, yo mismo con la mente sirvo a la ley de Dios, mas con la carne a la ley del pecado" (Rom 7:22-25).

[236] "Ahora pues, ninguna condenación hay para los que están en Cristo Jesús" (Rom 8:1).

[237] "Porque la ley del Espíritu de vida en Cristo Jesús me ha librado de la ley del pecado y de la muerte. Porque lo que era imposible a la ley, por cuanto era débil por la carne, Dios enviando a su Hijo en semejanza de carne de pecado, y a causa del pecado, condenó al pecado en la carne; para que la justicia de la ley fuese cumplida en nosotros, que no andamos conforme a la carne, mas conforme al espíritu. Porque los que viven conforme a la carne, de las cosas que son de la carne se ocupa; mas los que conforme al espíritu, de las cosas del espíritu" (Rom 8:2-5).

conforme a la carne implica "enemistad contra Dios; porque [la intención de la carne] no se sujeta a la ley de Dios, ni tampoco puede. Así que, los que están en la carne no pueden agradar a Dios" (Rom 8:7-8).

A pesar del hecho de que el cuerpo físico un día va a morir como consecuencia del pecado en el mundo, Pablo anima a los cristianos de Roma a regocijarse en el Espíritu Santo que reside en ellos. El mismo Espíritu que levantó a Jesús de los muertos, en el fin del mundo, va a entregar al creyente un cuerpo nuevo.[238] Es la vida en comunión con Dios lo que verdaderamente cuenta para nosotros. Aunque tenemos un cuerpo material, "deudores somos, no a la carne, para que vivamos conforme a la carne" (Rom 8:12); no hay ninguna razón para romper la comunión con Dios. Vivir conforme "a la carne", o sea sin someterse al Espíritu Santo, implica "muerte", lo que es una separación eterna de Dios. Los hijos de Dios son aquellos "que son guiados por el Espíritu de Dios" (Rom 8:14) y como hijos de Dios tenemos el testimonio interior de éste que nos asegura que la comunión con Dios esté intacta y que no haya ninguna razón de temer su juicio final.[239] Por supuesto, el creyente no se libra de sufrimiento y oposición, pero comparado con la salvación final, esta aflicción terrena no es nada.[240] Si vivimos sometidos a la autoridad del Espíritu de Dios, tenemos la posibilidad de elegir y considerar todo lo que la vida nos trae, como algo que Dios activamente permite con el objetivo de que nosotros en nuestro pensamiento, actitud y conducta, cada día nos parezcamos más a Él.[241]

---

[238] "Pero si Cristo está en vosotros, el cuerpo a la verdad está muerto a causa del pecado; mas el espíritu vive a causa de la justicia. Y si el Espíritu de aquel que levantó de los muertos a Jesús mora en vosotros, el que levantó a Cristo Jesús de los muertos, vivificará también vuestros cuerpos mortales por su Espíritu que mora en vosotros" (Rom 8:10-11).

[239] "Porque no habéis recibido el espíritu de servidumbre para estar otra vez en temor; mas habéis recibido el espíritu de adopción, por el cual clamamos, Abba, Padre. Porque el mismo Espíritu da testimonio a nuestro espíritu que somos hijos de Dios" (Rom 8:15-16).

[240] "Y si hijos, también herederos; herederos de Dios, y coherederos de Cristo; si padecemos juntamente con él, para que juntamente con él seamos glorificados. Porque tengo por cierto que lo que en este tiempo se padece, no es de comparar con la gloria venidera que en nosotros ha de ser manifestada" (Rom 8:17-18).

[241] "Y sabemos que a los que a Dios aman, todas las cosas les ayudan a bien, es a saber, a los que conforme al propósito son llamados. Porque a los que antes

"¿Pues qué diremos a esto", Pablo pregunta retóricamente, y probablemente con base en su presentación en los capítulos 5-8, de lo que implica ser absuelto a pesar de ser culpable y merecedor del juicio de Dios, "Si Dios es por nosotros, ¿quién contra nosotros?" (Rom 8:31). Nadie nos puede separar de la mano salvífica de Dios. Si otros nos acusarán, Dios todavía es el juez y, Él ya nos ha librado.[242] Eso, absolutamente nada lo puede cambiar. Su amor por el creyente permanece, y los sufrimientos de la vida no cambian el hecho de que la salvación final se efectuará cuando el mundo llegue a su fin.[243]

Los capítulos 9-11 tratan de los judíos y entre otras cosas intentan explicar la tensión histórica entre el hecho de que el evangelio no tenía buena aceptación entre la mayor parte de los judíos en la época de Pablo, aunque este es "potencia de Dios para salvación a todo aquel que cree; al judío primeramente" (Rom 1:16). Sin embargo, Pablo también intenta eliminar una tensión teológica: el estatus de los judíos en virtud de ser el pueblo especial de Dios, pero que a su vez, no tiene ninguna preferencia salvífica sobre los gentiles.[244]

Pablo escribe que tiene "gran tristeza y continuo dolor en [su] corazón" y que deseaba, si fuera posible, "ser apartado de Cristo" (Rom 9:2-3) para que los judíos experimentaran la salvación. Dios ha escogido a Israel como su pueblo especial,[245] y el hecho de que a pesar

---

conoció, también predestinó para que fuesen hechos conformes a la imagen de su Hijo, para que él sea el primogénito entre muchos hermanos" (Rom 8:28-29).

[242] "¿Quién acusará a los escogidos de Dios? Dios es el que justifica. ¿Quién es el que condenará? Cristo es el que murió; más aún, el que también resucitó, quien además está a la diestra de Dios, el que también intercede por nosotros" (Rom 8:33-34).

[243] "¿Quién nos apartará del amor de Cristo? tribulación? o angustia? o persecución? o hambre? o desnudez? o peligro? o cuchillo? Como está escrito: Por causa de ti somos muertos todo el tiempo: somos estimados como ovejas de matadero. Antes, en todas estas cosas hacemos más que vencer por medio de aquel que nos amó. Por lo cual estoy cierto que ni la muerte, ni la vida, ni ángeles, ni principados, ni potestades, ni lo presente, ni lo por venir, ni lo alto, ni lo bajo, ni ninguna criatura nos podrá apartar del amor de Dios, que es en Cristo Jesús Señor nuestro" (Rom 8:35-39).

[244] Moo, *The Epistle to the Romans* (1996), pp. 548-50.

[245] "Que son israelitas, de los cuales es la adopción, y la gloria, y el pacto, y la data de la ley, y el culto, y las promesas; cuyos son los padres, y de los cuales es Cristo según la carne, el cual es Dios sobre todas las cosas, bendito por los siglos" (Rom 9:4-5).

de esto la mayoría de los judíos se encuentren fuera del reino de Dios, no significa que la palabra de Dios (el Antiguo Testamento) no sea confiable.[246] Las promesas de Dios para Israel permanecen, pero el "Israel" que Dios reconoce no es primeramente un Israel étnico, sino un pueblo de Dios conformado por judíos y gentiles que han aceptado a Cristo como salvador y Señor personal.[247]

El requisito para ser contado como parte del Israel verdadero, no es ser descendiente físico de los patriarcas judíos, como también aclara el Antiguo Testamento. Al igual que Dios en el Antiguo Testamento escogió a Isaac en vez de Ismael (el cual *también*, como su hermanastro Isaac, era hijo del patriarca Abraham) y a Jacob en vez de su hermano gemelo Esaú, en el nuevo pacto Él ha escogido un pueblo según sus propios criterios. Aquello no implica que Dios pueda ser acusado de injusticia.[248] Él es Dios, y sus juicios son perfectos. También en el Antiguo Testamento Pablo encuentra soporte para la enseñanza de que los no judíos serían incluidos en el pueblo escogido de Dios[249] y de que solo una minoría de los judíos iban a ser salvos.[250] Lo cual indica que la salvación no es la descendencia física, sino la respuesta afirmativa al llamado de Dios. La cantidad relativamente insignificante de judíos que recibieron la salvación en Cristo de ninguna manera contradijo la proclamación

---

[246] "No que la palabra de Dios haya faltado" (Rom 9:6).

[247] "Porque no todos los que son de Israel son Israelitas, ni por ser simiente de Abraham, son todos hijos; mas: en Isaac te será llamada simiente. Quiere decir: no los que son hijos de la carne, estos son los hijos de Dios; mas los que son hijos de la promesa, son contados en la generación" (Rom 9:6-8). Moo, *The Epistle to the Romans* (1996), pp. 564-5, 568-77.

[248] "Y no solo esto; mas también Rebeca concibiendo de uno, de Isaac nuestro padre (porque no siendo aún nacidos, ni habiendo hecho aún ni bien ni mal, para que el propósito de Dios conforme a la elección, no por las obras sino por el que llama, permaneciese), le fue dicho que el mayor serviría al menor. Como está escrito: a Jacob amé, mas a Esaú aborrecí. ¿Pues qué diremos? ¿Qué hay injusticia en Dios? En ninguna manera" (Rom 9:10-14).

[249] "Como también en Oseas dice: llamaré al que no era mi pueblo, pueblo mío; y a la no amada, amada. Y será, que en el lugar donde les fue dicho: vosotros no sois pueblo mío: allí serán llamados hijos del Dios viviente" (Rom 9:25-26). Moo, *The Epistle to the Romans* (1996), pp. 590-1.

[250] "También Isaías clama tocante a Israel: si fuere el número de los hijos de Israel como la arena de la mar, las reliquias serán salvas" (Rom 9:27).

veterotestamentaria de que solo una minoría o un "remanente" de los judíos sería contada entre los salvos. Justamente a través de aquella minoría Dios había cumplido sus palabras y mostrado su lealtad continua hacia Israel.[251]

Pero también los no judíos (gentiles), como ya se ha evidenciado, ahora están incluidos en el pueblo especial de Dios. "Los gentiles", Pablo escribe, "que no seguían justicia, han alcanzado la justicia, es a saber, la justicia que es por la fe: Mas Israel que seguía la ley de justicia, no ha llegado a la ley de justicia. ¿Por qué? Porque la seguían no por fe, mas como por las obras de la ley" (Rom 9:30-32).

La mayoría de los judíos no han alcanzado la salvación por no haber reconocido la verdad del evangelio y recibido a Cristo,[252] y no haber entendido que la Ley tuvo su época de validez hasta su llegada,[253] y todo esto a pesar de haber sido expuestos a la predicación y de haber entendido que Dios podría incluir a los "gentiles" entre su propio pueblo, mientras ellos mismos podrían ser sujetos del juicio de Dios, pues el mismo Antiguo Testamento daba testimonio de aquello.[254] La voluntad de Dios fue conocida y estaba a disposición de los judíos bajo el pacto antiguo y, por tanto, no tenían ninguna excusa para no obedecer;[255] la justicia que Dios ofrece a través de Cristo es asequible para cualquier persona que la quiera; así, el

---

[251] Moo, *The Epistle to the Romans* (1996), p. 610.

[252] "[Israel tropezó] en la piedra de tropiezo, como está escrito: he aquí pongo en Sión piedra de caída; y aquel que creyere en ella, no será avergonzado" (Rom 9:32-33.

[253] "Porque ignorando la justicia de Dios, y procurando establecer la suya propia, no se han sujetado a la justicia de Dios. Porque el fin de la ley es Cristo, para justicia a todo aquel que cree" (Rom 10:3-4).

[254] "Mas digo: ¿No ha conocido esto Israel? Primeramente Moisés dice: yo os provocaré a celos con gente que no es mía: con gente insensata os provocaré a ira. E Isaías determinadamente dice: fui hallado de los que no me buscaban; [me manifesté] a los que no preguntaban por mí. Mas acerca de Israel dice: todo el día extendí mis manos a un pueblo rebelde y contradictor" (Rom 10:19-21).

[255] "Porque este mandamiento que yo te intimo hoy, no te es encubierto, ni está lejos: no está en el cielo, para que digas: ¿quién subirá por nosotros al cielo, y nos lo traerá y nos lo representará, para que lo cumplamos? Ni está de la otra parte de la mar, para que digas: ¿Quién pasará por nosotros a la mar, para que nos lo traiga y nos lo represente, a fin de que lo cumplamos? Porque muy cerca de ti está la palabra, en tu boca y en tu corazón, para que la cumplas" (Deut 30:11-14).

evangelio es fácilmente asequible tanto para judíos como "gentiles".[256]

Dios no ha rechazado a Israel.[257] Dios muestra su lealtad hacia Israel a través del remanente.[258] El mismo Pablo pertenece a ese remanente, a los judíos que han recibido la salvación en Cristo; sin embargo, Dios ha permitido que los demás judíos se endurezcan,[259] pero llegará un tiempo, cuando una cantidad grande y notable reconocerá la salvación en Cristo. Pablo aquí parece dirigirse primeramente a una mayoría no judía dentro de la iglesia de Roma y hace constar que a pesar de ser el "apóstol de los gentiles", tiene un celo profundo por la salvación de los judíos.[260] Posiblemente en parte quería frenar la arrogancia entre los cristianos gentiles en Roma que creían que Pablo, en virtud de ser "apóstol de los gentiles", había rechazado a los judíos. Sin embargo, Pablo sugiere que Israel, aunque temporalmente parece haber sido "rechazado", más adelante va a ser

---

[256] "Mas la justicia que es por la fe dice así: no digas en tu corazón: ¿quién subirá al cielo? (esto es, para traer abajo a Cristo :) O, ¿quién descenderá al abismo? (esto es, para volver a traer a Cristo de los muertos.) Mas ¿qué dice? Cercana está la palabra, en tu boca y en tu corazón. Esta es la palabra de la fe, la cual predicamos: que si confesares con tu boca al Señor Jesús, y creyeres en tu corazón que Dios le levantó de los muertos, serás salvo. Porque con el corazón se cree para justicia; mas con la boca se hace confesión para salvación" (Rom 10:6-10).

[257] "Digo pues: ¿Ha desechado Dios a su pueblo? En ninguna manera. Porque también yo soy israelita, de la simiente de Abraham, de la tribu de Benjamín" (Rom 11:1).

[258] "No ha desechado Dios a su pueblo, al cual antes conoció. ¿O no sabéis qué dice de Elías la escritura? Cómo hablando con Dios contra Israel dice: Señor, a tus profetas han muerto, y tus altares han derruido; y yo he quedado solo, y procuran matarme. Mas ¿qué le dice la divina respuesta? He dejado para mí siete mil hombres, que no han doblado la rodilla delante de Baal. Así también, aun en este tiempo han quedado reliquias por la elección de gracia" (Rom 11:2-5).

[259] "¿Qué pues? Lo que buscaba Israel aquello no ha alcanzado; mas la elección lo ha alcanzado: y los demás fueron endurecidos" (Rom 11:7).

[260] "Digo pues: ¿Han tropezado para que cayesen? En ninguna manera; mas por el tropiezo de ellos vino la salvación a los gentiles, para que fuesen provocados a celos. Y si la falta de ellos es la riqueza del mundo, y el menoscabo de ellos la riqueza de los gentiles, ¿cuánto más el henchimiento de ellos? Porque a vosotros hablo, gentiles. Por cuanto pues, yo soy apóstol de los gentiles, mi ministerio honro, por si en alguna manera provocase a celos a mi carne, e hiciese salvos a algunos de ellos" (Rom 11:11-14).

"injertado", algo que describe como "vida de los muertos" (Rom 11:15).[261]

Israel, como el pueblo especial de Dios, tiene su origen en los patriarcas Abraham, Isaac y Jacob, a quienes Él escogió o separó de una manera particular. Los patriarcas son identificados con "las primicias", las cuales probablemente se refieren a cierta parte de la masa que el pueblo de Israel preparaba para hacer pan después de entrar en el país de Canaan, tras la muerte de Moisés.[262] Aquella parte de la masa fue dedicada a Dios como ofrenda alzada, pero su "santidad" fue transmitida al *resto* de la masa que inicialmente conformaba la misma masa. Los patriarcas también son identificados con la raíz de un árbol. Si la raíz es santa, el árbol también lo es. Interpretamos "las primicias" y "la raíz" con los patriarcas mientras que "la masa" que *no* fue presentada como ofrenda alzada y "las ramas" se refieren a los judíos.[263] En otras palabras, Dios no solamente dio promesas a los patriarcas, sino también tiene un plan para Israel. Pablo aquí está atacando la arrogancia de los cristianos gentiles, que seguramente tenían razón, si es que sostenían que la mayoría de los judíos no habían recibido la salvación en Cristo, pero aquello no era razón de vanagloria.[264]¿Acaso creyeron los cristianos gentiles que representaban un *nuevo* pueblo especial de Dios que sustituía a Israel? ¿Es que consideraban a la minoría judía dentro de la iglesia como un grupo que podría ser parte de la comunidad conformándose a su naturaleza no judía? Para Pablo es importante

---

[261] Moo, *The Epistle to the Romans* (1996), p. 685.

[262] "El Señor habló a Moisés diciendo: habla a los hijos de Israel y diles: 'Cuando hayan entrado en la tierra a la cual yo los llevo, sucederá que cuando coman del pan de la tierra, presentarán una ofrenda alzada al Señor. De lo primero que amasen presentarán una torta como ofrenda alzada de la era; así la presentarán alzada" (Núm 15:17-20).

[263] "Si la primicia es santa, también lo es toda la masa; y si la raíz es santa, también lo son las ramas" (Rom 11:16).

[264] "Que si algunas de las ramas fueron quebradas, y tú, siendo acebuche, has sido injertado en lugar de ellas, y has sido hecho participante de la raíz y de la grosura de la oliva; no te jactes contra las ramas; y si te jactas, sabe que no sustentas tú a la raíz, sino la raíz a ti. Pues las ramas, dirás, fueron quebradas para que yo fuese injertado. Bien: por su incredulidad fueron quebradas, mas tú por la fe estás en pie. No te ensoberbezcas, antes teme, que si Dios no perdonó a las ramas naturales, a ti tampoco no perdone" (Rom 11:17-21).

que los gentiles reconozcan el fundamento judío en que la iglesia cristiana está basada. Su fundamento en la fe que los patriarcas judíos tenían en las promesas de Dios, es indiscutible. Judíos y gentiles pertenecen igualmente al pueblo especial de Dios. Pablo reitera que el endurecimiento de la mayoría de los judíos es temporal y que habrá una gran cosecha de creyentes judíos.[265]

Posteriormente Pablo pasa a exhortaciones más prácticas animando a la iglesia a llevar una vida entregada a Dios.[266] Una vida entregada no se refiere simplemente a estar dedicado a Dios, sino también a los otros miembros de la iglesia.

Para evitar que alguien exagerara su propia importancia espiritual, Pablo escribe que uno "no tenga más alto concepto de sí que el que debe tener, sino que piense de sí con templanza, conforme a la medida de fe que Dios repartió a cada uno" (Rom 12:3). Quizá es por escribir desde Corinto donde Pablo ha podido observar de cerca el elitismo espiritual, que escribe como lo hace:

> Porque de la manera que en un cuerpo tenemos muchos miembros, pero todos los miembros no tienen la misma operación; así muchos somos un cuerpo en Cristo, mas todos miembros los unos de los otros. De manera que, teniendo diferentes dones según la gracia que nos es dada (Rom 12:4-6).

---

[265] "Porque si tú eres cortado del olivo silvestre, y contra natura fuiste injertado en la buena oliva, ¿cuánto más estos, que son las ramas naturales, serán injertados en su oliva? Porque no quiero, hermanos, que ignoréis este misterio, para que no seáis acerca de vosotros mismos arrogantes: que el endurecimiento en parte ha acontecido en Israel, hasta que haya entrado la plenitud de los gentiles; y luego todo Israel será salvo; como está escrito: vendrá de Sión el Libertador, que quitará de Jacob la impiedad; y este es mi pacto con ellos, cuando quitare sus pecados. Así que, cuanto al evangelio, son enemigos por causa de vosotros: mas cuanto a la elección, son muy amados por causa de los padres. Porque sin arrepentimiento son [los dones] y [el llamamiento] de Dios" (Rom 11:24-29). Moo, *The Epistle to the Romans* (1996), pp. 700-4.

[266] "Así que, hermanos, os ruego por las misericordias de Dios, que presentéis vuestros cuerpos en sacrificio vivo, santo, agradable a Dios, que es vuestro racional culto. Y no os conforméis a este siglo; mas reformaos por la renovación de vuestro entendimiento, para que experimentéis cuál sea la buena voluntad de Dios, agradable y perfecta" (Rom 12:1-2).

En el concepto de vivir entregados a Dios está implícita la exhortación a no conformarse a este mundo (Rom 12:2). Sin embargo, no todo en el mundo es maldad y, Pablo anima a que el creyente mantenga una actitud de humildad frente a las autoridades. No es que Pablo favorezca una obediencia ciega, sino una actitud de respeto, porque las autoridades representan algo del orden de Dios para la humanidad.[267] Pablo nos exhorta a entregar a todas las autoridades lícitas lo que les corresponde, no importa si se trata de impuestos o simplemente una actitud respetuosa.[268] "No debáis a nadie nada, sino amaros unos a otros; porque el que ama al prójimo, cumplió la ley" (Rom 13:8). Entonces no es exclusivamente a las autoridades que debemos obediencia, sino que debemos amar a *todos* los seres humanos. El que ama, "cumplió la ley". La razón es que todos los mandamientos del Antiguo Testamento pueden ser resumidos en lo siguiente: "amarás a tu prójimo como a ti mismo" (Rom 13:9).

En esto Pablo está creando un puente lógico hasta su último punto: la tensión entre los supuestos 'fuertes' y los 'débiles' dentro de la iglesia. Como ya hemos visto, a los 'fuertes', con quienes Pablo en cierto sentido se identifica, él escribe: "Recibid al débil en la fe, pero no para contiendas de disputas" (Rom 14:1). Los débiles tenían conflictos de consciencia si comían otras cosas diferentes de verdura y se sentían obligados a "hacer diferencia entre día y día", que probablemente se refiere a la reverencia del sábado judío o las fiestas judías como días de suma importancia.[269] Similarmente, parece que también los 'débiles' tenían problemas de conciencia en cuanto a

---

[267] "Toda alma se someta a las autoridades superiores; porque no hay autoridad sino de Dios; y las que son, de Dios son ordenadas. Así que, el que se opone a la autoridad, a la ordenación de Dios resiste: y los que resisten, ellos mismos ganan condenación para sí. Porque los magistrados no son para temor al que bien hace, sino al malo. ¿Quieres pues no temer la autoridad? haz lo bueno, y tendrás alabanza de ella; porque es servidor de Dios para tu bien. Mas si hicieres lo malo, teme: porque es servidor de Dios, vengador para castigo al que hace lo malo" (Rom 13:1-4).

[268] Moo, *The Epistle to the Romans* (1996), p. 804.

[269] "Porque uno cree que se ha de comer de todas cosas: otro que es débil, come legumbres. [...] Uno hace diferencia entre día y día; otro juzga iguales todos los días. Cada uno esté asegurado en su ánimo" (Rom 14:2, 5).

tomar vino.[270] ¿Es que de nuevo tenemos aquí una tensión entre cristianos judíos y gentiles dentro de la iglesia? El hecho de que Pablo los exhortara a comprenderse mutuamente, indica que los conflictos de conciencia de los cristianos judíos no se debían a una convicción equivocada sobre la necesidad de cumplir con la Ley para ser salvo. Si fuera el caso, Pablo probablemente argumentaría como lo hizo en su epístola a los gálatas. De todos modos, la Ley de Moisés no requería que uno se abstuviera ni de carne ni de vino, pero a lo mejor había concienzudos cristianos judíos en la iglesia que evitaban comer carne porque la comida *kosher* no era muy asequible, por lo menos si uno no vivía dentro de las zonas judías típicas; y posiblemente, también podrían sentirse inseguros, pues el vino podría ser sobrante de libaciones paganas a los dioses[271]

Como lo hemos discutido antes, es obvio que Pablo, de cierta manera, se identifica con los 'fuertes': "Yo sé, y confío en el Señor Jesús, que de suyo nada hay inmundo: mas a aquel que piensa alguna cosa ser inmunda, para él es inmunda" (Rom 14:14). Parece que ambos partidos se hubieran llenado de prejuicios uno contra el otro.[272] Sin embargo, es importante reconocer que también el oponente, en caso de que pueda comer cualquier tipo de comida, o que se abstenga de comida específica, todo lo debe hacer con base en su relación con Cristo.[273] En esta tensión se aprecia un eco de los capítulos anteriores en donde Pablo ha argumentado en contra de la arrogancia cristiana no judía al mostrar de nuevo su corazón pastoral hacia los 'débiles'.[274]

---

[270] "Bueno es no comer carne, ni beber vino, ni nada en que tu hermano tropiece, o se ofenda, o sea debilitado" (Rom 14:21).

[271] Moo, *The Epistle to the Romans* (1996), pp. 826-33.

[272] "El que come, no menosprecie al que no come; y el que no come, no juzgue al que come; porque Dios le ha levantado. ¿Tú quién eres que juzgas al siervo ajeno? Para su señor está en pie, o cae: mas se afirmará; que poderoso es el Señor para afirmarle" (Rom 14:3-4).

[273] "Porque ninguno de nosotros vive para sí, y ninguno muere para sí. Que si vivimos, para el Señor vivimos; y si morimos, para el Señor morimos. Así que, o que vivamos, o que muramos, del Señor somos" (Rom 14:7-8).

[274] "Que si algunas de las ramas fueron quebradas, y tú, siendo olivo silvestre, has sido injertado en lugar de ellas, y has sido hecho participante de la raíz y de la

A pesar de que Pablo consideraba como lícito comer cualquier tipo de comida, sus exhortaciones primeramente están dirigidas hacia los 'fuertes'. ¿Por qué aferrarse a derechos triviales relacionados con comida y bebida, cuando lo que tiene que ver con el reino de Dios es tan infinitamente más grande?[275] "Pero si por causa de la comida tu hermano es contristado", escribe dirigiéndose a los 'fuertes', "ya no andas conforme a la caridad. No arruines con tu comida a aquél por el cual Cristo murió" (Rom 14:15). "¿Tienes tú fe?", pregunta retóricamente al 'fuerte', o sea, ¿tienes la convicción de poder comer cualquier tipo de comida? Si es así, "tenla para contigo delante de Dios" (Rom 14:22). Pablo quizá quiere decir no que el individuo esconda su convicción personal, sino más bien que no la anuncie a los cuatro vientos de forma ofensiva a los supuestos 'débiles'.[276] También escribe que "mas el que hace diferencia, si comiere, es condenado, porque no comió por fe; y todo lo que no es de fe, es pecado" (Rom 14:23). Era importante que la minoría de cristianos judíos dentro de la iglesia no fuera expuesta a una presión de conformidad sintiéndose obligada a ceder antes de haber entendido con todo su intelecto la libertad que tiene en Cristo. La idea parece ser que Dios reconoce como pecado lo que nosotros como creyentes hacemos si creemos que tal acto es pecado aunque de verdad no lo sea.

De la misma manera en que Cristo se entregó por la humanidad, los 'fuertes' deben voluntariamente 'ir dos millas' por los 'débiles'.[277] Seamos 'fuertes' o 'débiles', la iglesia como tal, tiene como llamado "agradar a su prójimo en bien, a edificación" (Rom 15:2).

---

grosura de la oliva; no te jactes contra las ramas; y si te jactas, sabe que no sustentas tú a la raíz, sino la raíz a ti" (Rom 11:17-18).

[275] "Que el reino de Dios no es comida ni bebida, sino justicia y paz y gozo por el Espíritu Santo" (Rom 14:17).

[276] Moo, *The Epistle to the Romans* (1996), pp. 861-2.

[277] "Así que, los que somos más firmes debemos sobrellevar las flaquezas de los [débiles], y no agradarnos a nosotros mismos" (Rom 15:1).

Las epístolas del cautiverio

Cuatro de las epístolas de Pablo fueron escritas en cautiverio; la carta a los colosenses[278], a Filemón[279], a los efesios[280] y a los filipenses[281]. Tenemos conocimiento de su cautiverio en Filipos, el cual solamente duró un día y una noche; también estamos familiarizados con sus dos años de cautiverio en Cesarea y con sus dos cautiverios en Roma. Estas cuatro epístolas fueron escritas probablemente en Éfeso o en Roma; se han lanzado teorías de que también fue encarcelado durante su estadía de casi tres años en Éfeso, pero como el Nuevo Testamento no menciona ningún cautiverio allí, parece más factible que se hubieran escrito en Roma.

La epístola a los Colosenses

Si partimos del hecho de que esta epístola fue escrita durante el cautiverio en Roma, una fecha probable de escritura podría ser entre el año 60 y 61 d.C. Colosas estaba ubicada aproximadamente a veinte kilómetros de las dos ciudades Laodicea e Hierápolis en la provincia romana llamada Asia (en la Turquía actual). La iglesia de Colosas no fue establecida por Pablo, sino por su colaborador Epafras durante los tres años del apóstol en Éfeso. Varios de sus colaboradores

---

[278] "Orando también juntamente por nosotros, que el Señor nos abra la puerta de la palabra, para hablar el ministerio de Cristo, por el cual aun estoy preso." (Col 4:3) "Aristarco, mi compañero en la prisión, os saluda" (Col 4:10).

[279] "Pablo, prisionero de Jesucristo,..." (Film v. 1). "[Te ruego] más bien por amor, siendo tal cual soy, Pablo viejo, y aun ahora prisionero de Jesucristo: [Te ruego] por mi hijo Onésimo, que he engendrado en mis prisiones" (Film vv. 9-10).

[280] Ya hemos visto que la epístola a los colosenses fue escrita en cautiverio. En Col 4: 7-8 Pablo escribe: "Todos mis negocios os hará saber Tíquico, hermano amado y fiel ministro y consiervo en el Señor: El cual os he enviado a esto mismo, para que entienda vuestros negocios, y consuele vuestros corazones." Casi con redacción idéntica encontramos en Ef 6:21-22: "Mas para que también vosotros sepáis mis negocios, y cómo lo paso, todo os lo hará saber Tíquico, hermano amado y fiel ministro en el Señor: al cual os he enviado para esto mismo, para que entendáis lo tocante a nosotros, y que consuele vuestros corazones." Así podemos concluir que las dos epístolas fueron escritas prácticamente al mismo tiempo.

[281] "Y muchos de los hermanos en el Señor, tomando ánimo con mis prisiones, se atreven mucho más a hablar la palabra sin temor" (Fil 1:14)

establecieron obras fuera de Éfeso y sin duda hubo iglesias establecidas las cuales Pablo no visitó.[282]

Entre ellas conocemos las iglesias de Colosas, Laodicea e Hierápolis, las cuales parecen haber sido fundadas por Epafras. Epafras mismo parece haber sido de Colosas.[283] Terminando la epístola a los colosenses, Pablo les pide que la epístola (¿o tal vez una copia?) sea leída en voz alta para la iglesia de Laodicea, mientras que la epístola escrita para la iglesia de Laodicea, la cual probablemente fue escrita simultáneamente, fuera leída en voz alta a los colosenses.[284] La epístola a la iglesia de Laodicea, no obstante, no fue conservada para la posterioridad.

El objetivo de Pablo cuando escribió la epístola a los colosenses fue proteger a la iglesia de una herejía concreta. No sabemos mucho sobre el contenido de aquella herejía, pero parece que Pablo estuviera citando varias de las sentencias de los herejes y argumentando contra ellos. Aparentemente el rol de los ángeles se había exagerado, sometiéndose las personas involuntariamente bajo su control y soberanía, hasta el punto de que romper los mandamientos de la Ley causaba una deuda con estos seres.

A pesar de todo eso, Pablo inicialmente resalta la fe y el amor mutuo dentro de la iglesia[285] y también ora para que sus miembros

---

[282] "El cual ha llegado hasta vosotros, como por todo el mundo; y fructifica y crece, como también en vosotros, desde el día que oísteis y conocisteis la gracia de Dios en verdad, como habéis aprendido de Epafras, nuestro consiervo amado, el cual es un fiel ministro de Cristo a favor vuestro" (Col 1:6-7). Incluso leemos en el libro de los Hechos sobre el efecto del ministerio de Pablo en Éfeso: "Y esto fue por espacio de dos años; de manera que todos los que habitaban en Asia, judíos y griegos, oyeron la palabra del Señor Jesús" (Hch 19:10). O'Brien, *Colossians, Philemon* (2000), pp. xxvi-xxviii.

[283] "Os saluda Epafras, el cual es de vosotros, siervo de Cristo, siempre solícito por vosotros en oraciones, para que estéis firmes, perfectos y cumplidos en todo lo que Dios quiere. Porque le doy testimonio, que tiene gran celo por vosotros, y por los que están en Laodicea, y los que en Hierápolis" (Col 4:12-13).

[284] "Saludad a los hermanos que están en Laodicea, y a Ninfas, y a la iglesia que está en su casa. Y cuando esta carta fuere leída entre vosotros, haced que también sea leída en la iglesia de los Laodicenses; y la de Laodicea que la leáis también vosotros" (Col 4:15-16).

[285] "Damos gracias al Dios y Padre del Señor nuestro Jesucristo, siempre orando por vosotros: habiendo oído vuestra fe en Cristo Jesús, y el amor que tenéis a todos los santos" (Col 1:3-4).

tengan un conocimiento más profundo acerca de la voluntad de Dios "para que [anden] como es digno del Señor" (Col 1:10). Porque es Jesús, y no los ángeles, de quien se trata: fue Jesús quien libró a los colosenses "de la potestad de las tinieblas" (Col 1:13), y es en Él que han recibido la "remisión de pecados" (Col 1:14).

Pablo describe a Jesús como "la imagen del Dios invisible, el primogénito de toda criatura" (Col 1:15). Jesús es antes de y superior a todas las cosas creadas, incluso a los ángeles.[286] Por supuesto entonces es también la cabeza de la iglesia. En virtud de su resurrección de los muertos Él garantiza una resurrección futura de los creyentes.[287] No hace falta un ángel como intermediario, porque es en Jesús que la plenitud de Dios está representada.[288] Solamente por medio de Jesús hay salvación y, también los colosenses, quienes antes de su salvación fueron contados como "extraños y enemigos de ánimo en malas obras" (Col 1:21), ahora han sido reconciliados con Dios. Pablo les asegura que las enseñanzas que han recibido a través de Epafras es el mensaje que deben abrazar y del que no se deben desviar.[289] El mensaje principal de Pablo es descrito como un misterio que ha estado "oculto desde los siglos y edades, mas ahora ha sido manifestado a sus santos" (Col 1:26). Por supuesto, el misterio también incluye el hecho de que los "gentiles" por medio de Cristo tienen acceso directo a Dios tal como los judíos. La verdad fundamental del concepto del misterio es "Cristo en vosotros", es decir, la presencia inminente de Jesús y "la esperanza de gloria" (Col 1:27), o sea la vida eterna.

---

[286] "Porque por él fueron creadas todas las cosas que están en los cielos, y que están en la tierra, visibles e invisibles; sean tronos, sean dominios, sean principados, sean potestades; todo fue creado por él y para él. Y él es antes de todas las cosas, y por él todas las cosas subsisten" (Col 1:16-17).

[287] "Y él es la cabeza del cuerpo que es la iglesia; él que es el principio, el primogénito de los muertos, para que en todo tenga [la preeminencia]" (Col 1:18).

[288] "Por cuanto agradó al Padre que en él habitase toda plenitud" (Col 1:19). O'Brien, *Colossians, Philemon* (2000), p. 53.

[289] "A vosotros también, que erais en otro tiempo extraños y enemigos de ánimo en malas obras, ahora os ha reconciliado. En el cuerpo de su carne por medio de muerte, para haceros santos, y sin mancha, e irreprensibles delante de él: si permanecéis fundados y firmes en la fe, y sin moveros de la esperanza del evangelio que habéis oído; el cual es predicado a toda criatura que está debajo del cielo; del cual yo Pablo soy hecho ministro." (Col 1:21-23)

Indirectamente Pablo advierte a los colosenses de buscar sabiduría y conocimiento a través de otras fuentes diferentes al mismo Jesús. En Jesús, además, "están escondidos todos los tesoros de sabiduría y conocimiento" (Col 2:3). Aquello lo dice Pablo "para que nadie os engañe con palabras persuasivas" (Col 2:4). El antídoto contra la herejía es que los creyentes de conformidad con lo que ya han aprendido de Epafras, sigan 'andando en Cristo', o sea que tengan sus ojos espirituales puestos en Jesús, sometiéndose a la soberanía de Él.[290] Al mismo tiempo Pablo también previene a los colosenses de ser engañados "por filosofías y vanas sutilezas". Tal vez los herejes sostenían que sus enseñanzas estaban apoyándose en tradiciones anteriores (¿en contradicción a las enseñanzas de Pablo?). Pablo, por su lado, no está impresionado y señala a dichas enseñanzas como "tradiciones de los hombres" las cuales "no [son] según Cristo" (Col 2:8).[291]

La plenitud de Dios solo está presente en Cristo Jesús y, los colosenses están completos en Él.[292] Contrario a los judíos, los cuales solamente habían sido circuncidados físicamente, los colosenses están circuncidados en el sentido espiritual, donde fue Dios mismo quien causó la transformación de "muerte" a "vida".[293] No solamente han sido perdonados sus pecados, sino que todos los espíritus adversarios han sido conquistados a través de la obra salvífica de Jesús en la cruz.[294] Entonces, como los demonios han sido conquistados, no hace falta que los colosenses sean juzgados por los

---

[290] "Por tanto, de la manera que habéis recibido al Señor Jesucristo, andad en él: arraigados y sobreedificados en él, y confirmados en la fe, así como habéis aprendido, creciendo en ella con [acciones] de gracias" (Col 2:6-7).

[291] O'Brien, *Colossians, Philemon* (2000), pp. 109-10.

[292] "Porque en él habita toda la plenitud de la divinidad corporalmente: y en él estáis [completos], el cual es la cabeza de todo principado y potestad" (Col 2:9-10).

[293] "En el cual también sois circuncidados de circuncisión no hecha con manos, con el despojamiento del cuerpo de los pecados de la carne, en la circuncisión de Cristo; sepultados juntamente con él en el bautismo, en el cual también resucitasteis con él, por la fe de la operación de Dios que le levantó de los muertos. Y a vosotros, estando muertos en pecados y en la incircuncisión de vuestra carne, os vivificó juntamente con él, perdonándoos todos los pecados" (Col 2:11-13).

[294] "[Anulando el acta de los decretos] que era contra nosotros, quitándola de en medio y enclavándola en la cruz; y despojando los principados y las potestades, [los sacó] a la vergüenza en público, triunfando de ellos en sí mismo" (Col 2:14-15).

herejes "en comida, o en bebida, o en parte de día de fiesta, o de nueva luna, o de sábados" (Col 2:16). Ceder ante esas demandas ascéticas, en cuanto a comida y bebida, además de guardar los días de fiesta judíos, implicaría reconocer la autoridad de los demonios.

Un versículo difícil de entender es Col 2:18 – "Nadie os prive de vuestro premio, afectando humildad y culto a los ángeles, metiéndose en lo que no ha visto, vanamente hinchado en el sentido de su propia carne." ¿Podría ser que "humildad" se relacione con el ayuno y ascetismo que utilizan algunos para recibir visiones celestiales?[295] De todos modos, los herejes eran orgullosos y no recibieron a Jesús, el cual es la "cabeza, de la cual todo el cuerpo, alimentado y conjunto por las ligaduras y coyunturas, crece en aumento de Dios" (Col 2:19). Los herejes no han crecido espiritualmente y tampoco tienen parte de la vida de la iglesia. Ceder a demandas religiosas tales como "no manejes, no veas, ni gustes, ni aun toques" (Col 2:21), exclusivamente "honra [a las demandas] de la carne" (Col 2:23), o sea, nos hace engreídos.

En vez de buscar ángeles, visiones y auto-aflicción ascética, los colosenses deben tener sus ojos puestos en Jesús.[296] Al estar enfocados en "las cosas de arriba", van a recibir instrucciones sobre cómo vivir aquí en "la tierra". Como creyentes pertenecen a Cristo y se identifican con los asuntos de Él.[297] Eso implica distanciarse de forma práctica de la conducta pecaminosa que los caracterizaba antes de ser creyentes.[298] Como Dios los ha escogido para ser su propio pueblo, van a vestirse "como [...] santos y amados, de [entrañable]

---

[295] O'Brien, *Colossians, Philemon* (2000), p. 142.

[296] "Si habéis pues resucitado con Cristo, buscad las cosas de arriba, donde está Cristo sentado a la diestra de Dios. Poned la mira en las cosas de arriba, no en las de la tierra" (Col 3:1-2).

[297] "Porque muertos sois, y vuestra vida está escondida con Cristo en Dios" (Col 3:3).

[298] "[Haced morir, pues, lo terrenal en vosotros: fornicación, impureza, pasiones desordenadas, malos deseos y avaricia, que es idolatría:] Por las cuales cosas la ira de Dios viene sobre los hijos de rebelión. En las cuales vosotros también anduvisteis en otro tiempo viviendo en ellas. Mas ahora, dejad también vosotros todas estas cosas; ira, enojo, malicia, maledicencia, torpes palabras de vuestra boca. No mintáis los unos a los otros, habiéndoos despojado del viejo hombre con sus hechos, Y revestíos del nuevo, el cual por el conocimiento es renovado conforme a la imagen del que lo creó" (Col 3:5-10).

misericordia, de benignidad, de humildad, de mansedumbre, de tolerancia; sufriéndoos los unos a los otros, y perdonándoos los unos a los otros si alguno tuviere queja del otro" (Col 3:12-13). Incluso deben vestirse de amor y paz y dar prioridad a la palabra de Dios cuando se congregan como iglesia.[299] También deben buscar "las cosas de arriba, donde está Cristo sentado a la diestra de Dios" (Col 3:1), manifestándose de forma práctica tanto en los hogares como en todos los aspectos de la vida.[300]

Al final Pablo anima a los colosenses a perseverar en oración y también a orar por él y su ministerio.[301] Igualmente los exhorta a que sus palabras y conducta frente a los inconversos se caractericen por su sabiduría y pureza.[302]

La epístola a los colosenses les fue entregada por Tíquico, colaborador de Pablo, quien también fue comisionado para hacer saber el estado del apóstol durante su cautiverio.[303] Tíquico fue acompañado por Onésimo, el cual vamos a conocer en detalle en la epístola siguiente, la carta a Filemón.[304]

---

[299] "Y sobre todas estas cosas vestíos de [amor], [el] cual es el vínculo de la perfección. Y la paz de Dios gobierne en vuestros corazones, a la cual asimismo sois llamados en un cuerpo; y sed agradecidos. La palabra de Cristo habite en vosotros en abundancia en toda sabiduría, enseñándoos y exhortándoos los unos a los otros con salmos e himnos y canciones espirituales, con gracia cantando en vuestros corazones al Señor" (Col 3:14-16).

[300] "Casadas, estad sujetas a vuestros maridos, como conviene en el Señor. Maridos, amad a vuestras mujeres, y no seáis desapacibles con ellas. Hijos, obedeced a vuestros padres en todo; porque esto agrada al Señor. Padres, no irritéis a vuestros hijos, porque no se hagan de poco ánimo. Siervos, obedeced en todo a vuestros amos carnales, no sirviendo al ojo, como los que agradan a los hombres, sino con sencillez de corazón, temiendo a Dios." (Col 3:18-22) "Amos, haced lo que es justo y derecho con vuestros siervos, sabiendo que también vosotros tenéis amo en los cielos (Col 4:1).

[301] "Perseverad en oración, velando en ella con [acción] de gracias: orando también juntamente por nosotros, que el Señor nos abra la puerta de la palabra, para hablar el misterio de Cristo, por el cual aun estoy preso. (Col 4:2-3).

[302] "Para que lo manifieste como me conviene hablar. Andad en sabiduría para con los extraños, redimiendo el tiempo" (Col 4:4-5).

[303] "Todos mis negocios os hará saber Tíquico, hermano amado y fiel ministro y consiervo en el Señor: el cual os he enviado a esto mismo, para que entienda vuestros negocios, y consuele vuestros corazones" (Col 4:7-8).

[304] "Con Onésimo, amado y fiel hermano, el cual es de vosotros. Todo lo que acá pasa, os harán saber" (Col 4:9)

La epístola a Filemón

Esta epístola breve con sus 335 palabras en griego y se debe leer en conjunto con la epístola a los colosenses. Pablo aún está preso,[305] y otra vez, como en el caso de la epístola a los colosenses, parece ser lógico ubicar la escritura de la epístola, en Roma, alrededor de los años 60-61 d.C. Igual que en la epístola a los colosenses, se menciona a Epafras (fundador de la iglesia de los colosenses) como compañero de Pablo en la prisión. En ambas epístolas se menciona a los colaboradores Marcos, Aristarco, Demas y Lucas,[306] como también a Arquipo de la iglesia de Colosas.[307] Por esta razón se supone que también Filemón, a quien Pablo se refiere como "amado, y [colaborador]",[308] era miembro de la misma iglesia o sea que los dos se conocían a pesar del hecho de que Pablo no había fundado ni visitado la iglesia de Colosas.[309] Parece que Filemón experimentó su conversión cristiana a través de Pablo y, en tal caso, esto ocurrió probablemente durante su estadía en Éfeso, en su tercer viaje misionero.[310]

El trasfondo de la epístola es que Onésimo, uno de los esclavos de Filemón, había huido de su amo y de una manera u otra se encontró con Pablo, posiblemente como su compañero de prisión en Roma. Es posible que Onésimo en el contexto de su huida de la casa de Filemón también le hubiese robado dinero, porque Pablo escribe: "y si en algo te dañó, o te debe, ponlo a mi cuenta" (v. 18). Sin

---

[305] "Pablo, prisionero de Jesucristo, y el hermano Timoteo, a Filemón amado, y [colaborador] nuestro" (Film v. 1). O'Brien, *Colossians, Philemon* (2000), pp. 265-6.

[306] "Te saludan Epafras, mi compañero en la prisión por Cristo Jesús, Marcos, Aristarco, Demas y Lucas, mis cooperadores" (Film vv. 23-24). "Aristarco, mi compañero en la prisión, os saluda, y Marcos, el sobrino de Bernabé" (Col 4:10). "Os saluda Lucas, el médico amado, y Demas" (Col 4:14).

[307] "Y decid a Arquipo: mira que cumplas el ministerio que has recibido del Señor" (Col 4:17). "Y a la amada Apia, y a Arquipo, compañero de nuestra milicia, y a la iglesia que está en tu casa" (Film v. 2).

[308] "Pablo, prisionero de Jesucristo, y el hermano Timoteo, a Filemón amado, y [colaborador] nuestro" (Film v. 1).

[309] "Habiendo oído vuestra fe en Cristo Jesús, y el amor que tenéis a todos los santos" (Col 1:4).

[310] "Yo lo pagaré: por no decirte que aun a ti mismo te me debes demás" (Film v. 19). O'Brien, *Colossians, Philemon* (2000), p. 266.

embargo, no significa necesariamente más que la pérdida de la fuerza de trabajo que Onésimo debía a Filemón.

Probablemente en su encuentro con Pablo, Onésimo fue convertido al cristianismo.[311] El mismo nombre Onésimo significa útil, y Pablo escribe que le ha sido útil y que a él le hubiera gustado mantenerlo como colaborador.[312] Sin embargo, reconoce la jurisprudencia de entonces y no pide que Onésimo sea liberado como esclavo, sino que sea reconocido como hermano en la fe.[313] Ya que la epístola a Filemón ha sido guardada para la posteridad y ha sido incluida en el canon cristiano, hay buenas razones para creer que las cosas salieron en conformidad a la petición de Pablo.[314] Al final, éste expresa la confianza de ser librado de la prisión y realizar una visita personal.[315]

La epístola a los Efesios

La primera visita misionera de Pablo a la ciudad de Éfeso fue durante su segundo viaje misionero alrededor del año 52 d.C.; aquella visita fue muy breve.[316] Sin embargo, durante su tercer viaje misionero, se quedó más de dos años y medio y salió de la ciudad alrededor del año 56 d.C. Después de cerca de un año se encontró con los líderes de la

---

[311] "[Te ruego] por mi hijo Onésimo, que he engendrado en mis prisiones" (Film v. 10).

[312] "El cual en otro tiempo te fue inútil, mas ahora a ti y a mí es útil. El cual te vuelvo a enviar" (Film v. 11-12). "Yo quisiera detenerle conmigo, para que en lugar de ti me sirviese en las prisiones del evangelio; mas nada quise hacer sin tu consejo, porque tu beneficio no fuese como de necesidad, sino voluntario" (Film vv. 13-14).

[313] "Porque acaso por esto [Onésimo] se ha apartado de ti por algún tiempo, para que le recibieses para siempre; no ya como siervo, antes más que siervo, como hermano amado, mayormente de mí, pero cuánto más de ti, en la carne y en el Señor. Así que, si me tienes por compañero, recíbele como a mí" (Film vv. 15-17).

[314] O'Brien, *Colossians, Philemon* (2000), p. 268.

[315] "Y asimismo prepárame también alojamiento; porque espero que por vuestras oraciones os tengo de ser concedido" (Film v. 22).

[316] "Y llegó a Éfeso, y los dejó allí: y él entrando en la sinagoga, disputó con los judíos, los cuales le rogaban que se quedase con ellos por más tiempo; mas no accedió, sino que se despidió de ellos, diciendo: es [necesario] que en todo caso tenga la fiesta que viene, en Jerusalén; mas otra vez volveré a vosotros, queriendo Dios. Y partió de Éfeso" (Hch 18:19-21).

iglesia en el puerto de Mileto en camino a Jerusalén.[317] Considerando la estadía larga durante su tercer viaje misionero, es notable que la epístola a los efesios no contenga saludos personales. Pablo introduce la epístola con un saludo breve para "los santos [...] en Éfeso",[318] pero la referencia a los efesios no está incluida en los más antiguos rollos de papiro que tenemos, cosa que supone que se trata de una adición posterior. No se descarta que la epístola "a los efesios" fuera una carta común enviada a varias de las iglesias en la provincia de Asia, incluidos los efesios.[319] Probablemente fue escrita durante el presidio de Pablo en Roma durante el período 61-62 d.C. La epístola tiene muchas similitudes con la carta a los colosenses en cuanto a contenido y palabras, sin embargo, esta última fue escrita con el objetivo de contrarrestar la situación en que la iglesia de Colosas se encontraba, mientras que la epístola a los efesios, probablemente dirigida a varias iglesias en la provincia de Asia, tenía un contenido más general. Es probable que haya sido entregada por los dos colaboradores Tíquico y Onésimo,[320] quienes también llevaron las epístolas a los colosenses y a Filemón, respectivamente.

Pablo inicia la epístola alabando a Dios por todo lo que nos ha dado como creyentes a través de la salvación en Cristo. El objetivo seguramente es que los lectores de la epístola respondan con una alabanza similar.[321] Hemos sido bendecidos con "toda bendición espiritual" (Efe 1:3), palabras que inmediatamente son complementadas, "hemos sido escogidos por Dios para vivir en conformidad con Su voluntad, habiendo sido perdonados de nuestros pecados

---

[317] "Porque Pablo se había propuesto pasar adelante de Éfeso; por no detenerse en Asia: porque se apresuraba por hacer el día de Pentecostés, si le fuese posible, en Jerusalén. Y enviando desde Mileto a Éfeso, hizo llamar a los ancianos de la iglesia" (Hch 20:16-17).

[318] "Pablo, apóstol de Jesucristo por la voluntad de Dios, a los santos y fieles en Cristo Jesús que están en Éfeso" (Efe 1:1).

[319] O'Brien, *The Letter to the Ephesians* (1999), p. 5.

[320] "Mas para que también vosotros sepáis mis negocios, y cómo lo paso, todo os lo hará saber Tíquico, hermano amado y fiel ministro en el Señor: al cual os he enviado para esto mismo, para que entendáis lo tocante a nosotros, y que consuele vuestros corazones" (Efe 6:21-22). Expresiones casi idénticas encontramos en Col 4:7-8.

[321] O'Brien, *The Letter to the Ephesians* (1999), p. 94.

cuando fuimos hechos hijos de Dios a través de la fe en Jesús como nuestro salvador y Señor personal".[322] Desde la eternidad nuestra salvación ha sido planificada, y Pablo la describe como un misterio,[323] el cual incluye "reunir todas las cosas en Cristo, en la dispensación del cumplimiento de los tiempos, así las que están en los cielos como las que están en la tierra" (Efe 1:10). Esta implicación es explicada más detalladamente en los versículos siguientes, hasta el capítulo 3. Las cosas que "están en la tierra" se refiere a la iglesia, y allí los judíos y los no judíos se reúnen, o sea, que constituyen un solo pueblo con el mismo libre acceso a Dios. Las cosas que "están en los cielos" posiblemente se refiere a los ángeles y a los espíritus malos, los cuales todos, voluntariamente o bajo coacción, un día reconocerán la soberanía de Jesús.[324]

Pablo sostiene que existimos para glorificar a Dios,[325] y recuerda a los destinatarios de la epístola que al igual que los esclavos y otras pertenencias, a menudo eran marcadas con un sello para proteger al dueño contra el robo; ellos también habían sido "sellados con el Espíritu Santo de la promesa" (Efe 1:13). Por esta razón podían estar seguros de que formaban parte del propio pueblo de Dios y que estaban bajo su protección. El Espíritu Santo es la garantía de su herencia (Efe 1:14), un tipo de depósito que avalaba y daba un anticipo de su salvación final antes de la segunda venida de Jesús. Pablo escribe que está orando por ellos para que tengan un conocimiento más profundo acerca del plan salvífico de Dios y para

---

[322] "Bendito el Dios y Padre del Señor nuestro Jesucristo, el cual nos bendijo con toda bendición espiritual en lugares celestiales en Cristo: según nos escogió en él antes de la fundación del mundo, para que fuésemos santos y sin mancha delante de él en amor; habiéndonos predestinado para ser adoptados hijos por Jesucristo a sí mismo, según el puro afecto de su voluntad, Para alabanza de la gloria de su gracia, con la cual nos hizo aceptos en el Amado: en el cual tenemos redención por su sangre, la remisión de pecados por las riquezas de su gracia" (Efe 1:3-7).

[323] "En el cual tenemos redención por su sangre, la remisión de pecados por las riquezas de su gracia, que sobreabundó en nosotros en toda sabiduría e inteligencia; descubriéndonos el misterio de su voluntad" (Efe 1:7-9).

[324] O'Brien, *The Letter to the Ephesians* (1999), pp. 112-4.

[325] "En él también recibimos herencia, habiendo sido predestinados según el propósito de aquel que realiza todas las cosas conforme al consejo de su voluntad, para que nosotros, que primero hemos esperado en Cristo, seamos para la alabanza de su gloria" (Efe 1:11-12).

que también experimenten su poder en sus propias vidas.[326] Fue este poder del que resucitó a Jesús de los muertos, quien le dio su posición legítima como Rey del universo,[327] y al mismo tiempo su presencia y su poder se manifiestan a través de la iglesia.[328]

Pablo describe la vida del inconverso en términos sombríos. Antes de ser salvos, los receptores de la epístola estaban "muertos", pero ahora han recibido la "vida". Anteriormente, eran dirigidos por los deseos innatos que chocaban contra la voluntad de Dios, y en parte, por espíritus malos; por tanto, eran blancos de la ira de Dios.[329] Sin embargo, a través de la salvación, tanto judíos como gentiles han sido hecho participantes de la resurrección de Jesús y de su victoria sobre todos los espíritus hostiles.[330] Está claro, que la salvación es inmerecida y no se basa en esfuerzos humanos.[331] Como se puede ver

---

[326] "Que el Dios del Señor nuestro Jesucristo, el Padre de gloria, os dé espíritu de sabiduría y de revelación para su conocimiento; alumbrando los ojos de vuestro entendimiento, para que sepáis cuál sea la esperanza de su [llamamiento], y cuáles las riquezas de la gloria de su herencia en los santos, y cuál aquella supereminente grandeza de su poder para con nosotros los que creemos, por la operación de la potencia de su fortaleza" (Efe 1:17-19).

[327] "Lo cual [el poder de Dios] obró en Cristo, resucitándole de los muertos, y colocándole a su diestra en los cielos, sobre todo principado, y potestad, y potencia, y señorío, y todo nombre que se nombra, no solo en este siglo, más aun en el venidero" (Efe 1:20-21).

[328] "Y sometió todas las cosas debajo de sus pies, y le dio por cabeza sobre todas las cosas a la iglesia, la cual es su cuerpo, la plenitud de aquel que [todo lo llena en todo]" (Efe 1:22-23).

[329] "Y de ella recibisteis vosotros, que estabais muertos en vuestros delitos y pecados, en que en otro tiempo anduvisteis conforme a la condición de este mundo, conforme al príncipe de la potestad del aire, el espíritu que ahora obra en los hijos de desobediencia: entre los cuales todos nosotros también vivimos en otro tiempo en los deseos de nuestra carne, haciendo la voluntad de la carne y de los pensamientos; y éramos por naturaleza hijos de ira, también como los demás" (Efe 2:1-3).

[330] "Pero Dios, que es rico en misericordia, por su mucho amor con que nos amó, aun estando nosotros muertos en pecados, nos dio vida juntamente con Cristo; por gracia sois salvos; y juntamente nos resucitó, y asimismo nos hizo sentar en los cielos con Cristo Jesús" (Efe 2:4-6).

[331] "Porque por gracia sois salvos por la fe; y esto no de vosotros, pues es don de Dios; no por obras, para que nadie se gloríe" (Efe 2:8-9).

más adelante en la epístola, el plan de Dios para los creyentes incluye un cambio de estilo de vida.[332]

La mayoría de los receptores de la epístola de Pablo no son judíos, y les recuerda, que a pesar de no haber sido escogidos por Dios antes, ahora tienen el mismo libre acceso a Dios como sus hermanos en Cristo de ascendencia judía.[333] En Cristo tanto judíos como gentiles han sido reconciliados con Dios.[334] La Ley de Moisés, hizo que muchos judíos se sintieran superiores a los gentiles; pero ahora, esta ya no representa la autoridad final para el creyente, aunque varios de los acuerdos éticos reflejados en la Ley, todavía tienen validez. El nuevo pueblo de Dios, la iglesia, conformado tanto por cristianos judíos como por gentiles, representa una ruptura de la enemistad anterior entre estos grupos y, entre estos y Dios.[335] El hecho de que los cristianos gentiles sean participantes en la salvación, está fundamentado en las enseñanzas de los apóstoles y los profetas en el Nuevo Testamento. Aquellos tienen al mismo Jesús y sus enseñanzas como la base de su doctrina.[336]

A partir de que los cristianos no judíos forman parte igual del pueblo de Dios con los cristianos judíos,[337] Pablo ora para que los

---

[332] "Porque somos hechura suya, creados en Cristo Jesús para buenas obras, las cuales Dios preparó para que anduviésemos en ellas" (Efe 2:10).

[333] "Por tanto, acordaos que en otro tiempo vosotros los gentiles en la carne, que erais llamados incircuncisión por la que se llama circuncisión, hecha con mano en la carne; que en aquel tiempo estabais sin Cristo, alejados de la república de Israel, y extranjeros a los pactos de la promesa, sin esperanza y sin Dios en el mundo. Mas ahora en Cristo Jesús, vosotros que en otro tiempo estabais lejos, habéis sido hechos cercanos por la sangre de Cristo" (Efe 2:11-13).

[334] "Porque él es nuestra paz, que de ambos hizo uno, derribando la pared intermedia de separación" (Efe 2:14).

[335] "Y vino, y anunció la paz a vosotros que estabais lejos, y a los que estaban cerca; que por él los unos y los otros tenemos entrada por un mismo Espíritu al Padre. Así que ya no sois extranjeros ni advenedizos" (Efe 2:17-19).

[336] "Así que ya no sois extranjeros ni advenedizos, sino juntamente ciudadanos con los santos, y [miembros de la familia] de Dios; edificados sobre el fundamento de los apóstoles y profetas, siendo la principal piedra del ángulo Jesucristo mismo" (Efe 2:19-20).

[337] "A saber, que por revelación me fue declarado el misterio, como antes he escrito en breve; leyendo lo cual podéis entender cuál sea mi inteligencia en el misterio de Cristo; el cual misterio en los otros siglos no se dio a conocer a los hijos de los hombres como ahora es revelado a sus santos apóstoles y profetas en el Espíritu:

creyentes tengan una misma experiencia del poder de Dios y que igualmente conozcan y reflejen el amor de Cristo.[338]

El poder de Dios y el amor de Cristo aquí parecen apuntar a lo mismo, a capacitar a los creyentes para andar "como es digno de la vocación con que [son] llamados" (Efe 4:1); lo que implica este llamado se especifica en los capítulos siguientes. Como solo hay un pueblo de Dios que está formado por cristianos judíos y gentiles, los cuales comparten la misma fe y esperanza de salvación, dicha salvación debe reflejarse en hechos prácticos.[339] Por supuesto Dios ha dado diferentes dones espirituales a cada uno,[340] pero estas facultades, como por ejemplo el don de apóstol, profeta, evangelista, pastor o maestro, son dados para que los creyentes crezcan espiritualmente y reflejen su identidad cristiana.[341]

Los receptores de la epístola son exhortados a "que no andéis más como los otros gentiles que andan en la vanidad de su sentido" (Efe 4:17), "teniendo el entendimiento entenebrecido, ajenos de la vida de Dios" (Efe 4:18). Así vivían antes de recibir a Cristo, pero este estilo

---

que los gentiles sean juntamente herederos, e incorporados, y consortes de su promesa en Cristo por el evangelio" (Efe 3:3-6).

[338] "Que os dé, conforme a las riquezas de su gloria, el ser corroborados con potencia en el hombre interior por su Espíritu. Que habite Cristo por la fe en vuestros corazones; para que, arraigados y fundados en amor, podáis bien comprender con todos los santos cuál sea la anchura y la [longitud] y la profundidad y la altura, y conocer el amor de Cristo, que excede a todo conocimiento, para que seáis llenos de toda la plenitud de Dios" (Efe 3:16-19).

[339] "Con toda humildad y mansedumbre, con paciencia soportando los unos a los otros en amor; solícitos a guardar la unidad del Espíritu en el vínculo de la paz. Un cuerpo, y un Espíritu; como sois también llamados a una misma esperanza de vuestra vocación; un Señor, una fe, un bautismo, un Dios y Padre de todos, el cual es sobre todas las cosas, y por todas las cosas, y en todos vosotros" (Efe 4:2-6).

[340] "Pero a cada uno de nosotros es dada la gracia conforme a la medida del don de Cristo" (Efe 4:7).

[341] "Y él mismo dio unos, ciertamente apóstoles; y otros, profetas; y otros, evangelistas; y otros, pastores y maestros; para perfección de los santos, para la obra del ministerio, para edificación del cuerpo de Cristo; hasta que todos lleguemos a la unidad de la fe y del conocimiento del Hijo de Dios, a un varón perfecto, a la medida de la edad de la plenitud de Cristo. Que ya no seamos niños fluctuantes, y llevados por doquiera de todo viento de doctrina, por estratagema de hombres que, para engañar, emplean con astucia los artificios del error: antes siguiendo la verdad en amor, crezcamos en todas cosas en aquel que es la cabeza, a saber, Cristo" (Efe 4:11-15).

de vida tiene que ser cambiado por otro que refleje los principios de Cristo.[342] Entre otras cosas, deben acabar con la mentira y el robo, controlar la ira y mostrar bondad tanto en palabra como en acciones.[343] Entre otras cosas, Pablo apela al ejemplo abnegado de Jesús.[344]

Andar "como es digno de la vocación con que [cada uno es] llamado" (Efe 4:1), es ilustrado tanto en la relación mutua entre hombre y mujer[345] como en la de padres e hijos[346] y la de amos y esclavos.[347] Incluso es una especificación de lo que implica 'dejar' "el viejo hombre" (Efe 4:22) y "vestir el nuevo hombre" (Efe 4:24).

---

[342] "A que dejéis, cuanto a la pasada manera de vivir, el viejo hombre que está viciado conforme a los deseos [engañosos]; y a renovaros en el espíritu de vuestra mente, y vestir el nuevo hombre que es creado conforme a Dios en justicia y en santidad de verdad" (Efe 4:22-24).

[343] "Por lo cual, dejada la mentira, hablad verdad cada uno con su prójimo; porque somos miembros los unos de los otros. Airaos, y no pequéis; no se ponga el sol sobre vuestro enojo; ni deis lugar al diablo. El que hurtaba, no hurte más; antes trabaje, obrando con sus manos lo que es bueno, para que tenga de qué dar al que padeciere necesidad. Ninguna palabra torpe salga de vuestra boca, sino la que sea buena para edificación, para que dé gracia a los oyentes" (Efe 4:25-29).

[344] "Sed, pues, imitadores de Dios como hijos amados: y andad en amor, como también Cristo nos amó, y se entregó a sí mismo por nosotros, ofrenda y sacrificio a Dios en olor suave" (Efe 5:1-2).

[345] "Las casadas estén sujetas a sus propios maridos, como al Señor. Porque el marido es cabeza de la mujer, así como Cristo es cabeza de la iglesia; y él es el que da la salvación al cuerpo. Así que, como la iglesia está sujeta a Cristo, así también las casadas lo estén a sus maridos en todo. Maridos, amad a vuestras mujeres, así como Cristo amó a la iglesia, y se entregó a sí mismo por ella" (Efe 5:22-25).

[346] "Hijos, obedeced en el Señor a vuestros padres; porque esto es justo. Honra a tu padre y a tu madre, que es el primer mandamiento con promesa, para que te vaya bien, y seas de larga vida sobre la tierra. Y vosotros, padres, no provoquéis a ira a vuestros hijos; sino criadlos en disciplina y amonestación del Señor" (Efe 6:1-4).

[347] "Siervos, obedeced a vuestros amos según la carne con temor y temblor, con sencillez de vuestro corazón, como a Cristo; no sirviendo al ojo, como los que agradan a los hombres; sino como siervos de Cristo, haciendo de ánimo la voluntad de Dios; sirviendo con buena voluntad, como al Señor, y no a los hombres; sabiendo que el bien que cada uno hiciere, esto recibirá del Señor, sea siervo o sea libre, y vosotros, amos, haced a ellos lo mismo, dejando las amenazas: sabiendo que el Señor de ellos y vuestro está en los cielos, y que no hay acepción de personas con él" (Efe 6:5-9).

Los creyentes, no obstante, no solamente tienen una lucha contra pecado, sino también contra espíritus hostiles.[348] Para permanecer en victoria, cada uno depende de la ayuda y el poder de Dios.[349] Pablo toma como punto de partida algunas de las armas defensivas y ofensivas de la antigüedad para ilustrar la preparación que Dios nos ha dado en nuestra lucha contra el enemigo espiritual.[350] A este respecto está mencionando el delantal de cuero que estaba colgado por debajo de la armadura del soldado romano y que le protegía los muslos contra golpes de espada. Este "cinturón" ilustra como vivir de conformidad con la verdad (según la exhortación previa de Pablo) para no darse por vencido en la lucha contra el enemigo. De igual manera, la plancha de metal que protegía la zona del pecho es comparada con la "justicia". Seguramente aquí Pablo se refiere a la justificación moral, es decir, que, con Cristo como modelo, el creyente actuará justamente con otras personas.[351] Las sandalias de cuero (cáligas) con sus clavos de hierro por debajo de las suelas daban pie firme a los soldados romanos. Esas sandalias sirvieron a Pablo para enfatizar la importancia de estar en estado de alerta, preparado y listo para el combate espiritual.[352] El gran escudo del soldado de infantería (el *scutum* romano) que cubría el cuerpo entero contra los ataques de flecha, es comparado con la "fe"[353] y, probablemente se refiere a poner la confianza en las promesas de Dios, para tener protección. El casco de bronce que protegía la cabeza y las mejillas es relacionado con la salvación, y a lo mejor no se piensa aquí en la salvación final, sino en la autoridad que tiene el creyente en Cristo. La espada, en cambio, está identificada con "la espada del Espíritu",

---

[348] "Porque no tenemos lucha contra sangre y carne; sino contra principados, contra potestades, contra señores del mundo, gobernadores de estas tinieblas, contra malicias espirituales en los aires" (Efe 6:12).

[349] "Vestíos de toda la armadura de Dios, para que podáis estar firmes contra las asechanzas del diablo" (Efe 6:11).

[350] O'Brien, *The Letter to the Ephesians* (1999), pp. 472-82.

[351] "Estad pues firmes, ceñidos vuestros lomos de verdad, y vestidos de la cota de justicia" (Efe 6:14).

[352] "Y calzados los pies con el apresto del evangelio de paz" (Efe 6:15).

[353] "Sobre todo, tomando el escudo de la fe, con que podáis apagar todos los dardos de fuego del maligno" (Efe 6:16).

y se refiere a la palabra de Dios.[354] El *gladius* romano, una espada de 60-70 centímetros, servía como un arma eficaz, punzante en lucha cuerpo a cuerpo con el enemigo. La idea quizás sea que el Espíritu hace eficaz la Palabra de Dios cuando se predica el evangelio con fe. El combate contra los espíritus malos se ve en gran medida relacionado con la extensión del evangelio y por ello, Pablo exhorta a los creyentes a que sean activos en oración intercediendo por otros creyentes y, por él mismo, para que el evangelio avance.[355]

La epístola a los filipenses

Mientras que las tres primeras epístolas del cautiverio fueron enviadas a iglesias dentro de la Turquía actual, la última estaba dirigida a una iglesia geográficamente europea. Parece haber sido enviada desde Roma dentro del período 60-62 d.C.

La iglesia de Filipos fue fundada durante el segundo viaje misionero de Pablo. Él disfrutaba de una relación cercana con la iglesia y los visitó por lo menos dos veces durante su tercer viaje misionero alrededor de los años 54-55 y 55-56 d.C.;[356] además les envió a Timoteo en al menos una ocasión.[357] Esta iglesia se menciona varias veces, de manera positiva por haber apoyado económicamente a Pablo.[358]

---

[354] "Tomen también el casco de la salvación y la espada del Espíritu, que es la palabra de Dios" (Efe 6:17).

[355] "Orando en todo tiempo con [todo ruego] y súplica en el Espíritu, y velando en ello con toda instancia y suplicación, por todos los santos, Y por mí, para que me sea dada palabra en el abrir de mi boca con confianza, para hacer notorio el misterio del evangelio" (Efe 6:18-19).

[356] "Y después que cesó el alboroto [en Éfeso], llamando Pablo a los discípulos, habiéndoles exhortado y abrazado, se despidió, y partió para ir a Macedonia. Y andado que hubo aquellas partes, y exhortándoles con abundancia de palabra, vino a Grecia. Y después de haber estado allí tres meses, y habiendo de navegar a Siria, le fueron puestas asechanzas por los judíos; y así tomó consejo de volverse por Macedonia" (Hch 20:1-3). "Y nosotros [...] navegamos de Filipos" (Hch 20:6). O'Brien, *The Epistle to the Philippians. A Commentary on the Greek Text* (1991), p. 8.

[357] "Y enviando a Macedonia a dos de los que le ayudaban, Timoteo y Estasto, él se estuvo por algún tiempo en Asia" (Hch 19:22).

[358] "Y sabéis también vosotros, oh Filipenses, que al principio del evangelio, cuando partí de Macedonia, ninguna iglesia me comunicó en razón de dar y recibir sino vosotros solos. Porque aun a Tesalónica me enviasteis lo necesario una y dos veces"

El contexto al escribir la epístola a los filipenses es que la iglesia, después de haberse enterado del cautiverio de Pablo, había enviado a Epafrodito con una ofrenda para brindarle ayuda material; pero Epafrodito enfermó y estaba a punto de morir. No sabemos si aquello pasó durante su viaje o después de llegar a Roma. Aparentemente la iglesia de Filipos se había enterado, y para apaciguarla o, tal vez también para enviarles una carta, Pablo optó por devolver a Epafrodito.[359] La epístola también intenta tranquilizarlos con relación a su propia situación en la cárcel mientras él está esperando su salida – aún no sabía si sería liberado o no. Una última razón para escribir la epístola es que Pablo quería advertir a la iglesia contra una herejía judeocristiana. Esta herejía se puede combatir entre otras cosas fortaleciendo la unidad interna de la iglesia.

Pablo empieza la epístola contando que está orando por ellos para que tengan más amor, probablemente el uno hacia el otro como hermanos en Cristo y que ese amor los beneficiaría en situaciones prácticas dentro de la iglesia.[360]

Varios miembros pueden haberse sentido preocupados no solo por Pablo, personalmente, sino por su cautiverio como tal, porque este podría tener consecuencias negativas para la extensión del evangelio. Sin embargo, Pablo da noticias alentadoras, su cautiverio

---

(Fil 4:15-16). "Asimismo, hermanos, os hacemos saber la gracia de Dios que ha sido dada a las iglesias de Macedonia: que en grande prueba de tribulación, la abundancia de su gozo y su profunda pobreza abundaron en riquezas de su bondad. Pues de su grado han dado conforme a sus fuerzas, yo testifico, y aun sobre sus fuerzas" (2 Cor 8:1-3).

[359] "Mas tuve por cosa necesaria enviaros a Epafrodito, mi hermano, y colaborador y compañero de milicia, y vuestro mensajero, y ministrador de mis necesidades; porque tenía gran deseo de ver a todos vosotros, y gravemente se angustió porque habíais oído que había enfermado. Pues en verdad estuvo enfermo a la muerte: mas Dios tuvo misericordia de él; y no solamente de él, sino aun de mí, para que yo no tuviese tristeza sobre tristeza, así que le envío más presto, para que viéndole os volváis a gozar, y yo esté con menos tristeza. Recibidle pues en el Señor con todo gozo; y tened en estima a los tales: porque por la obra de Cristo estuvo cercano a la muerte, poniendo su vida para suplir vuestra falta, en mi servicio" (Fil 2:25-30).

[360] "Y esto ruego, que vuestro amor abunde aun más y más en ciencia y en todo conocimiento, para que discernáis lo mejor; que seáis sinceros y sin ofensa para el día de Cristo" (Fil 1:9-10). O'Brien, *The Epistle to the Philippians. A Commentary on the Greek Text* (1991), p. 74.

ha sido positivo para otros creyentes que han experimentado un aumento de confianza y valentía para predicar el evangelio.[361] Muchos de ellos apreciaron el ministerio de Pablo, mientras que otros parecen tener otros motivos, en parte impuros.[362] Tal vez el primer grupo reconoció el cautiverio de Pablo como parte del plan de Dios para que el evangelio tuviera una extensión más amplia, mientras que el otro no era capaz de ver la obra de Dios a través de los sufrimientos de él. Pablo llega a afirmar que algunos buscaron aumentar sus sufrimientos,[363] posiblemente apuntando a sus penas internass; por ejemplo, que se sentiría menos importante si supiera que el evangelio continúa avanzando a través de ellos. Pablo, al contrario, se alegró del avance del evangelio, independientemente de si era predicado por motivos impuros.[364]

Pablo percibe estar donde Dios quiere que esté y está confiado en su salvación final a la segunda venida de Jesús. Independientemente de ser librado o juzgado, tiene confianza en la intercesión de los filipenses y en la intervención de Dios. En tal caso, es cosa secundaria si le van a poner en libertad o ser llevado a la muerte, su meta primaria es que Dios sea glorificado a través de su vida.[365] En cierto sentido la vida no tiene ninguna importancia separado de Cristo, así que preferiría morir para poder participar de una comunión más profunda

---

[361] "Y quiero hermanos, que sepáis que las cosas que me han sucedido, han redundado más en provecho del evangelio; de manera que mis prisiones han sido célebres en Cristo en todo el pretorio, y a todos los demás. Y muchos de los hermanos en el Señor, tomando ánimo con mis prisiones se atreven mucho más a hablar la palabra sin temor" (Fil 1:12-14).

[362] "Y algunos, a la verdad, predican a Cristo por envidia y porfía; mas algunos también por buena voluntad. Los unos anuncian a Cristo por contención, no sinceramente, pensando añadir aflicción a mis prisiones. Pero los otros por amor, sabiendo que soy puesto por la defensa del evangelio" (Fil 1:15-17).

[363] "Los unos anuncian a Cristo por contención, no sinceramente, pensando añadir aflicción a mis prisiones" (Fil 1:16).

[364] "¿Qué pues? Que no obstante, en todas maneras, o por pretexto o por verdad, es anunciado Cristo; y en esto me [gozo], y aun me [gozaré]" (Fil 1:18). O'Brien, *The Epistle to the Philippians. A Commentary on the Greek Text* (1991), pp. 101-5.

[365] "Porque sé que esto se me tornará a [liberación], por vuestra oración, y por la suministración el Espíritu de Jesucristo, conforme a mi mira y esperanza, que en nada seré confundido; antes bien con toda confianza, como siempre, ahora también será engrandecido Cristo en mi cuerpo, o por vida, o por muerte" (Fil 1:19-20).

con Él. Al mismo tiempo reconoce que es más útil vivo[366] y también parece sentirse seguro de que le van a poner en libertad y que él será de bendición para los filipenses.[367]

Como es el caso en varias de sus epístolas, Pablo anima a los filipenses a vivir para honrar a Dios, manifestando una unidad mutua y extendiendo activamente el evangelio.[368] Evidentemente los filipenses están experimentando una presión externa. Posiblemente se trata de persecución o amenazas de persecución. Pablo los exhorta a no temer; el sufrir forma parte de ser un seguidor de Jesucristo y es una muestra de su salvación final, en la segunda venida de Jesús.[369]

Pablo concreta lo que quiere decir con vivir para honrar a Dios, implica dar preferencia a los demás, en vez de a uno mismo.[370] Los miembros son animados a seguir el ejemplo del mismo Jesús. Éste participaba completamente del esplendor de Dios antes del milagro de la encarnación. Cuando fue hecho hombre no hizo ningún intento como ser humano para aprovecharse del hecho de que también era Dios.[371] Jesús nunca dejó de ser Dios, pero voluntariamente renunció

---

[366] "Porque para mí el vivir es Cristo, y el morir es ganancia. Mas si el vivir en la carne, esto me será para fruto de la obra, no sé entonces que escoger; porque de ambas cosas estoy puesto en estrecho, teniendo deseo de ser desatado, y estar con Cristo, lo cual es mucho mejor; [pero] quedar en la carne es más necesario por causa de vosotros" (Fil 1:21-24).

[367] "Y confiado en esto, sé que quedaré, que aun permaneceré con todos vosotros, para provecho vuestro y gozo de la fe; para que crezca vuestra gloria de mí en Cristo Jesús por mi venida otra vez a vosotros" (Fil 1:25-26).

[368] "Solamente que converséis como es digno del evangelio de Cristo; para que, o sea que vaya a veros, o que esté ausente, oiga de vosotros que estáis firmes en un mismo espíritu, unánimes combatiendo juntamente por la fe del evangelio" (Fil 1:27).

[369] "[…] y no siendo intimidados de ninguna manera por los adversarios. Para ellos esta fe es indicio de perdición, pero para ustedes es indicio de salvación; y esto procede de Dios. Porque se les ha concedido a ustedes a causa de Cristo, no solamente el privilegio de creer en él sino también el de sufrir por su causa. Así tendrán el mismo conflicto que han visto y qua ahora oyen que sigue en mí" (Fil 1:28-30). O'Brien, *The Epistle to the Philippians. A Commentary on the Greek Text* (1991), pp. 152-3.

[370] "Nada hagáis por contienda o por vanagloria; antes bien en humildad, estimándoos inferiores los unos a los otros: no mirando cada uno a lo suyo propio, sino cada cual también a lo de los otros" (Fil 2:3-4).

[371] "Haya, pues, en vosotros este sentir que hubo también en Cristo Jesús: el cual, siendo en forma de Dios, no tuvo por usurpación ser igual a Dios; sin embargo, se

a sus derechos y privilegios que implicaban serlo. De manera correspondiente a los esclavos de la antigüedad a quienes les faltaban derechos, Jesús fue "hecho obediente hasta la muerte" (Fil 2:8). A través de su resurrección, Jesús fue exaltado de nuevo[372] y lo mismo sucederá con los creyentes en el último día, si siguen el ejemplo abnegado de Jesús durante su vida en la tierra.

Pablo elogia a la iglesia justamente por haber seguido aquel ejemplo, y anima a los creyentes a continuar con ese estilo de vida. Es el mismo Dios quien ha creado ese deseo interior de vivir para glorificarle a Él.[373] Por tal motivo Pablo se alegrará, aunque tenga que sufrir el martirio y exhorta a los filipenses a asumir la misma actitud.[374] Aun así, Pablo está confiado en que le van a poner en libertad y que de nuevo podrá ver a los filipenses, si bien espera poder enviar con anticipación a su colaborador, Timoteo.[375]

Sin preámbulos, Pablo exhorta a tener cuidado con una herejía inspirada por el judaísmo y parece ser un tema que ya antes había

---

[despojó] a sí mismo, tomando forma de siervo, hecho semejante a los hombres; y hallado en la condición como hombre, se humilló a sí mismo, hecho obediente hasta la muerte, y muerte de cruz" (Fil 2:5-8).

[372] "Por lo cual Dios también le ensalzó a lo sumo, y le dio un nombre que es sobre todo nombre; para que en el nombre de Jesús se doble toda rodilla de los que están en los cielos, y de los que en la tierra, y de los que debajo de la tierra; y toda lengua confiese que Jesucristo es el Señor, a la gloria de Dios Padre" (Fil 2:9-11).

[373] "Por tanto, amados míos, como siempre habéis obedecido, no como en mi presencia solamente, sino mucho más ahora en mi ausencia, ocupaos en vuestra salvación con temor y temblor; porque Dios es el que en vosotros obra así en querer como el hacer, por su buena voluntad. Haced todo sin murmuraciones y contiendas, Para que seáis irreprensibles y sencillos, hijos de Dios sin culpa en medio de la generación maligna y perversa" (Fil 2:12-15).

[374] "Y aun si soy derramado en libación sobre el sacrificio y servicio de vuestra fe, me gozo y congratulo por todos vosotros. Y asimismo gozaos también vosotros, y regocijaos conmigo" (Fil 2:17-18).

[375] "Mas espero en el Señor Jesús enviaros presto a Timoteo, para que yo también esté de buen ánimo, entendido vuestro estado. Porque a ninguno tengo tan unánime, y que con sincera afición esté solícito por vosotros. Porque todos buscan lo suyo propio, no lo que es de Cristo Jesús. Pero la experiencia de él habéis conocido, que como hijo a padre ha servido conmigo en el evangelio. Así que a éste espero enviaros, luego que yo viere cómo van mis negocios; y confío en el Señor que yo también iré presto a vosotros" (Fil 2:19-24).

tocado con los filipenses.[376] No sabemos si por herejes se refiere a judíos, judeocristianos, o gentiles que han sido reclutados por una forma del judaísmo. En términos irónicos Pablo escribe: "Guardaos de los perros, guardaos de los malos obreros, guardaos [de los mutiladores del cuerpo]" (Fil 3:2), donde la última expresión evidentemente es una referencia negativa a la circuncisión. Aunque los herejes se consideraban a sí mismos colaboradores de Dios, son ellos mismos los que según Pablo deben ser considerados como 'gentiles' incircuncisos, mientras él mismo y los filipenses son los verdaderos circuncidados, los que constituyen el pueblo del pacto con Dios.[377] No es que Pablo fuera inferior a los herejes, pues si optara por apelar a sus propios criterios, él es verdadero judío, circuncidado de conformidad con los mandamientos del antiguo pacto y, en su celo por la Ley, ha perseguido a la iglesia antes de su propia conversión cristiana.[378] Toda aquella ascendencia judía, circuncisión e irreprochabilidad en cuanto a la Ley del antiguo pacto, Pablo, en retrospectiva, lo considera como insignificante. Ahora, lo significativo para él, es conocer a Cristo y ser conocido por Él. El conocer a Cristo incluye, como antes se ha indicado, tener comunión con Cristo en sus sufrimientos y experimentar el poder de Dios con el objetivo de soportar estos mismos. Lo último parece implicar reconocer que lo supuestamente negativo en su vida es algo que Dios activamente utiliza para que cada creyente sea más parecido a Cristo en su vivir cotidiano. La meta obviamente es obtener la salvación final.[379]

---

[376] "A mí, a la verdad, no es molesto el escribiros las mismas cosas, y para vosotros es seguro" (Fil 3:1). O'Brien, *The Epistle to the Philippians. A Commentary on the Greek Text* (1991), pp. 347-8.

[377] "Porque nosotros somos la circuncisión, los que servimos en espíritu a Dios, y nos gloriamos en Cristo Jesús, no teniendo confianza en la carne" (Fil 3:3).

[378] "Aunque yo tengo también de qué confiar en la carne. Si alguno parece que tiene de qué confiar en la carne, yo más: circuncidado al octavo día, del linaje de Israel, de la tribu de Benjamín, hebreo de hebreos; cuanto a la ley, fariseo; cuanto al celo, perseguidor de la iglesia; cuanto a la justicia que es en la ley, irreprensible" (Fil 3:4-6). El hecho de que Pablo describe su vida antes de su conversión cristiana como "cuanto a la justicia que es en la ley, irreprensible", probablemente se refiere a su conducta según pudo ser observada por los demás. Los pecados ocultos de Pablo, como por ejemplo concupiscencia (Rom 7:7-9), no están incluidos en su descripción de sí mismo en Fil 3:6.

[379] "Pero las cosas que para mí eran ganancias, [las he estimado como pérdida] por amor de Cristo. Y ciertamente, aun [estimo] todas las cosas pérdida por el eminente

Pablo no ha alcanzado su meta, ni de perfección ni de conocimiento de Cristo como sucederá en su último día. Tal vez encontramos aquí una crítica a los herejes que posiblemente pensaban acerca de sí mismos que ya habían alcanzado la perfección. Nada, ni recuerdos positivos acerca de cómo Dios lo había utilizado antes ni recuerdos negativos sobre fracasos, van a obstaculizar a Pablo en seguir poniendo su mirada en Cristo y exhorta a los filipenses a asumir esa misma actitud.[380]

No solamente los anima a ser seguidores de Cristo, sino también a modelar sus vidas de conformidad con él y con otros que ya lo hacen.[381] Seguir a Cristo de esa manera será un contrapeso eficaz a una influencia destructiva; por ejemplo, la de los herejes ya mencionados. Ellos "piensan solamente en lo terrenal" (Fil 3:19) en vez de ser verdaderos seguidores de Cristo. Pablo y los filipenses, al contrario, son ciudadanos de un reino celestial y viven de conformidad con la perspectiva de que Jesús es el Señor y que va a volver.[382]

En sus exhortaciones finales Pablo anima a los filipenses a que estén "firmes en el Señor" (Fil 4:1), y como previamente les ha expresado en la epístola, probablemente también aquí se refiere a una

---

conocimiento de Cristo Jesús, mi Señor, por amor del cual lo he perdido todo y [lo tengo por basura], para ganar a Cristo, y ser hallado en él, no teniendo mi justicia, que es por la ley, sino la que es por la fe de Cristo, la justicia que es de Dios por la fe; a fin de conocerle, y la virtud de su resurrección, y la participación de sus padecimientos, en conformidad a su muerte, si en alguna manera llegase a la resurrección de los muertos" (Fil 3:7-11).

[380] "No que ya haya alcanzado, ni que ya sea perfecto; sino que prosigo por ver si alcanzo aquello para lo cual fui también alcanzado de Cristo Jesús. Hermanos, yo mismo no hago cuenta de haberlo ya alcanzado; pero una cosa hago: olvidando ciertamente lo que queda atrás, y extendiéndome a lo que está delante, prosigo al blanco, al premio de la soberana vocación de Dios en Cristo Jesús. Así que, todos los que somos perfectos, esto mismo sintamos; y si otra cosa sentís, esto también os revelará Dios" (Fil 3:12-15). Interpreto la palabra "perfecto" en el versículo 15 como "espiritualmente maduro".

[381] "Hermanos, sed imitadores de mí, y mirad los que así anduvieron como nos tenéis por ejemplo" (Fil 3:17).

[382] "Porque muchos andan, de los cuales os dije muchas veces, y aun ahora lo digo llorando, que son enemigos de la cruz de Cristo: cuyo fin será perdición, cuyo dios es el vientre, y su gloria es en confusión; que sienten lo terreno. Mas nuestra vivienda es en los cielos; de donde también esperamos al Salvador, al Señor Jesucristo" (Fil 3:18-20).

unidad mutua dentro de la iglesia[383] y a una extensión activa del evangelio. Otra vez los anima a regocijarse, evidentemente no dependiendo de las circunstancias que puedan enfrentar. En vez de preocuparse deben buscar a Dios en oración y agradecimiento.[384] Antes de finalmente saludar a sus colaboradores, Pablo agradece a la iglesia por la ofrenda entregada por Epafrodito. Pablo de verdad se siente agradecido, pero señala que está acostumbrado tanto a tener poco como a tener en abundancia y que Dios le ha enseñado a "soportar" ambas situaciones: "Todo lo puedo en Cristo que me fortalece" (Fil 4:13).

Las cartas pastorales

Estas epístolas hacen referencia a las dos cartas que Pablo escribió a su colaborador Timoteo y a una única carta para su colaborador Tito. No sabemos con seguridad cuál de las dos fue escrita primero (si la primera epístola a Timoteo o la epístola a Tito), pero sí sabemos que la segunda epístola a Timoteo fue la última escrita de las tres.

La epístola a Tito

Tito es un colaborador de Pablo mencionado doce veces en el Nuevo Testamento, entre otras cosas, por su obra en Corinto. El trasfondo de esta epístola es que Tito y Pablo habían cooperado en Creta, y el primero se había quedado en la isla para nombrar líderes en las diferentes ciudades donde habían fundado iglesias.[385] Al final de la epístola Pablo pide a Tito encontrarse más tarde con él en la ciudad de Nicópolis, en la costa del oeste de Grecia,[386] petición que este aparentemente cumplió ya que estuvo con Pablo antes de ir a

---

[383] "A Evodia ruego, y a Síntique exhorto, que sientan lo mismo en el Señor" (Fil 4:2).

[384] "Gozaos en el Señor siempre: otra vez digo: que os gocéis. Vuestra modestia sea conocida de todos los hombres. El Señor está cerca. Por nada estéis afanosos; sino sean notorias vuestras peticiones delante de Dios en toda oración y ruego, con [acción] de gracias" (Fil 4:4-6).

[385] "Por esta causa te dejé en Creta, para que corrigieses lo que falta, y pusieses ancianos por las villas, así como yo te mandé" (Tito 1:5).

[386] "Cuando enviare a ti a Artemas, o a Tíquico, procura venir a mí, a Nicópolis: porque allí he determinado invernar" (Tito 3:12).

Dalmacia, previamente a la escritura de la segunda epístola a Timoteo.[387] Posiblemente la epístola a Tito fue escrita entre los años 61 y 63 d.C.

Constantemente, en sus epístolas, Pablo está interesado en que los creyentes manifiesten confianza y obediencia a Dios para que en sus vidas Él sea glorificado, y tal vez esto es a lo que se refiere cuando inicialmente escribe: "Pablo, siervo de Dios, y apóstol de Jesucristo, según la fe de los escogidos de Dios, y el conocimiento de la verdad que es según la piedad" (Tito 1:1).

Una parte de la fe y la verdad que Pablo quiere transmitir tiene que ver con las cualidades de los líderes de una iglesia. Estos deben tener testimonio de una conducta intachable, además deben poder corregir y confrontar enseñanzas heréticas.[388] Una razón para esto último es el desafío suscitado por los cristianos judíos que estuvieron predicando herejías y a quienes se refirieron como "rebeldes", además de ser "muchos".[389] Es así que Tito recibió órdenes de amonestarlos estrictamente.[390] En cuanto a cómo corregirlos, Pablo lo indica más adelante en la misma epístola. Parece que los herejes hacían cierto énfasis en "la pureza", y Pablo escribe que "Todas las cosas son limpias a los limpios" (Tito 1:15), lo cual implica que todos los que han sido lavados por Cristo son puros, mientras que los que

---

[387] "Porque Demas me ha desamparado, amando este mundo, y se ha ido a Tesalónica; Crescente a Galacia, Tito a Dalmacia" (2 Tim 4:10).

[388] "Sea el anciano irreprensible, marido de una sola mujer, que tenga hijos creyentes que no sean acusados como libertinos o rebeldes. Porque es necesario que el obispo sea irreprensible como mayordomo de Dios; que no sea arrogante ni de mal genio ni dado al vino ni pendenciero ni ávido de ganancias deshonestas. Antes bien, debe ser hospitalario, amante de lo bueno, prudente, justo, santo y dueño de sí mismo; que sepa retener la palabra fiel conforme a la doctrina para que pueda exhortar con sana enseñanza y también refutar a los que se oponen" (Tito 1:6-9).

[389] "Porque hay aún muchos contumaces, habladores de vanidades, y engañadores de las almas, mayormente los que son de la circuncisión, a los cuales es preciso tapar la boca; que trastornan casas enteras; enseñando lo que no conviene, por torpe ganancia" (Tito 1:10-11).

[390] "Por tanto, repréndelos duramente, para que sean sanos en la fe, no atendiendo a fábulas judaicas, y a mandamientos de hombres que se apartan de la verdad" (Tito 1:13-14).

no, como por ejemplo los herejes mismos, a través de los mandamientos de purificación son del todo impuros.[391]

A través de Tito, Pablo también expresa otras exhortaciones para los hombres y las mujeres de la iglesia, tanto a los mayores como a los jóvenes. Lo que todas las exhortaciones tienen en común es que los miembros deben vivir de conformidad con el evangelio para que no haya motivo de burla. También es importante que Tito sea consciente de su rol como ejemplo para los demás.[392]

En cuanto a los esclavos, Pablo les exhorta a que obedezcan a sus amos. Entre otros mandamientos no deben robar, cosa que probablemente se refiere a la tentación de hacerse con objetos de poca valía o incluso de tomar cantidades poco significativas que no fuesen notorias.[393] Es obvio que un encuentro verdadero con Cristo, o sea un encuentro con "la gracia de Dios" (Tito 2:11) causará un arrepentimiento personal.[394]

Pablo pide a Tito enseñar a la iglesia la importancia de someterse a las autoridades civiles, además de mostrar bondad hacia los de

---

[391] "Todas las cosas son limpias a los limpios; mas a los contaminados e infieles nada es limpio: antes su alma y conciencia están contaminadas. Se profesan conocer a Dios; mas con los hechos lo niegan, siendo abominables y rebeldes, reprobados para toda buena obra" (Tito 1:15-16). Cf. Knight III, *The Pastoral Epistles. A Commentary on the Greek Text* (1992), pp. 301-4.

[392] "[Pero] tú, habla lo que conviene a la sana doctrina: que los [ancianos] sean [sobrios, serios,] prudentes, sanos en la fe, en la caridad, en la paciencia. Las [ancianas], asimismo, se distingan en un porte santo; no calumniadoras, no dadas a mucho vino, maestras de honestidad: que enseñen a las mujeres jóvenes a ser prudentes, a que amen a sus maridos, a que amen a sus hijos, a ser templadas, castas, que tengan cuidado de la casa, buenas, sujetas a sus maridos; para que la palabra de Dios no sea blasfemada. Exhorta asimismo a los [jóvenes] a que sean comedidos; mostrándote en todo por ejemplo de buenas obras; en doctrina haciendo ver integridad, [seriedad], palabra sana, e irreprensible; que el adversario se avergüence, no teniendo mal ninguno que decir de vosotros" (Tito 2:1-8).

[393] "Exhorta a los siervos a que sean sujetos a sus señores, que agraden en todo, no respondones; no defraudando, antes mostrando toda buena lealtad, para que adornen en todo la doctrina de nuestro Salvador Dios" (Tito 2:9-10). Knight III, *The Pastoral Epistles. A Commentary on the Greek Text* (1992), pp. 314-5.

[394] "Porque la gracia de Dios que trae salvación a todos los hombres, se manifestó, enseñándonos que, renunciando a la impiedad y a los deseos mundanos, vivamos en este siglo templada, y justa, y [piadosamente], esperando aquella esperanza bienaventurada, y la manifestación gloriosa del gran Dios y Salvador nuestro Jesucristo, que se dio a sí mismo por nosotros para redimirnos de toda iniquidad, y limpiar para sí un pueblo propio, celoso de buenas obras" (Tito 2:11-14).

afuera.[395] El apóstol reconoce que varios de los de afuera manifiestan todo menos bondad, pero que así también eran ellos mismos antes de su conversión y fueron salvos a pesar de su injusticia.[396] Implícitamente Pablo está diciendo que hay esperanza para los no creyentes si el pueblo de Dios manifiesta hacia ellos la manera de pensar que hubo en Cristo.

Luego Pablo vuelve brevemente a los herejes a quienes se refirió en el capítulo uno: "Mas las cuestiones necias, y genealogías, y contenciones, y debates acerca de la ley, evita; porque son sin provecho y vanas" (Tito 3:9). Parece que los herejes en Creta tuvieran bastante en común con lo que Pablo menciona tambien en las dos epístolas a Timoteo, las cuales pronto vamos a tocar.[397] En la epístola a Tito nos limitamos a comprobar que probablemente no se trata del mismo planteamiento que en la epístola a los Gálatas donde judaizantes sostenían que se debía ser circuncidado y cumplir con los mandamientos de la Ley para ser salvo. Pablo escribe a Tito que advierta a los herejes dos veces, pero que después les rechace si no se arrepienten. Probablemente se refiere a la exclusión eclesial.[398]

1 Timoteo

El primer encuentro entre Pablo y Timoteo tuvo lugar cuando Pablo estuvo en la provincia romana llamada Galacia, durante su segundo

---

[395] "Amonéstales que se sujeten a los príncipes y potestades, que obedezcan, que estén prontos a toda buena obra. Que a nadie infamen, que no sean pendencieros, sino modestos, mostrando toda mansedumbre para con todos los hombres" (Tito 3:1-2).

[396] "Porque también éramos nosotros necios en otro tiempo, rebeldes, extraviados, sirviendo a concupiscencias y deleites diversos, viviendo en malicia y en envidia, aborrecibles, aborreciendo los unos a los otros. Mas cuando se manifestó la bondad de Dios nuestro Salvador, y su amor para con los hombres, no por obras de justicia que nosotros habíamos hecho, mas por su misericordia nos salvó, por el [lavamiento] de la regeneración, y de la renovación del Espíritu Santo; el cual derramó en nosotros abundantemente por Jesucristo nuestro Salvador" (Tito 3:3-6).

[397] Knight III, *The Pastoral Epistles. A Commentary on the Greek Text* (1992), p. 354.

[398] "Rehusa hombre hereje, después de una y otra amonestación; estando cierto que el tal es trastornado, y peca, siendo condenado de su propio juicio" (Tito 3:10-11). El hecho de que es "condenado de su propio juicio" tal vez se refiere a la exclusión de la iglesia donde ellos mismos saben que se encuentren fuera.

viaje misionero, alrededor de los años 50-51 d.C.[399] Como colaborador de Pablo, Timoteo se quedó junto con Silas en Berea cuando Pablo dejó la ciudad.[400]

Timoteo también estuvo con Pablo en Corinto[401] e incluso sabemos que estuvo trabajando en la iglesia de Tesalónica y que fue incluido como coautor de las dos epístolas a los Tesalonicenses.[402] También Timoteo estuvo con Pablo durante su tercer viaje misionero, en Éfeso entre otros lugares, y fue comisionado a viajar tanto a Macedonia como a Corinto.[403] Timoteo también parece haber colaborado en Jerusalén donde entregaron una ofrenda a los pobres de la iglesia.[404] De hecho hay razones para creer que estuvo con Pablo

---

[399] "Después llegó a Derbe, y a Listra: y he aquí, estaba allí un discípulo llamado Timoteo, hijo de una mujer judía fiel, mas de padre Griego. De este daban buen testimonio los hermanos que estaban en Listra y en Iconio. Este quiso Pablo que fuese con el; y tomándole, le circuncidó por causa de los judíos que estaban en aquellos lugares; porque todos sabían que su padre era griego" (Hch 16:1-3).

[400] "Mas como entendieron los judíos de Tesalónica que también en Berea era anunciada la palabra de Dios por Pablo, fueron, y también allí [alborotaron] al pueblo. [Pero] luego los hermanos enviaron a Pablo que fuese como a la mar; y Silas y Timoteo se quedaron allí. Y los que habían tomado a cargo a Pablo, le llevaron hasta Atenas; y tomando encargo para Silas y Timoteo, que viniesen a él lo más presto que pudiesen, partieron" (Hch 17:13-15).

[401] "Y cuando Silas y Timoteo vinieron de Macedonia, Pablo estaba constreñido por la palabra, testificando a los Judíos que Jesús era el Cristo" (Hch 18:5). "Porque el Hijo de Dios, Jesucristo, que por nosotros ha sido entre vosotros predicado, por mí y Silvano y Timoteo, no ha sido sí y no; mas ha sido sí en él" (2 Cor 1:19).

[402] "Pablo, y Silvano, y Timoteo, a la iglesia de los Tesalonicenses que es en Dios Padre y en el Señor Jesucristo" (1 Tes 1:1). "Pablo, y Silvano, y Timoteo, a la iglesia de los Tesalonicenses que es en Dios nuestro Padre y en el Señor Jesucristo" (2 Tes 1:1). "Por lo cual, no pudiendo esperar más, acordamos quedarnos solos en Atenas, y enviamos a Timoteo, nuestro hermano, y ministro de Dios, y colaborador nuestro en el evangelio de Cristo, a confirmaros y exhortaros en vuestra fe" (1 Tes 3:1-2).

[403] "Y enviando a Macedonia a dos de los que le ayudaban, Timoteo y Etasto" (Hch 19:22). "Por lo cual os he enviado a Timoteo, que es mi hijo amado y fiel en el Señor, el cual os amonestará de mis caminos cuáles sean en Cristo, de la manera que enseño en todas partes en todas las iglesias" (1 Cor 4:17). "Y si llegare Timoteo, mirad que esté con vosotros seguramente" (1 Cor 16:10).

[404] "Y le acompañaron hasta Asia Sopater Bereense, y los Tesalonicenses, Aristarco y Segundo; y Gayo de Derbe y Timoteo; y de Asia, Tíquico y Trófimo. Estos yendo delante, nos esperaron en Troas" (Hch 20:4-5).

en Roma pues es mencionado en los saludos de tres de las epístolas del cautiverio.[405]

La primera epístola a Timoteo fue escrita después de que Pablo fuera puesto en libertad de su primer cautiverio en Roma. Aquel período no se menciona en el libro de los Hechos, pero debe haber sucedido alrededor de los años 61-63 d.C. No sabemos dónde se encontraba Pablo cuando la escribió, pero Timoteo estaba haciendo una obra en Éfeso. Aunque la epístola es para Timoteo, indirectamente también es para la iglesia de Éfeso.

Uno de los puntos de Pablo es aclarar a Timoteo cómo actuar frente a enseñanzas heréticas dentro de la iglesia. No sabemos mucho acerca del contenido de aquellas, salvo el hecho de que los herejes – por lo menos de forma indirecta – estaban causando discordia debido a ciertas especulaciones relacionadas con genealogías combinadas con una comprensión equivocada acerca de la Ley del Antiguo Testamento.[406] El objetivo de cualquier prédica cristiana es transformar vidas,[407] lamentablemente había varios de la iglesia de Timoteo que no vivían de conformidad con este.[408] La Ley fue dada por Dios y tiene su motivo moral, pero las especulaciones acerca de la Ley no se ajustan a este aspecto, el cual fue la razón de ser de esta. El objetivo de Dios nunca fue que la gente que ya había buscado vivir de conformidad con la Ley, combinara aquello con este tipo de especulaciones. Al contrario, la Ley fue dada para advertir y sancionar a quienes no cumplieran con los mandamientos. Los mandamientos de la Ley en este contexto explícito se refieren a normas éticas de conformidad con las enseñanzas cristianas.[409]

---

[405] "Pablo y Timoteo, siervos de Jesucristo, a todos los santos en Cristo Jesús que están en Filipos, con los obispos y diáconos" (Fil 1:1). "Pablo, apóstol de Jesucristo por la voluntad de Dios, y el hermano Timoteo, a los santos y hermanos fieles en Cristo que están en Colosas" (Col 1:1-2). "Pablo, prisionero de Jesucristo, y el hermano Timoteo, a Filemón amado, y [colaborador] nuestro" (Film v. 1). Knight III, *The Pastoral Epistles. A Commentary on the Greek Text* (1992), pp. 6-7.

[406] "Queriendo ser doctores de la ley, sin entender ni lo que hablan ni lo que afirman" (1 Tim 1:7).

[407] "Pues el fin del mandamiento es la caridad nacida de corazón limpio, y de buena conciencia, y de fe no fingida" (1 Tim 1:5).

[408] "De lo cual distrayéndose algunos, se apartaron a vanas pláticas" (1 Tim 1:6).

[409] "[Pero sabemos] que la ley es buena, sí alguno usa de ella legítimamente; Conociendo esto, que la ley no es puesta para el justo, sino para los injustos y para

Contrario a la posición de los herejes, Pablo va a predicar el evangelio sobre la gracia de Dios en Cristo, la cual salva a cualquier pecador arrepentido. Pablo se percibe a sí mismo como "el más grande" de todos los pecadores por haber perseguido a los cristianos antes de su propia salvación.[410] En conformidad con profecías previas sobre Timoteo, probablemente cuando fue llamado al ministerio, Pablo le exhorta a "militar por la buena milicia" (1 Tim 1:18), lo cual implica defender el mensaje que le ha sido entregado, lo cual también incluye reprender a las personas que están a punto de desviarse del mismo. Pablo menciona a dos creyentes, los cuales eventualmente eran líderes dentro de la iglesia, pero a quienes él les ha "entregado a Satanás". Aquello parece implicar que la corrección tiene su tiempo, pero que a veces la expulsión de la iglesia puede ser inevitable.[411]

Como parte de su comisión Timoteo se encargará de que la iglesia tome en serio su responsabilidad en oración, por ejemplo, orando por las personas con alta influencia dentro de la sociedad. El objetivo de Pablo es crear condiciones favorables para la iglesia y así, libremente, esta podrá extender el evangelio.[412]

---

los desobedientes, para los impíos y pecadores, para los malos y profanos, para los parricidas y matricidas, para los homicidas, Para los fornicarios, para los sodomitas, para los ladrones de hombres, para los mentirosos y perjuros, y si hay alguna otra cosa contraria a la sana doctrina; según el evangelio de la gloria del Dios bendito, el cual a mí me ha sido encargado" (1 Tim 1:8-11). Knight III, *The Pastoral Epistles. A Commentary on the Greek Text* (1992), pp. 83, 91-2.

[410] "Y doy gracias al que me fortificó, a Cristo Jesús nuestro Señor, de que me tuvo por fiel, poniéndome en el ministerio: habiendo sido antes blasfemo y perseguidor e injuriador: mas fui recibido a misericordia, porque lo hice con ignorancia en incredulidad. Mas la gracia de nuestro Señor fue más abundante con la fe y amor que es en Cristo Jesús. Palabra fiel y digna de ser recibida de todos: que Cristo Jesús vino al mundo para salvar a los pecadores, de los cuales yo soy el primero. [...] Este mandamiento, hijo Timoteo, te encargo" (1 Tim 1:12-15, 18).

[411] "[...], para que milites por ellas la buena milicia. Manteniendo la fe y la buena conciencia, la cual algunos desecharon y naufragaron en cuanto a la fe. Entre estos están Himeneo y Alejandro, a quienes he entregado a Satanás para que aprendan a no blasfemar" (1 Tim 1:18-20). "Mas evita profanas y vanas [palabrerías]; porque muy adelante irán en la impiedad. Y la palabra de ellos carcomerá como gangrena: de los cuales es Himeneo y Fileto: que se han descaminado de la verdad, diciendo que la resurrección es ya hecha y trastornan la fe de algunos" (2 Tim 2:16-18).

[412] "Amonesto, pues, ante todas cosas, que se hagan rogativas, oraciones, peticiones, [acciones] de gracias, por todos los hombres; por los reyes y por todos los que están en eminencia, para que vivamos quieta y reposadamente en toda piedad y honestidad. Porque esto es bueno y agradable delante de Dios nuestro

Pablo luego dirige su atención a las mujeres y su manera de vestir – tal vez para advertir de una práctica que suponía tanto un exagerado uso de dinero como una atención excesiva a su propia apariencia.[413] Por razones desconocidas, a las mujeres no se les permitía enseñar dentro de la iglesia.[414]

Después Pablo hace referencia a los líderes de la iglesia, tanto ancianos como diáconos.   Parte de la cita: "Si alguno apetece obispado, buena obra desea" (1 Tim 3:1). Pablo parece confirmar la validez del deseo de servir en el ministerio,[415] y es muy posible que quisiera animar a los que buscaban servir y que cumplían con los requisitos.

Los deberes de quien quiere ser anciano incluyen tanto autodisciplina como cierto grado de madurez, además de la capacidad de relacionarse con otras personas, de corregir y enseñar. También moralidad sexual, y en caso de que tenga hijos viviendo en casa, que estos sean obedientes.[416] El anciano no puede ser recién convertido y debe tener un buen testimonio ante los no creyentes.[417]

Las demandas para los diáconos básicamente son iguales a las de los ancianos, salvo el hecho de que no es obligatorio ser capaz de

---

Salvador; el cual quiere que todos los hombres sean salvos, y que vengan al conocimiento de la verdad" (1 Tim 2:1-4).

[413] "Asimismo también las mujeres, ataviándose en hábito honesto, con vergüenza y modestia; no con cabellos encrespados, u oro, o perlas, o vestidos costosos, sino de buenas obras, como conviene a mujeres que profesan piedad" (1 Tim 2:9-10). Knight III, *The Pastoral Epistles. A Commentary on the Greek Text* (1992), p. 136.

[414] "La mujer aprenda en silencio, con toda sujeción. Porque no permito a la mujer enseñar, ni tomar autoridad sobre el hombre, sino estar en silencio. Porque Adán fue formado el primero, después Eva; y Adán no fue engañado, sino la mujer, siendo seducida, vino a ser envuelta en transgresión" (1 Tim 2:11-14).

[415] "Palabra fiel: si alguno apetece obispado, buena obre desea" (1 Tim 3:1).

[416] "Conviene, pues, que el obispo sea irreprensible, marido de una mujer, solícito, templado, compuesto, hospedador, apto para enseñar, no amador del vino, no heridor, no codicioso de torpes ganancias, sino moderado, no litigioso, ajeno de avaricia; que gobierne bien su casa, que tenga sus hijos en sujeción con toda honestidad; (porque el que no sabe gobernar su casa, ¿cómo cuidará de la iglesia de Dios?)" (1 Tim 3:2-5).

[417] "No un neófito, porque inflándose no caiga en juicio del diablo. También conviene que tenga buen testimonio de los extraños, porque no caiga en afrenta y en lazo del diablo" (1 Tim 3:6-7).

corregir y enseñar.[418] Tanto ancianos como diáconos deben ser evaluados según los requisitos antes de iniciar su ministerio.[419] Es posible que Pablo se refiera a las esposas de los diáconos cuando escribe que deben de ser "honestas, no detractoras, templadas, fieles en todo" (1 Tim 3:11).[420]

Pablo da esas instrucciones porque no sabe cuándo va a tener ocasión de visitar la iglesia de Éfeso nuevamente.[421] Luego empieza a advertir sobre una herejía ascética que prohibía tanto el matrimonio como ciertos tipos de comida.[422] Exhorta a Timoteo a reprender dicha herejía[423] y a estimular la piedad personal, que seguramente incluye tanto reverencia a Dios como obediencia práctica. Partiendo de la frase "porque el ejercicio corporal para poco es provechoso", Pablo escribe que "la piedad para todo aprovecha" porque "tiene promesa de esta vida presente, y de la venidera" (1 Tim 4:8). Justamente por aquella razón, continúa, "trabajamos y sufrimos oprobios, porque esperamos en el Dios viviente, el cual es Salvador de todos los hombres, mayormente de los que creen" (1 Tim 4:10).

Timoteo debe haber estado en sus treinta y es descrito como "joven". Sin embargo, no debe permitir que nadie le menosprecie por

---

[418] "Asimismo, los diáconos deben ser dignos de respeto, sin doblez de lengua, no dados a mucho vino ni amantes de ganancias deshonestas que mantengan el misterio de la fe con limpia conciencia" (1 Tim 3:8-9). "Los diáconos sean maridos de una mujer, que gobiernen bien sus hijos y sus casas" (1 Tim 3:12).

[419] "Que estos sean probados primero y que después sirvan como diáconos, si es que son hallados irreprensibles" (1 Tim 3:10).

[420] Knight III, *The Pastoral Epistles. A Commentary on the Greek Text* (1992), p. 173.

[421] "Esto te escribo con esperanza que iré presto a ti: y si no fuere tan presto, para que sepas cómo te conviene conversar en la casa de Dios, que es la iglesia del Dios vivo, columna y apoyo de la verdad" (1 Tim 3:14-15).

[422] "[Pero] el Espíritu dice manifiestamente, que en los venideros tiempos algunos apostatarán de la fe, escuchando a espíritus de error y a doctrinas de demonios; que con hipocresía hablarán mentira, teniendo cauterizada la conciencia. Que prohibirán casarse, y mandarán abstenerse de las viandas que Dios creó para que con [acción] de gracias participasen de ellas los fieles, y los que han conocido la verdad. Porque todo lo que Dios creó es bueno, y nada hay que desechar, tomándose con [acción] de gracias" (1 Tim 4:1-4).

[423] "Mas las fábulas profanas y de viejas desecha" (1 Tim 4:7).

su edad y debe manifestar una conducta intachable ante la iglesia.[424] Además debe enfocarse en la exhortación y la enseñanza;[425] sus exhortaciones deben caracterizarse por el respeto a los demás,[426] más concretamente las dirigidas a las viudas, a los líderes de la iglesia y a los esclavos.

En cuanto a las viudas, Pablo dice que si tienen hijos o nietos, son estos quienes deben responsabilizarse económicamente de ellas.[427] Las viudas jóvenes deben formar familia de nuevo,[428] pero si una tiene más de sesenta años y cumple con ciertos requisitos, incluyendo el no tener hijos o nietos, es responsabilidad de la iglesia proveer económicamente para ella.[429]

En cuanto a los ancianos, Pablo dice que la iglesia debe honrarles y pagarles económicamente, es decir, que "sean dignos de doblada honra" (1 Tim 5:17).[430] Las acusaciones contra ancianos que hayan pecado no van a ser reconocidas por la iglesia sin que las mismas sean

---

[424] "Ninguno tenga en poco tu juventud; pero sé ejemplo de los fieles en palabra, en conversación, en caridad, en espíritu, en fe, en limpieza" (1 Tim 4:12).

[425] "Entre tanto que voy, ocúpate en leer, en exhortar, en enseñar. No descuides el don que está en ti, que te es dado por profecía con la imposición de los manos del presbiterio" (1 Tim 4:13-14).

[426] "No reprendas con dureza al anciano sino exhórtalo como a padre; a los más jóvenes, como a hermanos; a las ancianas, como a madres y a las jóvenes, como a hermanas, con toda pureza" (1 Tim 5:1-2).

[427] "Honra a las viudas que en verdad son viudas. Pero si alguna viuda tuviere hijos, o nietos, aprendan primero a gobernar su casa piadosamente, y a recompensar a sus padres: porque esto es lo honesto y agradable delante de Dios" (1 Tim 5:3-4). "Y si alguno no tiene cuidado de los suyos, y mayormente de los de su casa, la fe negó, y es peor que un infiel" (1 Tim 5:8). "Si algún fiel o alguna fiel tiene viudas, manténgalas, y no sea gravada la iglesia; a fin de que haya lo suficiente para las que de verdad son viudas" (1 Tim 5:16).

[428] "Quiero pues, que las que son jóvenes se casen, críen hijos, gobiernen la casa; que ninguna ocasión den al adversario para maldecir" (1 Tim 5:14).

[429] "La viuda sea puesta en clase especial, no menos que de sesenta años, que haya sido esposa de un solo marido. Que tenga testimonio en buenas obras; si crió hijos; si ha ejercitado la hospitalidad; si ha lavado los pies de los santos; si ha socorrido a los afligidos; si ha seguido toda buena obra" (1 Tim 5:9-10). "Ahora, la que en verdad es viuda y solitaria, espera en Dios, y es diligente en suplicaciones y oraciones noche y día" (1 Tim 5:5).

[430] Knight III, *The Pastoral Epistles. A Commentary on the Greek Text* (1992), p. 232.

confirmadas por varios miembros.[431] Si se pone de manifiesto que las acusaciones son ciertas, el anciano será reprendido públicamente.[432] Este contexto puede hacer referencia a un pecado grave o a que el anciano no esté dispuesto a arrepentirse. Aquí a Timoteo le es recomendado tener gran cautela para que pueda actuar imparcialmente.[433] Este pasaje termina con una exhortación a hacer todo lo que pueda para evitar una situación parecida; por ejemplo, no nombrar ancianos apresuradamente, sino esperar hasta estar convencido de que la persona tiene el nivel de preparación que se requiere para serlo.[434] "Los pecados de algunos hombres, antes que vengan ellos a juicio, son manifiestos" (1 Tim 5:24), así que aquellos apenas serán evaluados como posibles ancianos. "A otros [los pecados] les vienen después", así que si no se apresura, se enterará de los pecados antes de haber considerado a alguno como candidato. Sin prisa, seguramente se presentará algún candidato apto para el ministerio.[435]

En cuanto a los esclavos, Pablo está preocupado por la actitud y el comportamiento de aquellos que tienen amos inconversos, para que no afecten la reputación del evangelio.[436] Eso no implica que los que tienen amos cristianos, les muestren menos respeto.[437] A lo mejor los esclavos habían empezado a aprovecharse del hecho de tener

---

[431] "Contra el anciano no recibas acusación sino con dos o tres testigos" (1 Tim 5:19).

[432] "A los que pecaren, repréndelos delante de todos, para que los otros también teman" (1 Tim 5:20).

[433] "Te requiero delante de Dios y del Señor Jesucristo, y de sus ángeles escogidos, que guardes estas cosas sin perjuicio de nadie, que nada hagas inclinándote a la una parte" (1 Tim 5:21).

[434] "No impongas de ligero las manos a ninguno, ni comuniques en pecados ajenos: consérvate en limpieza" (1 Tim 5:22).

[435] "Asimismo las buenas obras antes son manifiestas; y las que son de otra manera, no pueden esconderse" (1 Tim 5:25). Knight III, *The Pastoral Epistles. A Commentary on the Greek Text* (1992), pp. 240-2.

[436] "Todos los que están debajo del yugo de servidumbre tengan a sus señores por dignos de toda honra, porque no sea blasfemado el nombre del Señor y la doctrina" (1 Tim 6:1).

[437] "Y los que tienen amos fieles, no los tengan en menos, por ser hermanos; antes sírvanles mejor, por cuanto son fieles y amados, y partícipes del beneficio. Esto enseña y exhorta" (1 Tim 6:2).

amos cristianos, los cuales pueden haber reconocido la validez de las enseñanzas en la epístola a los Efesios de tratar a sus esclavos cristianos como a hermanos en la fe.[438]

De nuevo Pablo dirige su atención hacia los herejes, los cuales no muestran frutos dignos de su labor y buscan ganancia personal.[439] En un sentido espiritual es lícito hablar sobre ganancia personal y por esta razón Pablo escribe que "grande ganancia es la piedad con contentamiento" (1 Tim 6:6), o sea que la piedad trae buenas consecuencias para quien la ejerce.

Advierte sobre buscar ganancia para bien individual, y exhorta a los creyentes a buscar lo que tiene que ver con Cristo.[440] Si un creyente es rico, debe utilizar sus recursos para glorificar a Dios.[441]

---

[438] "Y vosotros, amos, haced a ellos lo mismo, dejando las amenazas: sabiendo que el Señor de ellos y vuestro está en los cielos, y que no hay acepción de personas con él" (Efe 6:9). Cf. Knight III, *The Pastoral Epistles. A Commentary on the Greek Text* (1992), pp. 242-3.

[439] "Si alguno enseña otra cosa, y no asiente a sanas palabras de nuestro Señor Jesucristo, y a la doctrina que es conforme a la piedad; [está envanecido], nada sabe, y enloquece acerca de cuestiones y contiendas de palabras, de las cuales nacen envidias, pleitos, maledicencias, malas sospechas, porfías de hombres corruptos de entendimiento y privados de la verdad, que tienen la piedad por [ganancia]: apártate de los tales. [Pero gran ganancia] es la piedad con contentamiento" (1 Tim 6:3-6).

[440] "Porque nada hemos traído a este mundo, y sin duda nada podremos sacar. Así que, teniendo sustento y con qué cubrirnos, seamos contentos con esto. Porque los que quieren enriquecerse, caen en tentación y lazo, y en muchas codicias locas y dañosas, que hunden a los hombres en perdición y muerte. Porque el amor del dinero es la raíz de todos los males: el cual codiciando algunos, se descaminaron de la fe, y fueron traspasados de muchos dolores. Mas tú, oh hombre de Dios, huye de estas cosas, y sigue la justicia, la piedad, la fe, la caridad, la paciencia, la mansedumbre. Pelea la buena batalla de la fe, echa mano de la vida eterna, a la cual asimismo eres llamado, habiendo hecho buena profesión delante de muchos testigos" (1 Tim 6:7-12).

[441] "A los ricos de este siglo manda que no sean altivos, ni pongan la esperanza en la incertidumbre de las riquezas, sino en el Dios vivo, que nos da todas las cosas en abundancia de que gocemos: que hagan bien, que sean ricos en buenas obras, dadivosos, que con facilidad comuniquen; atesorando para sí buen fundamento para lo por venir, que echen mano a la vida eterna" (1 Tim 6:17-19).

2 Timoteo

De nuevo Pablo está encarcelado en Roma[442] y ha salido bastante bien de su defensa inicial.[443] Cuenta con morir pronto, probablemente porque sabe que le van a condenar a muerte.[444] Antes de su presidio ha podido visitar varias ciudades como Troas y Mileto en la Turquía actual y Corinto.[445] Timoteo quizá sigue en Éfeso y Pablo escribe que ha enviado a su colaborador Tíquico allí tal vez para sustituirle, pues le ha pedido regresar. Pablo ya no tiene a ningún colaborador confiable a su alrededor, salvo a Lucas. La razón puede ser porque Crescente está en Galacia, Tito en Dalmacia, y Demas ha desamparado a Pablo "habiendo amado el mundo presente"[446] (2 Tim 4:10). La segunda epístola a Timoteo fue escrita aproximadamente entre los años 64 y 67 d.C. Este período se estableció basado en la tradición cristiana temprana, según la cual Pablo fue decapitado durante el reinado del emperador Nerón. Aquel reinado finalizó en el año 68 d.C. Por supuesto Pablo pudo haber escrito la epístola unos años antes de aquel reinado, pero si partimos del hecho de que Pablo fue puesto en libertad de su primer cautiverio en Roma entre 61-63 d.C., y posteriormente menciona dos inviernos diferentes donde

---

[442] "Dé el Señor misericordia a la casa de Onesíforo; que muchas veces me [confortó], y no se avergonzó de mi cadena: antes, estando él en Roma, me buscó solícitamente, y me halló. Dele el Señor que halle misericordia cerca del Señor en aquel día. Y cuánto nos ayudó en Éfeso, tú lo sabes mejor." (2 Tim 1:16-18) "En el que sufro trabajo, hasta las prisiones a modo de malhechor; mas la palabra de Dios no está presa" (2 Tim 2:9).

[443] "En mi primera defensa ninguno me ayudó, antes me desampararon todos: no les sea imputado. Mas el Señor me ayudó, y me esforzó para que por mí fuese cumplida la predicación, y todos los gentiles oyesen; y fui librado de la boca del león" (2 Tim 4:16-17).

[444] "Porque yo ya estoy para ser ofrecido, y el tiempo de mi partida está cercano" (2 Tim 4:6).

[445] "Trae, cuando vinieres, el capote que dejé en Troas en casa de Carpo: y los libros, mayormente los pergaminos" (2 Tim 4:13). "Erasto se quedó en Corinto; y a Trófimo dejé en Mileto enfermo" (2 Tim 4:20).

[446] "Procura venir pronto a verme porque Demas me ha desamparado, habiendo amado este mundo presente, y se fue a Tesalónica. Crescente fue a Galacia, y Tito a Dalmacia. Solo Lucas está conmigo. Toma a Marcos y tráelo contigo porque me es útil para el ministerio" (2 Tim 4:9-11).

seguía vivo,[447] datarla entre los años 64-67 parece bastante razonable.[448]

Pablo empieza la epístola agradeciendo a Dios por Timoteo y por su fe genuina; también expresa su anhelo de poder verlo de nuevo.[449] Incluso alienta a Timoteo a mantener el ánimo en vez de resignarse por la resistencia que ha aumentado.[450] Así como Timoteo no se avergüenza de Cristo, el cual fue condenado a muerte como si fuera un delincuente, tampoco se debe avergonzar de Pablo, porque él antes que nada no es preso romano, sino preso de Dios; Timoteo también debe estar dispuesto a sufrir por el evangelio.[451] Los dos son llamados "con vocación santa" (2 Tim 1:9), implícitamente tanto para predicar como para sufrir por el evangelio. Por eso Pablo escribe: "Por lo cual asimismo padezco esto: mas no me avergüenzo; porque yo sé a quién he creído, y estoy cierto que es poderoso para guardar mi depósito para aquel día" (2 Tim 1:12). El depósito del que habla Pablo le ha sido entregado, puede ser que se trate de su propia vida; entonces está expresando confianza en Dios que es poderoso para guardarlo hasta la muerte. Pablo pide a Timoteo modelar su propia vida según sus enseñanzas.[452] Igual que Dios ha guardado el depósito que le fue entregado a Pablo, o sea su vida, indirectamente Pablo

---

[447] "Cuando enviare a ti a Artemas, o a Tíquico, procura venir a mí, a Nicópolis: porque allí he determinado invernar." (Tito 3:12) "Procura venir antes del invierno" (2 Tim 4:21).

[448] Knight III, *The Pastoral Epistles. A Commentary on the Greek Text* (1992), pp. 9-10, 54, 463-6.

[449] "Doy gracias a Dios, al cual sirvo desde mis mayores con limpia conciencia, de que sin cesar tengo memoria de ti en mis oraciones noche y día; deseando verte, acordándome de tus lágrimas, para ser lleno de gozo; trayendo a la memoria la fe no fingida que hay en ti, la cual residió primero en tu abuela Loida, y en tu madre Eunice; y estoy cierto que en ti también" (2 Tim 1:3-5).

[450] "Por lo cual te aconsejo que despiertes el don de Dios, que está en ti por la imposición de mis manos. Porque no nos ha dado Dios el espíritu de temor, sino el de fortaleza, y de amor, y de templanza" (2 Tim 1:6-7).

[451] "Por tanto no te avergüences del testimonio de nuestro Señor, ni de mí, preso suyo; antes sé participante de los trabajos del evangelio según la virtud de Dios" (2 Tim 1:8). Knight III, *The Pastoral Epistles. A Commentary on the Greek Text* (1992), pp. 372-3.

[452] "Retén la forma de las sanas palabras que de mí oíste, en la fe y amor que es en Cristo Jesús" (2 Tim 1:13).

también está diciendo que Dios va a guardar a Timoteo. Así que Timoteo es exhortado de la misma manera a guardar el depósito que Dios le ha entregado a él; o sea el evangelio verdadero. Esa exhortación se debe entre otras razones al hecho de que varios miembros de la iglesia se han permitido ser influidos por herejes.[453] Como ejemplo de personas que no han estado dispuestas a ser "[participantes con Pablo] de los trabajos del evangelio" (2 Tim 1:8), están "todos los que son en Asia", lo cual seguramente se refiere a los cristianos en Roma que provinieron de la provincia de Asia, o posiblemente a los líderes en Asia los cuales de una u otra manera le pueden haber fallado a Pablo.[454] Sin embargo, esa referencia no incluye a un cierto Onesíforo, que de ninguna manera se avergonzaba del cautiverio de Pablo, sino que le ayudaba mucho.[455]

Pablo exhorta a Timoteo a ser consciente de su responsabilidad de transmitir todo lo que ha aprendido de Pablo a gente capaz de enseñar aún a otras personas.[456] Luego Pablo vuelve a la importancia de afirmar el sufrimiento dentro del cual Dios guía al creyente. Al igual que un soldado romano no puede permitir ser distraído por las trivialidades de la vida cotidiana si quiere agradar a su general, o un atleta no puede esperar ganar sin cumplir con las reglas del juego, o un campesino no puede conseguir una buena cosecha sin ser trabajador, también Timoteo debe estar dedicado a su tarea.[457] Incluso el mismo Pablo ha reconocido la validez del sufrimiento al cual Dios le ha llamado a él, por ejemplo como prisionero en Roma,

---

[453] "Guarda el buen depósito por el Espíritu Santo que habita en nosotros" (2 Tim 1:14). Knight III, *The Pastoral Epistles. A Commentary on the Greek Text* (1992), pp. 378-80.

[454] "Ya sabes esto, que me han sido contrarios todos los que son en Asia, de los cuales son Figelo y Hermógenes" (2 Tim 1:15). Knight III, *The Pastoral Epistles. A Commentary on the Greek Text* (1992), pp. 383-4.

[455] "Dé el Señor misericordia a la casa de Onesíforo; que muchas veces me [confortó], y no se avergonzó de mi cadena: antes estando él en Roma, me buscó solícitamente, y me halló" (2 Tim 1:16-17).

[456] "Y lo que has oído de mí entre muchos testigos, esto encarga a los hombres fieles que serán idóneos para enseñar también a otros" (2 Tim 2:2).

[457] "Tú pues, sufre trabajos como fiel soldado de Jesucristo. Ninguno que milita se embaraza en los negocios de la vida; a fin de agradar a aquel que lo tomó por soldado. Y aun también el que lidia, no es coronado si no lidiare legítimamente. El labrador, para recibir los frutos, es [necesario] que trabaje primero" (2 Tim 2:3-6).

sin que aquello haya impedido el avance del evangelio.[458] Como creyentes, nos contamos como "muertos" para el pecado, pero como "vivos" para Cristo. Si negamos a Cristo a través de nuestras palabras o nuestros actos, Él nos negará a nosotros. Sin embargo, tenemos la palabra de consuelo de que Dios, a pesar de nuestra infidelidad, él es fiel. Su fidelidad es parte de sus características intrínsecas.[459]

Ser fiel a Dios incluye guardar las enseñanzas que Timoteo ha aprendido de Pablo, las cuales son sensatas, en contradicción a la herejía a la que Pablo previamente se ha referido, la cual describe como la prédica de que la resurrección ya ha sucedido.[460] Exhorta a Timoteo a rechazar todo aquello sin entrar en discusiones inútiles.[461]

Pablo describe su época con una parte de "los postreros días [cuando] vendrán tiempos peligrosos" (2 Tim 3:1). Recuerda a Timoteo que muchos van a manifestar actitudes y actos irreconciliables con la voluntad de Dios.[462] Timoteo no debe compartir con ellos, y particularmente con los que tienen "apariencia

---

[458] "En el que sufro trabajo, hasta las prisiones a modo de malhechor; mas la palabra de Dios no está presa. Por tanto, todo lo sufro por amor de los escogidos, para que ellos también consigan la salvación que es en Cristo Jesús con gloria eterna" (2 Tim 2:9-10).

[459] "Es palabra fiel: que si somos muertos con él, también viviremos con él: si sufrimos, también reinaremos con él; si le negáremos, él también nos negará. Si fuéremos infieles, él permanece fiel: no se puede negar a sí mismo" (2 Tim 2:11-13).

[460] "Recuérdales esto, protestando delante del Señor que no contiendan en palabras, lo cual para nada aprovecha, antes trastorna a los oyentes. Procura con diligencia presentarte a Dios aprobado, como obrero que no tiene de qué avergonzarte, que traza bien la palabra de verdad. Mas evita profanas y vanas parlerías; porque muy adelante irán en la impiedad. Y la palabra de ellos carcomerá como gangrena: de los cuales es Himeneo y Fileto; que se han descaminado de la verdad, diciendo que la resurrección es ya hecha, y trastornan la fe de algunos" (2 Tim 2:14-18).

[461] "[Pero] las cuestiones necias y sin sabiduría desecha, sabiendo que engendran contiendas. Que el siervo del Señor no debe ser litigioso, sino manso para con todos, apto para enseñar, sufrido; que con mansedumbre corrija a los que se oponen: si quizá Dios les dé que se arrepientan para conocer la verdad, y se zafen del lazo del diablo, en que están cautivos a voluntad de él" (2 Tim 2:23-26).

[462] "Que habrá hombres amadores de sí mismos, avaros, vanagloriosos, soberbios, detractores, desobedientes a los padres, ingratos, sin santidad, sin afecto, desleales, calumniadores, destemplados, crueles, aborrecedores de lo bueno, traidores, arrebatados, [presuntuosos], amadores de los deleites más que de Dios" (2 Tim 3:2-4).

de piedad, mas [han] negado la eficacia de ella" (2 Tim 3:5). Pablo le anima a seguir el ejemplo de él mismo, por ejemplo, en perseverancia y en persecuciones, porque "todos los que quieren vivir piadosamente en Cristo Jesús, padecerán persecución" (2 Tim 3:12).

5

EL LIBRO DE LOS HECHOS

Los Hechos tiene como punto de partida los últimos días de Jesús con sus discípulos en Jerusalén y termina con los dos años de cautiverio del apóstol Pablo en Roma. El libro fue escrito por Lucas, uno de los colaboradores de Pablo, y aunque no es posible dar una fecha exacta de su origen, probablemente fue escrito entre el año 70 y los 90s d.C. Uno de los objetivos de su autor es describir la primera etapa de la iglesia en Jerusalén, además de mostrar cómo el evangelio avanzaba, entre otras razones por las prédicas de Pedro y Pablo.

El libro de los Hechos es, como ya constaté en el capítulo 2, una continuación – un tipo de tomo 2 – del cual el tomo 1 es el evangelio según Lucas. Al igual que en dicho evangelio el autor se dirige a Teófilo, que tal vez era un creyente recién convertido, al cual Lucas deseaba dar enseñanzas más detalladas.[1] Después de la resurrección, Jesús se mostró esporádicamente a sus discípulos durante unos cuarenta días donde entre otras cosas les estaba preparando para ser "bautizados con el Espíritu Santo" (Hch 1:5), lo cual les permitiría

---

[1] "Habiendo muchos [tratado de poner] en orden la historia de las cosas que entre nosotros han sido ciertísimas, como nos lo enseñaron los que desde el principio lo vieron por sus ojos, y fueron ministros de la palabra; me ha parecido también a mí, después de haber entendido todas las cosas desde el principio con diligencia, escribírtelas por orden, oh muy buen Teófilo, para que conozcas la verdad de las cosas en las cuales has sido enseñado" (Luc 1:1-4). "En el primer tratado, oh Teófilo, he hablado de todas las cosas que Jesús comenzó a hacer y a enseñar, hasta el día en que, habiendo dado mandamientos por el Espíritu Santo a los apóstoles que escogió" (Hch 1:1-2).

recibir poder para ser testigos de Él.[2] Casi inmediatamente después Jesús ascendió al cielo.[3]

Los discípulos regularmente se reunían para tener comunión en oración.[4] En una ocasión, cuando alrededor de 120 creyentes estaban reunidos se decidió elegir a una persona como apóstol sustituto de Judas, el cual había traicionado a Jesús y cometido suicidio. Los candidatos eran Matías y Barsabás, siendo finalmente Matías el elegido.[5]

La descripción de la muerte de Judas en el libro de los Hechos apenas corresponde a un pasaje similar en el evangelio según Mateo (Mat 27:3-10). Allí dice que Judas en un momento determinado volvió a los sacerdotes principales y ancianos para devolver las treinta piezas de plata que había recibido por entregar a Jesús. Cuando no quisieron recibir ese dinero, él lo arrojó en el templo y no sabemos cuándo, pero más tarde salió y se ahorcó. Como ya hemos visto, los sumos sacerdotes y los escribas decidieron usar el dinero para comprar un campo como sepultura para extranjeros. En el libro de los Hechos, no obstante, Pedro dice que fue Judas quien compró ese campo: "Este, pues, adquirió un campo del salario de su iniquidad" (Hch 1:18). Un intento benévolo por armonizar las dos historias sería

---

[2] "Mas recibiréis el poder del Espíritu Santo que vendrá sobre vosotros; y me seréis testigos en Jerusalén y en toda Judea, y Samaria, y hasta lo último de la tierra" (Hch 1:8).

[3] "Y habiendo dicho estas cosas, viéndolo ellos, fue alzado; y una nube le recibió y le quitó de sus ojos. Y estando con los ojos puestos en el cielo, entre tanto que él iba, he aquí dos varones se pusieron junto a ellos en vestidos blancos; los cuales también les dijeron: varones Galileos, ¿qué estáis mirando al cielo? este mismo Jesús que ha sido tomado desde vosotros arriba, en el cielo, así vendrá como le habéis visto ir al cielo" (Hch 1:9-11).

[4] "Todos estos perseveraban unánimes en oración y ruego, con las mujeres, y con María la madre de Jesús, y con sus hermanos" (Hch 1:14).

[5] "Conviene, pues, que de estos hombres que han estado juntos con nosotros todo el tiempo que el Señor Jesús entró y salió entre nosotros, comenzando desde el bautismo de Juan, hasta el día que fue recibido arriba de entre nosotros, uno sea hecho testigo con nosotros de su resurrección. Y señalaron a dos: a José, llamado Barsabás, que tenía por sobrenombre Justo, y a Matías. Y orando, dijeron: tú, Señor, que conoces los corazones de todos, muestra cuál escoges de estos dos, para que tome el oficio de este ministerio y apostolado, del cual cayó Judas por transgresión, para irse a su lugar. Y les echaron suertes, y cayó la suerte sobre Matías; y fue contado con los once apóstoles" (Hch 1:21-26).

sugerir que como el campo fue comprado con el dinero de Judas, Pedro podría decir que – indirectamente – fue Judas quien lo compró. Además, Pedro dice "y colgándose, reventó por medio, y todas [las] entrañas [de Judas] se derramaron" (Hch 1:18). Tal vez Judas se ahorcó en una rama de un árbol próximo a una ladera y cuando la rama se rompió (antes o después de su muerte), o quizá por la descomposición de su cuerpo cayó de cabeza, como dice Pedro, y sus entrañas "se derramaron".[6]

La promesa de Jesús de que los discípulos iban a ser "bautizados con el Espíritu Santo", tuvo su cumplimiento cincuenta días después de la resurrección, o sea en el día de Pentecostés. Los discípulos fueron llenos del Espíritu y comenzaron a hablar en otras lenguas; y esto, aparentemente afectó a todos los creyentes que estaban presentes,[7] no solo a los doce. Este evento atrajo la atención de las multitudes, pues muchos judíos con diferentes trasfondos lingüísticos dependiendo de su lugar de origen (algunos incluso por fuera de los límites del reino romano), reconocieron su propio idioma. El apóstol Pedro aprovechó la ocasión para predicar, a partir del libro de Joel en el Antiguo Testamento,[8] y como resultado alrededor de tres mil personas creyeron y fueron bautizadas.[9] En los primeros tiempos de la iglesia nuevos creyentes eran añadidos

---

[6] Barrett, *A Critical and Exegetical Commentary on the Acts of the Apostles*. Vol. 1 (2010), pp. 97-9. Véase también, Davies y Allison, *A Critical and Exegetical Commentary on the Gospel according to Saint Matthew*. Vol. 3 (2010), pp. 558-65.

[7] "Y como se cumplieron los días de Pentecostés, estaban todos unánimes juntos; y de repente vino un estruendo del cielo como de un viento recio que corría, el cual hinchó toda la casa donde estaban sentados; y se les aparecieron lenguas repartidas, como de fuego, que se asentó sobre cada uno de ellos. Y fueron todos llenos del Espíritu Santo, y comenzaron a hablar en otras lenguas, como el Espíritu les daba que hablasen" (Hch 2:1-4).

[8] "Y será en los postreros días, dice Dios, derramaré de mi Espíritu sobre toda carne, y vuestros hijos y vuestras hijas profetizarán; y vuestros [jóvenes] verán visiones, y vuestros viejos soñarán sueños: y de cierto sobre mis siervos y sobre mis siervas en aquellos días derramaré de mi Espíritu, y profetizarán" (Hch 2:17-18).

[9] "Así que, los que recibieron su palabra, fueron bautizados: y fueron añadidas a ellos aquel día como tres mil personas. Y perseveraban en la doctrina de los apóstoles, y en la comunión, y en el partimiento del pan, y en las oraciones" (Hch 2:41-42).

diariamente;[10] muchos vendieron sus posesiones para compartir con otros y se reunían como hermanos tanto en el templo como en sus hogares.[11]

Es interesante notar que los primeros cristianos eran conscientes de su identidad judía y continuaron participando en la vida religiosa contemporánea.[12] Sin embargo, pronto enfrentaron la resistencia de los líderes judíos y tanto Pedro como Juan fueron encarcelados y hostigados por predicar la resurrección de Jesús en Jerusalén.[13] No obstante, aún disfrutaban de la buena voluntad de las multitudes e incluso entre los sacerdotes había conversiones a la fe.[14]

El primer mártir cristiano fue Esteban,[15] quien fue acusado falsamente de blasfemia. Ese mismo día inició la persecución de toda la iglesia de Jerusalén y todos los miembros menos los apóstoles fueron esparcidos por las tierras de Judea y de Samaria (Hch 8:1).

Uno de los que había sido testigo del asesinato de Esteban, el fariseo Saulo, quien posteriormente tomaría el nombre de Pablo, fue uno de los líderes de la persecución,[16] aunque más tarde sería conocido como el principal predicador cristiano hacia los no judíos. Entre otras personas leemos de Felipe el cual "descendiendo a la ciudad de Samaria, les predicaba a Cristo" (Hch 8:5). Felipe fue el

---

[10] "Y el Señor añadía cada día a la iglesia los que habían de ser salvos" (Hch 2:47).

[11] "Y todos los que creían estaban juntos; y tenían todas las cosas comunes; y vendían las posesiones, y las haciendas, y las repartían a todos, como cada uno había [necesidad]. Y perseverando unánimes cada día en el templo, y partiendo el pan en las casas, comían juntos con alegría y con sencillez de corazón" (Hch 2:44-46).

[12] "Pedro y Juan subían juntos al templo a la hora de oración, la [hora novena]" (Hch 3:1).

[13] "Y hablando ellos al pueblo, sobrevinieron los sacerdotes, y el magistrado del templo, y los saduceos, resentidos de que enseñasen al pueblo, y anunciasen en Jesús la resurrección de los muertos. Y les echaron mano, y los pusieron en la cárcel hasta el día siguiente" (Hch 4:1-3).

[14] "Y crecía la palabra del Señor, y el número de los discípulos se multiplicaba mucho en Jerusalén: también una gran multitud de los sacerdotes obedecía a la fe" (Hch 6:7).

[15] "Y apedrearon a Esteban, invocando él y diciendo: Señor Jesús, recibe mi espíritu" (Hch 7:59).

[16] "Entonces Saulo asolaba la iglesia, entrando por las casas; y trayendo hombres y mujeres, los entregaba en la cárcel" (Hch 8:3).

instrumento que Dios utilizó para ganar a un gobernador de la reina de los Etíopes para el evangelio (Hch 8:26-39). Algo parecido sucedió con Pedro quien fue el instrumento para la conversión de un centurión romano llamado Cornelio (Hch 10:1-48). A pesar de esto, más de la última mitad del libro de los Hechos trata de la historia misionera de Pablo.

Con una carta del sumo sacerdote de Jerusalén para las sinagogas de Damasco, Pablo partió a Siria con el objetivo de capturar cristianos, trayéndolos "presos a Jerusalén" (Hch 9:2). Acercándose a Damasco, Pablo de manera sobrenatural cayó en tierra, y una luz fuerte desde el cielo le cegó. Tres días después fue buscado por Ananías, "un discípulo", el cual con imposición de manos oró a Dios para que le sanara. Con anticipación Dios había hablado a Ananías acerca de Pablo mostrándole que él fue el instrumento escogido "para que lleve [el] nombre [de Dios] en presencia de los gentiles, y de reyes, y de los hijos de Israel" (Hch 9:15).

El libro de los Hechos nos cuenta que luego Pablo "en las sinagogas predicaba a Cristo, diciendo que este era el Hijo de Dios" (Hch 9:20), lo cual provocó que los judíos en Damasco planearan matarlo. Por esta razón Pablo tuvo que huir y poco tiempo después volvió a Jerusalén. Este libro es un resumen que al no ofrecer un panorama detallado de los acontecimientos nos obliga a completar los eventos con información que Pablo comparte en sus epístolas. Como ya hemos visto en el tercer capítulo de este libro – "Pablo, un esbozo biográfico", que Pablo, después de su conversión "[no fue] a Jerusalén a los que eran apóstoles antes de [él]," sino que "[fue] a la Arabia, y [volvió] de nuevo a Damasco" (Gál 1:17). Como se mencionó en ese mismo capítulo, con esto Pablo se refiere probablemente al reino nabateo en el norte de la península de Arabia.

Es factible que las prédicas de Pablo allí hubieran generado cierta resistencia hacia él. Aunque Lucas en el libro de los Hechos solamente menciona el deseo de *los judíos* de matar a Pablo como la razón por la cual se sintió obligado a dejar la ciudad de Damasco,[17] el

---

[17] "[Pero] Saulo mucho más se esforzaba, y confundía a los judíos que moraban en Damasco, afirmando que este es el Cristo. Y como pasaron muchos días, los judíos hicieron entre sí consejo de matarle; mas las asechanzas de ellos fueron entendidas de Saulo. Y ellos guardaban las puertas de día y de noche para matarle. Entonces

apóstol justifica su huida con la amenaza de Aretas IV, rey de los nabateos hasta el año 40 d.C.[18] Puede ser que tanto Lucas como Pablo tengan razón. La amenaza seguramente se debe a las actividades de Pablo dentro del reino nabateo justamente después de haber dejado Damasco como recién convertido. Además, en la epístola a los Gálatas Pablo dice que "[volvió] de nuevo a Damasco" (Gál 1:17), y es en *aquella* ocasión tuvo que huir. Este hecho no se aclara bien en el libro de los Hechos, pues resume la biografía de Pablo dejándonos con la impresión de que solamente estuvo una vez en Damasco. Cuando Hechos data la huida de Pablo en relación con su conversión a Cristo durante su primera visita a Damasco con las palabras "pasaron muchos días" (Hch 9:23), estas últimas palabras también sintetizan la historia. En realidad, Pablo cuenta tres años a partir de su conversión a Cristo hasta su regreso a Jerusalén, aunque tal vez quiere decir que había pasado dos años y ya estaba en el tercer año.[19] En el libro de los Hechos, por el contrario, el regreso a Jerusalén ocurre después de "muchos días".[20]

Uno de los objetivos que Pablo tenía al visitar Jerusalén era conocer al apóstol Pedro, pero inicialmente había pocas personas que creían que el primero fuese un cristiano verdadero. Fue Bernabé[21] quien primeramente tuvo confianza en Pablo y comentó el caso a los apóstoles, a Pedro y Santiago (el hermano de Jesús).[22] Pablo se quedó

---

los discípulos, tomándole de noche, le bajaron por el muro en una [canasta]" (Hch 9:22-25).

[18] "En Damasco, el gobernador de la provincia del rey Aretas guardaba la ciudad de los Damascenos para prenderme; y fui descolgado del muro en un [canasto] por una ventana, y escapé de sus manos" (2 Cor 11:32-33).

[19] "Ni fui a Jerusalén a los que eran apóstoles antes que yo; sino que me fui a la Arabia, y volví de nuevo a Damasco. Después, pasados tres años, fui a Jerusalén a ver a Pedro, y estuve con él quince días. Mas a ningún otro de los apóstoles vi, sino a Jacobo el hermano del Señor" (Gál 1:17-19).

[20] Barrett, *A Critical and Exegetical Commentary on the Acts of the Apostles*. Vol. 1 (2010), pp. 460-71. Véase también, Bruce, *The Epistle to the Galatians. A Commentary on the Greek Text* (1982), pp. 94-7.

[21] "Entonces José, que fue llamado de los apóstoles por sobrenombre, Bernabé, (que significa Hijo de consolación) Levita, natural de [Chipre]" (Hch 4:36).

[22] "Entonces Bernabé, tomándole, lo trajo a los apóstoles, y les contó cómo había visto al Señor en el camino, y que le había hablado, y cómo en Damasco había hablado confiadamente en el nombre de Jesús" (Hch 9:27).

dos semanas en Jerusalén, pero allí enfrentó oposición después de haber empezado a predicar a los judíos de habla griega. La iglesia entonces le envió de vuelta a su ciudad natal, Tarso, en la Turquía actual.[23]

Durante la persecución de los cristianos de Jerusalén Esteban sufrió el martirio y Pedro y Juan fueron temporalmente encarcelados. Aparte de los apóstoles, los cuales aparentemente se quedaron en Jerusalén, la iglesia como tal fue "[esparcida] por las tierras de Judea y de Samaria" (Hch 8:1). Muchos de los miembros fueron más lejos y algunos llegaron a Antioquía en Siria.[24] Allí fue formada una iglesia cristiana que en su mayoría estaba formada por no judíos. La iglesia de Jerusalén, cuyos miembros habían regresado, se enteró del avivamiento de Antioquía y enviaron a Bernabé. Bernabé fue confortado durante su visita y luego se dirigió a Tarso donde pudo convencer a Pablo de acompañarle a Antioquía. Allí los dos trabajaron juntos en la iglesia, por un año, y "los discípulos fueron llamados cristianos primeramente en Antioquía" (Hch 11:26). Como ya se ha mencionado en el tercer capítulo de este libro, Pablo hizo posteriormente junto a Bernabé una visita breve a Jerusalén para entregar una ofrenda de parte de la iglesia de Antioquía.[25]

Lucas menciona otra persecución a los cristianos de Jerusalén, esta vez bajo Herodes Agripa I, nieto de Herodes I 'el Grande', quien fuera responsable de la muerte del discípulo Jacobo (hermano de

---

[23] "Y hablaba confiadamente en el nombre del Señor: y disputaba con los griegos; mas ellos procuraban matarle. Lo cual, como los hermanos entendieron, le acompañaron hasta Cesarea, y le enviaron a Tarso" (Hch 9:29-30).

[24] "Y los que habían sido esparcidos por causa de la tribulación que sobrevino en tiempo de Esteban, anduvieron hasta Fenicia, y [Chipre], y Antioquía, no hablando a nadie la palabra, sino solo a los judíos. Y de ellos había unos varones [de Chipre] y [de Cirene], los cuales como entraron en Antioquía, hablaron a los griegos, anunciando el evangelio del Señor Jesús. Y la mano del Señor era con ellos: y creyendo, gran número se convirtió al Señor" (Hch 11:19-21).

[25] "Y en aquellos días descendieron de Jerusalén profetas a Antioquía. Y levantándose uno de ellos, llamado Agabo, daba a entender por Espíritu, que había de haber una grande hambre en toda la tierra habitada: la cual hubo en tiempo de Claudio. Entonces los discípulos, cada uno conforme a lo que tenía, determinaron enviar subsidio a los hermanos que habitaban en Judea: lo cual asimismo hicieron, enviándolo a los ancianos por mano de Bernabé y de Saulo" (Hch 11:27-30).

Juan) y del presidio de Pedro.[26] Por un milagro Pedro escapó de la cárcel. De nuevo, el libro de los Hechos nos ofrece un relato resumido de la situación; como Herodes Agripa I probablemente murió en el año 44 d.C., y la visita de Pablo y Bernabé a Jerusalén, se menciona "en el mismo tiempo" (Hch 12:1), esta parece haber transcurrido alrededor de los años 46-47 d.C.[27]

Desde Jerusalén Pablo y Bernabé regresaron a Antioquía junto con Marcos como colaborador adicional.[28] A partir de este momento el libro de los Hechos exclusivamente habla de Pablo y sus misiones. Esta parte de los Hechos en gran medida ya ha sido documentada en el tercer capítulo de este libro. El primer viaje misionero de Pablo está cubierto en Hechos 13 y 14. En Antioquía en Pisidia muchas personas aceptaron la fe cristiana, pero debido a una persecución masiva Pablo y Bernabé decidieron seguir a Iconio donde también fue necesario dejar la ciudad porque la situación se agravó. En Listra Pablo fue apedreado.

El concilio de Jerusalén, descrito en Hechos 15, también ha sido suficientemente tratado en el capítulo tres de este libro y no necesita ningún comentario adicional. Lo mismo tiene que ver con el segundo (Hch 15:39–18:22) y tercer viaje misionero de Pablo (Hch 18:23–21:16), al igual que las dos encarcelaciones de Pablo en Cesarea y Roma, respectivamente. El libro de los Hechos termina con su presidio en Roma.

---

[26] "Y en el mismo tiempo el rey Herodes echó mano a maltratar algunos de la iglesia, Y mató a cuchillo a Jacobo, hermano de Juan. Y viendo que había agradado a los judíos, pasó adelante para prender también a Pedro" (Hch 12:1-3).

[27] Barrett, *A Critical and Exegetical Commentary on the Acts of the Apostles*. Vol. 1 (2010), pp. 573, 595-6.

[28] "Y Bernabé y Saulo volvieron de Jerusalén cumplido su servicio, tomando también consigo a Juan, el que tenía por sobrenombre Marcos" (Hch 12:25).

6

LAS EPÍSTOLAS NO PAULINAS

Este capítulo considera, como su título lo indica, las epístolas del Nuevo Testamento que no fueron escritas por Pablo. Se trata de ocho epístolas: la epístola a los Hebreos, la epístola de Santiago, la epístola de Judas, la primera y segunda epístola de Pedro, y la primera, segunda y tercera epístola de Juan. Esta será la secuencia que vamos a seguir a continuación.

La epístola a los Hebreos

El autor de esta epístola es desconocido y solo podríamos decir que posiblemente fue escrita entre los años 60 y 90 d.C.; lamentablemente tampoco tenemos mucho conocimiento sobre quiénes eran sus destinatarios, si eran cristianos judíos, cristianos gentiles o una mezcla. Las últimas palabras "Los de Italia os saludan" *puede* implicar un saludo a su propia iglesia en Italia, tal vez en Roma, pero no tenemos suficientes datos para sacar conclusiones definitivas. Lo que podemos deducir del contenido, es que previamente han sido perseguidos y algunos probablemente encarcelados.[1] De hecho

---

[1] "[Pero] traed a la memoria los días pasados, en los cuales, después de haber sido iluminados, sufristeis gran combate de aflicciones: por una parte, ciertamente, con vituperios y tribulaciones fuisteis hechos espectáculo; y por otra parte hechos compañeros de los que estaban en tal estado. Porque de mis prisiones también os resentisteis conmigo, y el robo de vuestros bienes padecisteis con gozo, conociendo que tenéis en vosotros una mejor sustancia en los cielos, y que permanece" (Heb

entendemos que varios miembros de esta iglesia ya no participaban activamente en sus reuniones.[2] Por otro lado, la epístola tiene algunas características literarias similares a otras epístolas del Nuevo Testamento, aunque se parece más a un sermón largo.

La epístola a los Hebreos empieza con un elogio a Jesús. Mientras que Dios anteriormente ha hablado a través de los profetas del Antiguo Testamento por medio de sueños y visiones, su declaración culmina con el mismo Jesús.[3] Jesús es exaltado por encima de todos aquellos que Dios ha utilizado anteriormente para hablar a su pueblo.

El autor de la epístola describe a Jesús como creador del mundo y "heredero de todo" (Heb 1:2). Después de haber completado su obra de salvación, Jesús "se sentó a la diestra de la Majestad en las alturas" (Heb 1:3). Esta expresión apunta a su posición de soberanía, y el autor sigue proclamando que Jesús es "hecho tanto más excelente que los ángeles" (Heb 1:4). Por supuesto, Jesús siempre ha sido mucho más grande que los ángeles, pero de forma específica se manifiesta cuando Él fue exaltado 'a la diestra de la Majestad'. Jesús no solo es llamado 'Hijo', sino Dios[4] y así se pone de manifiesto que Él como tal es eterno y tiene existencia propia desde antes de que fuese hecho hombre.[5]

Según las tradiciones judías y cristianas, la Ley del antiguo pacto fue recibida "por disposición de ángeles" (Hch 7:53), y si el pueblo de Israel fue obligado a cumplir con sus mandamientos durante el antiguo pacto, ¿cuánto más grave es no hacer caso de la salvación ya

---

10:32-34). Attridge, *The Epistle to the Hebrews. A Commentary on the Epistle to the Hebrews* (1989), pp. 1-10.

[2] "Y considerémonos los unos a los otros para provocarnos al amor y a las buenas obras; no dejando nuestra congregación, como algunos tienen por costumbre, mas exhortándonos; y tanto más, cuanto veis que aquel día se acerca" (Heb 10:24-25).

[3] "Dios, habiendo hablado muchas veces y en muchas maneras en otro tiempo a los padres por los profetas, en estos postreros días nos ha hablado por el Hijo" (Heb 1:1-2).

[4] "Mas al Hijo: tu trono, oh Dios, por el siglo del siglo; vara de equidad la vara de tu reino; has amado la justicia y aborrecido la maldad; por lo cual te ungió Dios, el Dios tuyo, con óleo de alegría más que a tus compañeros" (Heb 1:8-9).

[5] "Y: tú, oh Señor, en el principio fundaste la tierra; y los cielos son obras de tus manos" (Heb 1:10).

que Jesús es más grande que los ángeles?[6] Es verdad que Jesús temporalmente – como ser humano – fue "hecho un poco menor que los ángeles" (Heb 2:9), pero al completar la obra de la salvación, fue exaltado de nuevo.[7] Jesús no solo es verdadero Dios, sino también se hizo verdadero hombre para poder consumar la salvación.[8]

Jesús no solo es más grande que los ángeles, sino también más grande que Moisés. Si Dios se enojó con el pueblo de Israel por no haber confiado en Él a pesar de todas sus obras de bondad hacia ellos, ¿cuán importante es que durante esta época del nuevo pacto que su pueblo no "se endurezca con engaño de pecado" (Heb 3:13)? Aunque Dios había prometido reposo al pueblo de Israel después de que entrara en la tierra prometida, aquella misma promesa llevaba un sentido más profundo extendiéndose a los creyentes del nuevo pacto. Sin embargo, es importante que nadie "se quede atrás" (Heb 4:1), y ese objetivo más profundo fue profetizado por David cientos de años después de que Josué hubiera llevado al pueblo de Israel a la tierra prometida.[9]

El autor de la epístola a los Hebreos exhorta a sus lectores, incluyendo a sí mismo como objeto de tal exhortación: "Procuremos pues de entrar en aquel reposo; que ninguno caiga en semejante

---

[6] "Por lo tanto, es necesario que con más diligencia atendamos a las cosas que hemos oído, no sea que nos deslicemos. Pues si la palabra dicha por los ángeles fue firme, y toda transgresión y desobediencia recibió justa retribución, ¿cómo escaparemos nosotros si descuidamos una salvación tan grande? Esta salvación, que al principio fue declarada por el Señor, nos fue confirmada por medio de los que oyeron" (Heb 2:1-3). Attridge, *The Epistle to the Hebrews. A Commentary on the Epistle to the Hebrews* (1989), pp. 64-5.

[7] "Tú le hiciste un poco menor que los ángeles, le coronaste de gloria y de honra, y le pusiste sobre las obras de tus manos; todas las cosas sujetaste debajo de sus pies. Porque en cuanto le sujetó todas las cosas, nada dejó que no sea sujeto a él; mas aun nos vamos que todas las cosas le sean sujetas" (Heb 2:7-8).

[8] "Así que, por cuanto los hijos participaron de carne y sangre, él también participó de lo mismo, para destruir por la muerte al que tenía el imperio de la muerte, es a saber, al diablo, y librar a los que por el temor de la muerte estaban por toda la vida sujetos a servidumbre" (Heb 2:14-15).

[9] "Determina otra vez un cierto día, diciendo por David: hoy, después de tanto tiempo; como está dicho: si oyereis su voz hoy, no endurezcáis vuestros corazones. Porque si Josué le hubiera dado el reposo, no hablaría después de otro día. Por tanto, queda un reposo para el pueblo de Dios" (Heb 4:7-9).

ejemplo de desobediencia" (Heb 4:11). Probablemente se refiere a reposo de todo aquello que pueda ser una carga durante la vida terrenal. Este reposo se recibe al alcanzar la salvación final en el cielo. Para esto, el autor se apoya entre otros textos en el Salmo 95,[10] recomendando a los lectores aceptar la misma exhortación de la Palabra de Dios sobre no endurecerse por la incredulidad.[11] La Palabra de Dios escudriña y detecta, justamente como el mismo Dios, lo que hay en la profundidad de nuestro ser, incluso nuestra posible incredulidad.[12]

No obstante, el mensaje principal de la epístola es de consuelo: Jesús es nuestro "sumo sacerdote" tanto por el perdón de nuestros pecados como porque intercede por nosotros. Como ser humano Él ha sido "tentado en todo según nuestra semejanza, pero sin pecado" y puede "compadecerse de nuestras flaquezas" (Heb 4:15). Por esta razón somos exhortados a acercarnos "confiadamente al trono de la gracia, para alcanzar misericordia, y hallar gracia para el oportuno socorro" (Heb 4:16). Al ser Jesús más grande que Moisés, como sumo sacerdote, es incluso más grande que la Ley y el sacerdocio veterotestamentario.

Los receptores de la epístola a los Hebreos son exhortados a no seguir a los del pueblo de Israel que fueron juzgados por su incredulidad, sino a seguir al patriarca Abraham, el cual creyó la promesa de Dios de que iba a ser progenitor de un pueblo grande, y aquello a pesar del hecho de que él mismo y su esposa Sara eran de

---

[10] "No endurezcáis vuestro corazón como en Meriba, como el día de Masa en el desierto; donde me tentaron vuestros padres, me probaron, y vieron mi obra. Cuarenta años estuve disgustado con la nación, y dije: pueblo es que divaga de corazón, y no han conocido mis caminos. Por tanto juré en mi furor que no entrarían en mi reposo" (Sal 95:8-11).

[11] Attridge, *The Epistle to the Hebrews. A Commentary on the Epistle to the Hebrews* (1989), p. 131.

[12] "Porque la palabra de Dios es viva y eficaz, y más penetrante que toda espada de dos filos: que alcanza hasta partir el alma, y aun el espíritu, y las coyunturas y tuétanos, y discierne los pensamientos y las intenciones del corazón. Y no hay cosa creada que no sea manifiesta en su presencia; antes todas las cosas están desnudas y abiertas a los ojos de aquel a quien tenemos que dar cuenta" (Heb 4:12-13).

edad muy avanzada.[13] Además, el autor confía en que sus lectores seguirán sus recomendaciones.[14]

La epístola a los Hebreos menciona al personaje veterotestamentario llamado Melquisedec, el cual fue tanto sacerdote como rey. En relación con el hecho de que Lot, el sobrino de Abraham, había sido secuestrado y luego liberado, el libro de Génesis capítulo 14 describe un encuentro entre Abraham y Melquisedec donde Abraham le entrega el diezmo de los bienes que había recuperado de los secuestradores de Lot. El libro de Génesis apenas da información sobre Melquisedec, así que el autor de Hebreos solo puede decir que Melquisedec es "sin padre, sin madre, sin linaje", que "ni tiene principio de días, ni fin de vida, mas hecho semejante al Hijo de Dios, [y que] permanece sacerdote para siempre" (Heb 7:3). El autor aquí aprovecha el hecho de que no tenemos ningún conocimiento acerca de la situación familiar de Melquisedec, ni de su nacimiento y muerte. El hecho de que Abraham le entregase su diezmo, indica que Melquisedec era "más grande que" y de rango más alto que Abraham. Por otro lado, al ser Leví del linaje de Abraham también los sacerdotes levitas bajo el antiguo pacto descendían de Abraham (siendo descendientes de Aarón, hermano de Moisés), así queda demostrado que el sacerdocio del antiguo pacto es inferior al sacerdocio de Melquisedec.[15]

---

[13] "Mas deseamos que cada uno de vosotros muestre la misma solicitud hasta el [fin], para cumplimiento de la esperanza: que no os hagáis perezosos, mas imitadores de aquellos que por la fe y la paciencia heredan las promesas. Porque prometiendo Dios a Abraham, no pudiendo jurar por otro mayor, juró por sí mismo, diciendo: de cierto te bendeciré bendiciendo, y multiplicando te multiplicaré" (Heb 6:11-14).

[14] "Pero aunque hablamos así, oh amados, en cuanto a ustedes estamos persuadidos de cosas mejores que pertenecen a la salvación. Porque Dios no es injusto para olvidar la obra de ustedes y el amor que han demostrado por su nombre, porque han atendido a los santos y lo siguen haciendo" (Heb 6:9-10).

[15] "Mirad pues cuán grande fue este, al cual aun Abraham el patriarca dio diezmos de los despojos. Y ciertamente los que de los hijos de Leví toman el sacerdocio, tienen mandamiento de tomar del pueblo los diezmos según la ley, es a saber, de sus hermanos aunque también hayan salido de los lomos de Abraham. Mas aquél cuya genealogía no es contada de ellos, tomó de Abraham los diezmos, y bendijo al que tenía las promesas. Y sin contradicción alguna, lo que es menos es bendecido de lo que es más" (Heb 7:4-7).

El autor hace constar que tanto la Ley como el sacerdocio del antiguo pacto tuvieron un valor limitado pues no lograron hacer perfecto al pueblo de Israel, por lo tanto, había necesidad de otro tipo de sacerdocio. El sacerdocio de Jesús tiene similitudes significantes con el sacerdocio de Melquisedec pues Jesús no era descendiente de la tribu de Leví (como tampoco lo fue Melquisedec) sino de Judá, por tanto no calificaba para ser sacerdote en el sentido veterotestamentario.[16] Sin embargo, Jesús es sumo sacerdote según un mejor pacto que el antiguo pacto[17] e intercede por nosotros.[18] Como sumo sacerdote es perfecto, y a diferencia de los sacerdotes según el antiguo pacto, no necesita ofrecer sacrificios por sus propios pecados.[19]

El autor reitera que Jesús está sentado a la diestra del Padre[20] y ahora ministra como sacerdote en la presencia de Dios en el cielo, "aquel verdadero tabernáculo que el Señor asentó" (Heb 8:2). Mientras que el sumo sacerdote bajo el antiguo pacto ofrecía presentes y sacrificios para perdón de pecados del pueblo de Israel, Jesús entregó su propia vida.[21] A través de lenguaje simbólico dice que Jesús ministra como sumo sacerdote en un tabernáculo celestial, mientras que el tabernáculo bajo el antiguo pacto "sirve de bosquejo

---

[16] "Si pues la perfección era por el sacerdocio Levítico (porque debajo de él recibió el pueblo la ley) ¿qué necesidad había aún de que se levantase otro sacerdote según el orden de Melquisedec, y que no fuese llamado según el orden de Aarón? Pues mudado el sacerdocio, necesario es que es haga también mudanza de la ley. Porque aquel del cual esto se dice, de otra tribu es, de la cual nadie asistió al altar. Porque notorio es que el Señor nuestro nació de la tribu de Judá, sobre cuya tribu nada habló Moisés tocante al sacerdocio" (Heb 7:11-14).

[17] "Tanto de mejor pacto es hecho fiador Jesús" (Heb 7:22).

[18] "Por lo cual puede también salvar eternamente a los que por él se [acercan] a Dios, viviendo siempre para interceder por ellos" (Heb 7:25).

[19] "Porque tal [sumo sacerdote] nos convenía: santo, inocente, limpio, apartado de los pecadores, y hecho más sublime que los cielos; que no tiene necesidad cada día, como los otros sacerdotes, de ofrecer primero sacrificios por sus pecados, y luego por los del pueblo: porque esto lo hizo una sola vez, ofreciéndose a sí mismo" (Heb 7:26-27).

[20] "Así que, la suma acerca de lo dicho es: tenemos tal [sumo sacerdote] que se asentó a la diestra del trono de la Majestad en los cielos" (Heb 8:1).

[21] "Porque todo [sumo sacerdote] es puesto para ofrecer presentes y sacrificios: por lo cual es necesario que también [Jesús] tuviese algo que ofrecer" (Heb 8:3).

y sombra de las cosas celestiales" (Heb 8:5). Pronto vamos a volver a este lenguaje simbólico. Primeramente, el autor hace constar, otra vez, que el nuevo pacto inaugurado por Jesús es mejor que el antiguo pacto[22] pues el nuevo pacto transforma el creyente, sus pecados son verdaderamente perdonados y sus conciencias limpiadas.[23]

Mientras que el sumo sacerdote una vez por año bajo el antiguo pacto tenía que entrar al lugar santísimo, el santuario más allá del velo, con un becerro para su propia expiación (y la de su familia) y un carnero para expiación del pueblo de Israel (Lev 16), Jesús se presentó ante Dios con su propia sangre.[24] Mientras que el antiguo pacto con su sacerdocio y sus ofrendas solamente podía ofrecer una purificación exterior, Jesús puede limpiar "[nuestras] conciencias de las obras de muerte para que [sirvamos] al Dios vivo" (Heb 9:14), así ha sido "mediador del nuevo pacto" (Heb 9:15).

Unas líneas atrás mencionamos el lenguaje simbólico de la epístola a los Hebreos al hablar de cómo Jesús como sumo sacerdote ministra

---

[22] "Mas ahora tanto mejor ministerio es el suyo, cuanto es mediador de un mejor pacto, el cual ha sido formado sobre mejores promesas. Porque si aquel primero fuera sin falta, cierto no se hubiera procurado lugar de segundo" (Heb 8:6-7).

[23] "Porque reprendiéndolos dice: he aquí vienen días, dice el Señor, y consumaré para con la casa de Israel y para con la casa de Judá un nuevo pacto; no como el pacto que hice con sus padres el día que los tomé por la mano para sacarlos de la tierra de Egipto: porque ellos no permanecieron en mi pacto, y yo los menosprecié, dice el Señor. Por lo cual, este es el pacto que ordenaré a la casa de Israel después de aquellos días, dice el Señor: daré mis leyes en el alma de ellos, y sobre el corazón de ellos las escribiré; y seré a ellos por Dios, y ellos me serán a mí por pueblo: y ninguno enseñará a su prójimo, ni ninguno a su hermano, diciendo: conoce al Señor: porque todos me conocerán desde el menor de ellos hasta el mayor. Porque seré propicio a sus injusticias, y de sus pecados y de sus iniquidades no me acordaré más" (Heb 8:8-12). "Lo cual era figura de aquel tiempo presente [o sea durante el antiguo pacto], en el cual se ofrecían presentes y sacrificios que no podían hacer perfecto, cuanto a la conciencia, al que servía con ellos" (Heb 9: 9). "¿Cuánto más la sangre de Cristo, el cual por el Espíritu eterno se ofreció a sí mismo sin mancha a Dios, limpiará vuestras conciencias de las obras de muerte para que sirváis al Dios vivo?" (Heb 9:14).

[24] "Mas en el segundo, solo el [sumo sacerdote] una vez en el año, no sin sangre, la cual ofrece por sí mismo, y por los pecados de la ignorancia del pueblo" (Heb 9:7). "Mas estando ya presente Cristo, [sumo sacerdote] de los bienes que habían de venir, por el más amplio y más perfecto tabernáculo, no hecho de manos, es a saber, no de esta creación; y no por sangre de machos cabríos ni de becerros, mas por su propia sangre, entró una sola vez en el santuario, habiendo obtenido eterna redención" (Heb 9:11-12).

en un santuario "celestial", mientras que el tabernáculo bajo el antiguo pacto "sirve de bosquejo y sombra" (Heb 8:5) de ello. El contraste entre la santificación del antiguo pacto para purificación exterior, o sea para "purificación de la carne" (Heb 9:13), y la muerte de Jesús que reconcilió al hombre con Dios pues Él "por el Espíritu eterno se ofreció a sí mismo sin mancha a Dios, [limpiando nuestras] conciencias" (Heb 9:14), me permite concluir que la referencia al "santuario celestial" es una descripción simbólica de la presencia verdadera de Dios. "Fue, pues, necesario que las figuras de las cosas celestiales fuesen purificadas con [sangre de animales]; [pero] las mismas cosas celestiales con mejores sacrificios que estos" (Heb 9:23). La práctica del antiguo pacto, donde se rociaba sangre de animales por ejemplo en "el tabernáculo y todos los vasos del ministerio" como "casi todo es purificado según la ley con sangre" porque "sin derramamiento de sangre no se hace remisión" (Heb 9:21-23), es un "bosquejo y sombra de las cosas celestiales" (Heb 8:5). "Las cosas celestiales" las veo sencillamente como los frutos del nuevo pacto cuando somos salvos y nuestra conciencia es limpiada. El nuevo pacto se basa en un sacrificio de sangre, la sangre de Jesús y es así que, como creyentes bajo el nuevo pacto, somos purificados "con mejores sacrificios que estos [que estaban bajo el antiguo pacto] (Heb 9:23).

Jesús, a diferencia del sumo sacerdote en el Antiguo Testamento, no entró en un tabernáculo físico, el cual simbolizaba la presencia de Dios, sino que entró en la presencia celestial de Dios.[25] El hecho de que la presencia celestial de Dios se describa como el 'santuario verdadero' (Heb 9:24), no puede ser interpretado como que el tabernáculo en el Antiguo Testamento era una copia física de un santuario celestial.

Cuando el autor de la epístola a los Hebreos dice que "la ley [tiene] la sombra de los bienes venideros" (Heb 10:1), está pensando en el antiguo pacto como tal, que incluía la ley, el sacerdocio y las ofrendas.[26] Por esa razón, Jesús ha "ofrecido por los pecados un solo

---

[25] "Porque no entró Cristo en el santuario hecho de mano, figura del verdadero, sino en el mismo cielo para presentarse ahora por nosotros en la presencia de Dios" (Heb 9:24).

[26] "Porque la ley, teniendo la sombra de los bienes venideros, no la imagen misma de las cosas, nunca puede, por los mismos sacrificios que ofrecen continuamente

sacrificio para siempre, [y luego para siempre] está sentado a la diestra de Dios, esperando lo que resta, hasta que sus enemigos sean puestos por estrado de sus pies" (Heb 10:12-13); mientras tanto, nosotros tenemos "libertad para entrar a la presencia de Dios por la sangre de Jesucristo" (Heb 10:19).

Mientras que la presencia de Dios bajo el antiguo pacto solamente era accesible para el sumo sacerdote, una vez por año, cuando atravesaba el velo hasta el recinto interior del tabernáculo (el lugar santísimo), el creyente del nuevo pacto tiene acceso continuo pues Jesús "nos consagró [un santuario] nuevo y vivo, por el velo, esto es, por su carne" (Heb 10:20). Tal como el velo señalaba la entrada a la presencia de Dios bajo el antiguo pacto, la muerte y la resurrección física de Jesús hace lo mismo bajo el nuevo pacto.

En este libro la iglesia es exhortada a entrar en la presencia de Dios con sinceridad, "con corazón verdadero" (Heb 10:22), con fe y confianza, y con una conciencia limpia.[27] Los miembros son exhortados a persistir en las promesas salvíficas de Dios, las cuales se cumplirán en la segunda venida de Jesús.[28] Además son exhortados a "[considerarnos] los unos a los otros para provocarnos al amor y a las buenas obras" (Heb 10:24). Lamentablemente hay algunos miembros de la iglesia que han dejado de congregarse, y con palabras fuertes el autor advierte contra una deserción consciente de la fe cristiana.[29]

---

cada año, hacer perfectos a los que se [acercan]. De otra manera cesarían de ofrecerse; porque los que tributan este culto, limpios de una vez, no tendrían más conciencia de pecado. [Pero] en estos sacrificios cada año se hace conmemoración de los pecados. Porque la sangre de los toros y de los machos cabríos no puede quitar los pecados" (Heb 10:1-4).

[27] "[Acerquémonos] con corazón verdadero, en plena certidumbre de fe, purificados los corazones de mala conciencia, y lavados los cuerpos con agua limpia" (Heb 10:22).

[28] "Mantengamos firme la profesión de nuestra fe sin fluctuar; que fiel es el que prometió" (Heb 10:23).

[29] "Porque si pecamos voluntariamente después de haber recibido el conocimiento de la verdad, ya no queda sacrificio por el pecado. Sino una horrenda esperanza de juicio, y hervor de fuego que ha de devorar a los adversarios" (Heb 10:26-27).

Jesús volverá pronto,[30] y es importante permanecer fielmente en la fe, en vez de 'retroceder'.[31] La iglesia es exhortada a no perder su "confianza, que tiene grande remuneración de galardón" (Heb 10:35). Aquí seguramente habla de predicar el evangelio con confianza, a pesar de ser perseguidos por su causa, lo cual no es una experiencia nueva para ellos.[32]

¿Cuál es el significado de las palabras "El justo, por la fe vivirá" en este contexto? Por supuesto, no es suficiente creer en la existencia de Dios.[33] Cada uno también debe creer que Dios está actuando permanentemente de conformidad con la fe del creyente y, que "sin fe es imposible agradar a Dios" (Heb 11:6). La fe, por lo demás, se define como "la [certeza] de las cosas que se esperan, la demostración de las cosas que no se ven" (Heb 11:1). "Las cosas" que los creyentes "[no ven]", incluyen la existencia de Dios y su fidelidad hacia su propia palabra.[34] Así, la fe se puede definir como la convicción de que Dios actuará en conformidad con sus promesas en la Biblia. La fe es una relación de confianza con Dios, que incluye obediencia, como podemos ver a través de varios ejemplos en el Antiguo Testamento.[35]

En cuanto a los patriarcas Abraham, Isaac y Jacob, no solamente se les había prometido ser progenitores de un pueblo grande (Israel),

---

[30] "Porque aun un poquito, y el que ha de venir vendrá, y no tardará" (Heb 10:37).

[31] "Ahora el justo vivirá por fe; mas si se retira no agradará a mi alma. Pero nosotros no somos tales que nos retiremos para perdición, sino fieles para ganancia del alma" (Heb 10:38-39).

[32] "[Pero] traed a la memoria los días pasados, en los cuales, después de haber sido iluminados, sufristeis gran combate de aflicciones: por una parte, ciertamente, con vituperios y tribulaciones fuisteis hechos espectáculo y por otra parte hechos compañeros de los que estaban en tal estado. Porque de mis prisiones también os resentisteis conmigo, y el robo de vuestros bienes padecisteis con gozo, conociendo que tenéis en vosotros una mejor sustancia en los cielos, y que permanece" (Heb 10:32-34).

[33] "Y sin fe es imposible agradar a Dios, porque es necesario que el que se acerca a Dios crea que él existe y que es galardonador de los que le buscan" (Heb 11:6).

[34] Attridge, *The Epistle to the Hebrews. A Commentary on the Epistle to the Hebrews* (1989), p. 311.

[35] "Por la fe Noé, habiendo recibido respuesta de cosas que aun no se veían, con temor aparejó el arca en que su casa se salvase: por la cual fe condenó al mundo, y fue hecho heredero de la justicia que es por la fe. Por la fe Abraham, siendo llamado, obedeció para salir al lugar que había de recibir por heredad; y salió sin saber dónde iba" (Heb 11:7-8).

sino que "esperaba[n] una ciudad con fundamentos, el artífice y hacedor de la cual es Dios" (Heb 11:10). El autor sigue: "Conforme a la fe murieron todos estos sin haber recibido las promesas, sino mirándolas de lejos, y creyéndolas, y saludándolas, y confesando que eran peregrinos y advenedizos sobre la tierra" (Heb 11:13). El autor de la epístola a los Hebreos sostiene que lo que fundamentalmente esperaban, no era la promesa de una patria terrenal, sino "deseaban la mejor, es a saber, la celestial" (Heb 11:16).

No fueron solamente los patriarcas quienes murieron sin que las promesas hubieran sido cumplidas. También estaban aquellos "que por fe ganaron reinos, obraron justicia, alcanzaron promesas y, taparon las bocas de leones" (Heb 11:33), además había "mujeres [que] recibieron sus muertos por resurrección" (Heb 11:35). "Otros, [no obstante], fueron [atormentados] no aceptando el rescate, para ganar mejor resurrección; otros experimentaron vituperios y azotes; y a más de esto prisiones y cárceles; fueron apedreados, aserrados, tentados, muertos a cuchillo; anduvieron de acá para allá cubiertos de pieles de ovejas y de cabras, pobres, angustiados, maltratados" (Heb 11:35-37). Y a pesar de que no todos alcanzaron lo que había sido prometido, fueron "aprobados por testimonio de la fe" (Heb 11:39). Seguramente aquí se hace referencia particularmente a la perseverancia de la fe en medio de varios tipos de adversidad.

Al igual que aquellos testigos de la fe, el autor de la epístola a los Hebreos exhorta también a los lectores a "[dejar] todo el peso del pecado",[36] "[poniendo] los ojos en [...] Jesús" (Heb 12:1-2). Un modelo mejor que los testigos del Antiguo Testamento es el mismo Jesús, "el cual, [por el gozo puesto delante de Él], sufrió la cruz, menospreciando la vergüenza, y se sentó a la diestra del trono de Dios" (Heb 12:2). Lo que corresponda a los receptores de la epístola es soportar en cuanto a sufrimiento y persecuciones y, hay que considerarlo como algo permitido por Dios.[37] El autor los advierte

---

[36] "Por tanto nosotros también, teniendo en derredor nuestro una tan grande nube de testigos, dejando todo el peso del pecado que nos rodea, corramos con paciencia la carrera que nos es propuesta" (Heb 12:1).

[37] "Si sufrís el castigo, Dios se os presenta como a hijos; porque ¿qué hijo es aquel a quien el padre no castiga?" (Heb 12:7).

contra la amargura, y en particular, que la amargura no se extienda.[38] La epístola termina con exhortaciones prácticas en cuanto a la importancia de la hospitalidad, la pureza sexual, la preocupación por los que están presos por su fe cristiana y la advertencia contra el amor al dinero. También exhorta a los lectores a modelar sus vidas de conformidad con la de los fundadores de la iglesia; aquellos probablemente no viven, pero Jesús sigue siendo el mismo y esta verdad debe impulsarlos a no desviarse sino a continuar el mismo camino y como el autor de la epístola de los Hebreos también les ha enseñado.[39]

La epístola de Santiago

La epístola fue escrita por Santiago [Jacobo], y aunque el Nuevo Testamento menciona varias personas con este nombre,[40] en este caso no puede referirse a otra persona sino al mismo hermano del Señor Jesús[41], quien fuera líder de la iglesia de Jerusalén desde aproximadamente el año 40 hasta el 62 d.C. La epístola probablemente fue escrita en dicho período, tal vez con la asistencia de un secretario suficientemente competente en griego y sus receptores posiblemente eran cristianos judíos que vivían fuera de Palestina.[42]

---

[38] "Mirando bien que ninguno se aparte de la gracia de Dios, que ninguna raíz de amargura brotando os impida, y por ella muchos sean contaminados" (Heb 12:15).

[39] "Acordaos de vuestros pastores, que os hablaron la palabra de Dios; la fe de los cuales imitad, considerando cuál haya sido el éxito de su conducta. Jesucristo es el mismo ayer, y hoy, y por los siglos. No seáis llevados de acá por allá por doctrinas diversas y extrañas" (Heb 13:7-9). Attridge, *The Epistle to the Hebrews. A Commentary on the Epistle to the Hebrews* (1989), pp. 391-6.

[40] El discípulo Jacobo, o sea el hermano de Juan e hijo de Zebedeo, murió alrededor del año 44 d.C. Después del día de Pentecostés solamente es mencionado en relación con el rey Herodes, el cual lo "mató a cuchillo" (Hch 12:2). No escuchamos nada del discípulo Jacobo, hijo de Alfeo (Mar 3:18), después del día de Pentecostés, y difícilmente puede ser el autor.

[41] "Mas a ningún otro de los apóstoles vi, sino a Santiago el hermano del Señor" (Gál 1:19).

[42] "Jacobo [Santiago], siervo de Dios y del Señor Jesucristo, a las doce tribus que están esparcidas" (Stg 1:1). Davids, *The Epistle of James. A Commentary on the Greek Text* (1982), pp. 2-13.

Santiago anima a sus destinatarios a regocijarse en medio de sus dificultades porque cuando la fe es probada y la prueba es superada, "obra paciencia" (Stg 1:3). Pero la paciencia no es la única virtud que Dios quiere manifestar en el creyente, "tenga la paciencia perfecta su obra". Dios también quiere "que [sean] perfectos y cabales, sin faltar en alguna cosa" (Stg 1:4).

Luego tenemos una transición abrupta, y Santiago escribe que "si alguno de vosotros tiene falta de sabiduría, demándela a Dios, el cual da a todos abundantemente" (Stg 1:5). El autor está pensando aquí en la sabiduría que ayuda al creyente a permanecer firme en medio de las pruebas hasta que Dios haya completado la obra que quiere hacer a través de ellas.[43] Quizá las pruebas tienen que ver con falta de recursos económicos. En tal caso, no se debe estar enfocado en las circunstancias sino regocijarse en Cristo, en quien tenemos riqueza espiritual. Si alguno, por el contrario, es rico y tiene su deleite en sus recursos materiales sin sentir ninguna afinidad con los hermanos en la fe, a quienes tal vez les pueda hacer falta los recursos de los que él mismo goza, entonces este debe reconocer que lo único que tiene es dinero, pero desde una perspectiva espiritual no tiene absolutamente nada.[44]

Santiago escribe, "bienaventurado el varón que sufre la tentación" (Stg 1:12) y tal vez se refiere a los desafíos de la vida que pueden probar la fe individual. Aun si Dios permite las tentaciones, estas no son causadas directamente por Él y tampoco es Dios quien tienta a nadie a darse por vencido en medio de las pruebas, para probar la fe; Dios es bueno y no tienta a nadie. Las tentaciones provienen de adentro, de los deseos íntimos del ser humano.[45]

---

[43] Davids, *The Epistle of James. A Commentary on the Greek Text* (1982), p. 71.

[44] "El hermano que es de baja suerte, gloríese en su alteza: mas el que es rico, en su bajeza; porque él se pasará como la flor de la hierba" (Stg 1:9-10).

[45] "Bienaventurado el varón que sufre la tentación; porque cuando fuere probado, recibirá la corona de vida, que Dios ha prometido a los que le aman. Cuando alguno es tentado, no diga que es tentado de Dios: porque Dios no puede ser tentado de los malos, ni él tienta a alguno: sino que cada uno es tentado, cuando de su propia concupiscencia es atraído, y [seducido]. Y la concupiscencia, después que ha concebido, pare el pecado: y el pecado, siendo cumplido, engendra muerte" (Stg 1:12-15).

Dios es por siempre el mismo y quiere lo mejor para sus hijos.[46] La salvación es la evidencia de su bondad, y los salvados han sido nacidos "por la palabra de verdad" (Stg 1:18), o sea por la predicación del evangelio.

De la "palabra de verdad", Santiago dirige su atención a las palabras de los creyentes, "por esto, mis amados hermanos, todo hombre sea pronto para oír, tardío para hablar, tardío para airarse" (Stg 1:19).[47] También Santiago exhorta a apartarse de pecados específicos, además de "visitar a los huérfanos y a las viudas en sus tribulaciones" (Stg 1:27).

"Visitar a los huérfanos y a las viudas en sus tribulaciones" implica, entre otras cosas, defender los intereses de quienes cuentan con menos recursos económicos. En este contexto, tenemos un caso ficticio que probablemente se refiere a un conflicto entre dos personas, un rico y un pobre, donde la iglesia va a juzgar entre ellos. Si favorecen al rico por ser rico, a pesar del hecho de que Dios tiene un corazón especial a favor de los pobres,[48] no toman en cuenta que son los adinerados quienes tanto en el pasado como en la época de Santiago han sido los responsables de la opresión de los menesterosos. Además, hay muchas evidencias que demuestran que las iglesias están conformadas por creyentes que representan a la clase oprimida y han experimentado la discriminación social.[49] El autor exhorta a las iglesias a "[hablar], y así [obrar], como los que [han] de ser juzgados por la ley de libertad" (Stg 2:12), o sea: "Amarás a tu prójimo como a ti mismo" (Stg 2:8). Si alguien no muestra misericordia, por ejemplo, hacia los pobres, tampoco Dios mostrará misericordia hacia él.[50] Así que no sirve decir que se es cristiano si la

---

[46] "Toda buena dádiva y todo don perfecto es de lo alto, que desciende del Padre de las luces, en el cual no hay mudanza, ni sombra de variación" (Stg 1:17).

[47] Davids, *The Epistle of James. A Commentary on the Greek Text* (1982), p. 91.

[48] "Hermanos míos amados, oíd: ¿no ha elegido Dios los pobres de este mundo, ricos en fe, y herederos del reino que ha prometido a los que le aman?" (Stg 2:5). Davids, *The Epistle of James. A Commentary on the Greek Text* (1982), p. 120.

[49] "Mas vosotros habéis afrentado al pobre. ¿No os oprimen los ricos, y no son ellos los mismos que os arrastran a los juzgados? ¿No blasfeman ellos el buen nombre que fue invocado sobre vosotros?" (Stg 2:6-7).

[50] "Porque juicio sin misericordia será hecho con aquel que no hiciere misericordia: y la misericordia se gloría contra el juicio" (Stg 2:13).

fe no se manifiesta en hechos prácticos.[51] Hasta el diablo y los demonios creen, sin implicar que sean salvos.[52]

Volviendo a la forma de actuar de los creyentes, si entre los líderes de la iglesia se escucha insultos verbales (cf. Stg 1:19), esto puede indicar que tal vez no están tan llenos del Espíritu como creen. Más bien parece que están interesados en promoverse como maestros o líderes sobre los demás. Por esa razón, Santiago escribe "no os hagáis muchos maestros, sabiendo que recibiremos mayor condenación" (Stg 3:1). Incluso se refiere aquí a habladurías, chismes y calumnias pecaminosos.[53]

Se puede suponer que, entre otras personas, son los 'maestros' auto nombrados y sus adeptos quienes "[tienen] envidia amarga y contención en [sus] corazones" (Stg 3:14) contra rivales potenciales. Su supuesta sabiduría no proviene de Dios, esta es "terrenal, animal, diabólica" (Stg 3:15). En contraposición, la sabiduría de Dios lleva frutos positivo.[54]

Santiago pregunta "¿de dónde vienen las guerras y los pleitos entre vosotros?", y seguramente se refiere a los conflictos internos dentro de las iglesias causados por el afán de los líderes auto nombrados a imponerse sobre otros y, quienes cada uno en su turno habrían causado divisiones. En este contexto, los pleitos no se debían al hecho de estar 'luchando por la verdad', sino que se originaron en

---

[51] "Hermanos míos, ¿qué aprovechará si alguno dice que tiene fe, y no tiene obras? ¿Podrá la fe salvarle? Y si el hermano o la hermana están desnudos, y tienen necesidad del mantenimiento de cada día, y alguno de vosotros les dice: id en paz, calentaos y hartaos; pero no les diereis las cosas que son necesarias para el cuerpo: ¿qué aprovechará? Así también la fe, si no tuviere obras, es muerta en sí misma" (Stg 2:14-17).

[52] "Tú crees que Dios es uno; bien haces: también los demonios creen, y tiemblan. ¿Mas quieres saber, hombre vano, que la fe sin obras es muerta?" (Stg 2:19-20).

[53] "Pero ningún hombre puede domar la lengua, que es un mal que no puede ser refrenado; llena de veneno mortal. Con ella bendecimos al Dios y Padre, y con ella maldecimos a los hombres, los cuales son hechos a la semejanza de Dios. De una misma boca proceden bendición y maldición. Hermanos míos, no conviene que estas cosas sean así hechas" (Stg 3:8-10). Davids, *The Epistle of James. A Commentary on the Greek Text* (1982), pp. 135-7, 151.

[54] "¿Quién es sabio y avisado entre vosotros? muestre por buena conversación sus obras en mansedumbre de sabiduría" (Stg 3:13). "Mas la sabiduría que es de lo alto, primeramente es pura, después pacífica, modesta, benigna, llena de misericordia y de buenos frutos, no juzgadora, no fingida" (Stg 3:17).

"sus concupiscencias, las cuales combaten en vuestros miembros" (Stg 4:1).

La concupiscencia puede referirse a un deseo egoísta por casi cualquier cosa, por ejemplo, riqueza desenfrenada; ese deseo genera envidia, contiendas y discordia.[55] Además, son acusados por Santiago de 'matar', tal vez en sentido figurado; por ejemplo, reprimiendo activa o pasivamente a los pobres. También son orgullosos y mundanos y por esa misma razón sus peticiones no son contestadas. Veamos como los trata: "Adúlteros y adúlteras, ¿no sabéis que la amistad del mundo es enemistad con Dios? Cualquiera pues que quisiere ser amigo del mundo, se constituye enemigo de Dios" (Stg 4:4). Santiago los exhorta a arrepentirse.[56]

También advierte sobre hablar a espaldas de otra persona, entre otras razones, porque juzgar a un hermano en la fe es como ponerse en el lugar de Dios.[57] En forma similar es ponerse en el lugar de Dios, el hacer planes sin tomar en consideración el hecho de que al fin y al cabo es Él quien gobierna el futuro. Después hace una crítica dirigida a los ricos de las iglesias, o contra los que estaban planeando hacerse ricos comerciando.[58]

Luego Santiago pasa a reprender a los terratenientes opresores. Obviamente son inconversos y no forman parte de las iglesias, pero

---

[55] "Codiciáis, y no tenéis; matáis y ardéis de envidia, y no podéis alcanzar; combatís y guerreáis, y no tenéis lo que deseáis, porque no pedís. Pedís, y no recibís, porque pedís mal, para gastar en vuestros deleites" (Stg 4:2-3).

[56] "Someteos pues a Dios; resistid al diablo, y de vosotros huirá. [Acercaos] a Dios, y él se [acercará] a vosotros. Pecadores, limpiad las manos; y vosotros de [doble] ánimo, purificad los corazones. Afligíos, y lamentad, y llorad. Vuestra risa se convierta en lloro, y vuestro gozo en tristeza. Humillaos delante del Señor, y él os [exaltará]" (Stg 4:7-10). Davids, *The Epistle of James. A Commentary on the Greek Text* (1982), pp. 158-9.

[57] "Hermanos, no murmuréis los unos de los otros. El que murmura del hermano, y juzga a su hermano, este tal murmura de la ley, y juzga a la ley; pero si tú juzgas a la ley, no eres guardador de la ley, sino juez. Uno es el dador de la ley, que puede salvar y perder: ¿quién eres tú que juzgas a otro?" (Stg 4:11-12).

[58] "Ea ahora, los que decís: hoy y mañana iremos a tal ciudad, y estaremos allá un año, y compraremos mercadería, y ganaremos: Y no sabéis lo que será mañana. Porque ¿qué es vuestra vida? Ciertamente es un vapor que se aparece por un poco de tiempo, y luego se desvanece. En lugar de lo cual deberíais decir: si el Señor [quiere], y si viviéremos, haremos esto o aquello. Mas ahora os jactáis en vuestras soberbias. Toda jactancia semejante es mala" (Stg 4:13-16).

lo que tienen en común con los creyentes que desean enriquecerse a través del comercio es el afán por las riquezas, lo cual los extravía de la verdad.[59] Los terratenientes también sean acusados de injusticia al haber levantado pleito contra los campesinos pobres y, muchos de esos pobres podrían ser cristianos, miembros de la misma iglesia.[60]

De nuevo, los creyentes son exhortados a ser pacientes confiando en que Dios se hace cargo de cada asunto. Por supuesto, los cristianos tienen esperanza de algo mejor, en la segunda venida de Jesús.[61]

Además, exhorta a no jurar, "ni por el cielo, ni por la tierra, ni por cualquier otro juramento" (Stg 5:12). No se refiere a prestar juramento ante un tribunal, sino más bien es una prohibición de intentar fortalecer la credibilidad en una situación común, por ejemplo: 'Juro por Dios, que lo vi.' Dios quiere que el creyente siempre sea verídico, así que un juramento no solo sería innecesario, sino incluso señalaría que lo que se dice sin juramento es menos confiable que lo que se afirma con este.[62]

Para terminar, los creyentes son exhortados a 'hacer oración' si están 'afligidos', y 'cantar salmos' si están 'alegres' (Stg 5:13-14). Si están enfermos, deben llamar a los ancianos de la iglesia para orar por ellos. Si tienen pecados pendientes, los deben confesar ante quienes les concierne. También deben orar los unos por los otros.[63]

---

[59] "Ea ya ahora, oh ricos, llorad aullando por vuestras miserias que os vendrán. Vuestras riquezas están podridas: vuestras ropas están comidas de polilla, vuestro oro y plata están [enmohecidos]; y su [moho testificará contra vosotros], y comerá del todo vuestras carnes como fuego. Os habéis [acumulado tesoros] para en los postreros días. He aquí, el jornal de los obreros que han segado vuestras tierras, el cual por engaño no les ha sido pagado de vosotros, clama; y los clamores de los que habían segado, han entrado en los oídos del Señor de los ejércitos. Habéis vivido en deleites sobre la tierra, y sido disolutos; habéis cebado vuestros corazones como en el día de sacrificios" (Stg 5:1-5). Davids, *The Epistle of James. A Commentary on the Greek Text* (1982), pp. 174-80.

[60] "Habéis condenado y muerto al justo; y él no os resiste" (Stg 5:6).

[61] "Pues, hermanos, tened paciencia hasta la venida del Señor. Mirad cómo el labrador espera el precioso fruto de la tierra, aguardando con paciencia, hasta que reciba la lluvia temprana y tardía. Tened también vosotros paciencia; confirmad vuestros corazones: porque la venida del Señor se acerca" (Stg 5:7-8).

[62] "Sino vuestro sí sea sí, y vuestro no sea no; porque no caigáis en condenación" (Stg 5:12). Davids, *The Epistle of James. A Commentary on the Greek Text* (1982), p. 190.

[63] "¿Está alguno enfermo entre vosotros? llame a los ancianos de la iglesia, y oren por él, ungiéndole con aceite en el nombre del Señor. Y la oración de fe salvará al

La epístola de Judas

Esta epístola probablemente fue escrita por Judas, el hermano menor de Jesús.[64] Judas no se identifica como hermano de Jesús, sino de Santiago y no especifica cuál Santiago. Seguramente se refiere al hermano de Jesús, quien fue líder de la iglesia en Jerusalén y, además, autor de la epístola de Santiago.[65] Es muy posible que la epístola fuese escrita para una o a varias iglesias judeocristianas fundadas por alguno de los apóstoles.

Judas inicialmente pensaba escribir una carta más detallada y estaba a punto de hacerlo, pero de repente se vio forzado a escribir una carta breve y muy diferente exhortando a sus destinatarios a retener la fe y las enseñanzas en que inicialmente habían sido instruidos.[66] El trasfondo de la epístola es el peligro inminente de que la iglesia se desvíe por la influencia de "hombres impíos" aprovechándose de la gracia de Dios como excusa para llevar una vida desenfrenada.[67]

Judas utiliza ejemplos tanto del Antiguo Testamento como de los pseudoepígrafos veterotestamentarios, es decir, textos judíos que no han sido incluidos ni en el Antiguo ni en el Nuevo Testamento, para mostrar cómo el juicio de Dios ha caído en el pasado sobre algunos individuos. Aquellas personas, según Judas, sirven proféticamente

---

enfermo, y el Señor lo levantará; y si estuviere en pecados, le serán perdonados. Confesaos vuestras faltas unos a otros, y rogad los unos por los otros, para que seáis sanos; la oración del justo, obrando eficazmente, puede mucho" (Stg 5:14-16).

[64] "Y venido [Jesús] a su tierra, les enseñaba en la sinagoga de ellos, de tal manera que ellos estaban atónitos, y decían: ¿De dónde tiene este esta sabiduría, y estas maravillas? ¿No es este el hijo del carpintero? ¿no se llama su madre María, y sus hermanos Jacobo [Santiago] y José, y Simón, y Judas?" (Mat 13:54-55).

[65] "Judas, siervo de Jesucristo, y hermano de Jacobo [Santiago], a los llamados, santificados en Dios Padre, y conservados en Jesucristo" (Jud v. 1). Bauckham, *Jude, 2 Peter* (1983), pp. 21-7.

[66] "Amados, por la gran solicitud que tenía de escribiros de la común salvación, me ha sido necesario escribiros amonestándoos que contendáis eficazmente por la fe que ha sido una vez dada a los santos" (Jud v. 3).

[67] "Porque algunos hombres han entrado encubiertamente, los cuales desde antes habían estado ordenados para esta condenación, hombres impíos, convirtiendo la gracia de nuestro Dios en disolución, y negando a Dios que solo es el que tiene dominio, y a nuestro Señor Jesucristo" (Jud v. 4).

como ejemplos negativos de los que probablemente son los maestros y/o profetas itinerantes, los cuales por sus vidas desenfrenadas constituyen un verdadero peligro para la iglesia "negando a Dios que solo es el que tiene dominio, y a nuestro Señor Jesucristo" (Jud v. 4).[68]

Partiendo del Antiguo Testamento, el autor trae a colación al pueblo de Israel que primeramente fue librado de la esclavitud en Egipto, pero a quien Dios más adelante por causa de su incredulidad juzgó exterminando a varios de ellos.[69] Tal vez Judas tiene Núm 14 en mente donde el pueblo quería regresar a Egipto porque diez de los doce espías escogidos regresaron con un informe negativo que los desalentó. Dios mató a los diez espías,[70] lo cual es una advertencia profética contra los intrusos en la iglesia a la cual Judas está escribiendo.

Otro ejemplo de una advertencia profética parece estar inspirado en un pasaje del primer libro de Enoc, uno de los libros de los pseudoepígrafos: "Así sucedió, que cuando en aquellos días se multiplicaron los hijos de los hombres, les nacieron hijas hermosas y bonitas; y los vigilantes, hijos del cielo las vieron y las desearon, y se dijeron unos a otros: 'Vayamos y escojamos mujeres de entre las hijas de los hombres y engendremos hijos'" (Primer libro de Enoc 6:1-2). Esta fue la comprensión común judía del texto de Gén 6:1-4.[71] Como los ángeles no obedecieron las ordenanzas divinas, ahora están

---

[68] "Judas, siervo de Jesucristo y hermano de Santiago, a los llamados, santificados en Dios Padre, y conservados en Jesucristo" (Jud v. 1). Bauckham, *Jude, 2 Peter* (1983), p. 36.

[69] "Os quiero pues amonestar, ya que alguna vez habéis sabido esto, que el Señor habiendo salvado al pueblo de Egipto, después destruyó a los que no creían" (Jud v. 5).

[70] "Aquellos varones que habían hablado mal de la tierra, murieron de plaga delante de Jehová. Mas Josué hijo de Nun, y Caleb hijo de Jefone, quedaron con vida de entre aquellos hombres que habían ido a reconocer la tierra" (Núm 14:37-38).

[71] "Aconteció que cuando los hombres comenzaron a multiplicarse sobre la faz de la tierra, les nacieron hijas. Y viendo los hijos de Dios que las hijas de los hombres eran bellas, tomaron para si mujeres, escogiendo entre todas. Entonces el Señor dijo: 'No contenderá para siempre mi espíritu con el hombre, por cuanto él es carne, y su vida será de ciento veinte años.' En aquellos días habían gigantes en la tierra, y aun después, cuando se unieron los hijos de Dios con las hijas de los hombres y les nacieron hijos. Ellos eran los héroes que desde la antigüedad fueron hombres de renombre" (Gén 6:1-4).

"reservado[s] debajo de oscuridad en prisiones eternas hasta el juicio del gran día" (Jud v. 6).

Aunque el Antiguo Testamento menciona el juicio de Dios sobre Sodoma y Gomorra, desconocemos si otra vez es el libro de Enoc el que pudo haber inspirado a Judas cuando escribe que los habitantes de estas ciudades "habían fornicado, y habían seguido la carne extraña" (Jud v. 7). De todas maneras, el mensaje parece ser que aquellos que "han entrado encubiertamente" (Jud v. 4) en la iglesia a la cual Judas está escribiendo, de manera similar a los ángeles en el primer libro de Enoc y de los habitantes en Sodoma y Gomorra, eran culpables de pecados sexuales que rompieron completamente las ordenanzas de Dios.

Al igual que las historias del Antiguo Testamento y del primer libro de Enoc "fueron puestas por ejemplo" (Jud v. 7), "también estos [que han entrado encubiertamente], son ejemplos de maldad pues son "soñadores [que] amancillan la carne, y menosprecian la potestad, y vituperan las potestades superiores" (Jud v. 8). ¿A lo mejor el término "soñador" se refiere a alguien que recibe falsas profecías y revelaciones? El hecho de que "amancillan la carne", probablemente tiene que ver con una práctica sexual pecaminosa, mientras que las palabras, "menosprecian la potestad", puede referirse a rechazar a Jesús como autoridad ética en su propia vida. El hecho de que "vituperan las potestades superiores", parece referirse a la mención irrespetuosa de los ángeles.[72] Según el judaísmo tradicional, la Ley del Antiguo Testamento fue entregada a través de los ángeles,[73] y quizás Judas se refiere a negar la validez de la Ley moral, cuando escribe que los que "han entrado encubiertamente" "vituperan las potestades superiores".

Parece que Judas también se basa en otro libro pseudoepígrafo, el cual posiblemente es el Testamento de Moisés (también llamado la

---

[72] Bauckham, *Jude, 2 Peter* (1983), pp. 54-9.

[73] "[Moisés] es aquél que estuvo en la congregación en el desierto con el ángel que le hablaba en el monte Sina, y con nuestros padres; y recibió las palabras de vida para darnos" (Hch 7:38). "Pues si la palabra dicha por los ángeles fue firme, y toda transgresión y desobediencia recibió justa retribución, ¿cómo escaparemos nosotros si descuidamos una salvación tan grande?" (Heb 2:2-3).

Asunción de Moisés)[74], escribiendo que "cuando el arcángel Miguel contendía con el diablo, disputando sobre el cuerpo de Moisés, no se atrevió a usar de juicio de maldición contra él, sino que dijo: el Señor te reprenda" (Jud v. 9). El trasfondo parece haber sido que el diablo no quería permitir que Miguel enterrara el cuerpo de Moisés, debido a los pecados anteriores de Moisés y, que el arcángel no asumió la autoridad que exclusivamente pertenece a Dios, sino que dejó el juicio en sus manos. Debemos suponer que esta historia no bíblica fue conocida en la época de Judas y que Judas utiliza el ejemplo para mostrar que absolutamente nadie se puede tomar la justicia por la mano y que nadie está por encima de la Ley ética de Dios – tampoco aquellos que han "entrado encubiertamente".[75]

Con referencia a los mismos, Judas escribe que "maldicen las cosas que no conocen" (Jud v. 10). Si "soñadores [que] amancillan la carne" se refiere a falsas profecías y revelaciones, entonces es posible que Judas quiera decir que, aunque "vituperan las potestades superiores" (Jud v. 8), les falta conocimiento sobre el hecho de que la Ley fue dada por ángeles. Judas sigue escribiendo que "las cosas que naturalmente conocen se corrompen en ellas, como bestias brutas" (Jud v. 10). Aún si posiblemente pensaron que ellos mismos tenían cierto conocimiento espiritual, e igual que animales cayeron presos de sus instintos sexuales y por esta razón serían juzgados.

Estos intrusos no solo son pecadores notorios, sino también hacen que otros se desvíen del camino. El hecho de que "han seguido el camino de Caín" (Jud v. 11), es difícil de interpretar, pero posiblemente tenga que ver con la malicia manifiesta en este, al matar a su hermano.[76] Además, "se lanzaron en el error de Balaam por recompensa" (Jud v. 11). Es verdad que el profeta Balaam no cedió ante la oferta económica prometida por Balac, rey de Moab, pero sí estuvo dispuesto a maldecir al pueblo de Israel (Núm 22). También decidió acompañar a los representantes del rey moabita, acto que

---

[74] Conocemos este libro a través de una versión incompleta en latín del siglo VI d.C. El pasaje de la epístola de Judas no está incluido en la parte del libro que aún se conserva.

[75] "... a los llamados, santificados en Dios Padre, y conservados en Jesucristo" (Jud v. 1). Bauckham, *Jude, 2 Peter* (1983), pp. 60-2.

[76] "No como Caín, que era del maligno, y mató a su hermano. ¿Y por qué causa le mató? Porque sus obras eran malas, y las de su hermano justas" (1 Jn 3:12).

pudo haber sido motivado por su codicia. Según una tradición judaica, Balaam fue responsable de la decadencia ética y espiritual de los judíos.[77] De forma similar los que han "entrado encubiertamente" son responsables de haber inducido al pueblo de Dios a inmoralidad sexual, y tal vez, también se han beneficiado económicamente de la iglesia.

El autor también dice que "perecieron en la contradicción de Coré" (Jud v. 11). Conocemos la rebelión de Coré contra Moisés y su hermano Aarón (Núm 16), y así también indirectamente contra la Ley moral de Dios. Al igual que Coré murió por la intervención directa de Dios, también los que "han entrado encubiertamente" están bajo el juicio de Dios.

Los encubiertos participaban en las celebraciones de la santa cena en la iglesia, las cuales incluían comidas de caridad y festejos.[78] Judas se preocupa por la seguridad espiritual de los miembros de la iglesia y describe a los intrusos como "nubes sin agua, las cuales son llevadas de acá para allá de los vientos" (Jud v. 12). En vez de producir lluvia representan promesas incumplidas. Este mismo mensaje es transmitido llamándoles "árboles marchitos como en otoño, sin fruto, dos veces muertos y desarraigados" (Jud v. 12). Incluso son comparados con "fieras ondas de la mar, que espuman sus mismas abominaciones" (Jud v. 13), tal como las olas del mar dejan impurezas en la playa.

Probablemente inspirado por el primer libro de Enoc y su pensamiento de que los cuerpos celestiales son controlados por los ángeles, además del concepto de que los movimientos irregulares de los planetas se debían a la desobediencia de los ángeles hacia Dios, Judas compara a los intrusos con "estrellas erráticas" que despistan a los que buscan orientarse observando los cuerpos celestiales. "La oscuridad de las tinieblas", o sea la perdición (el juicio de Dios) les "es reservada eternamente" (Jud v. 13).[79]

---

[77] "Y reposó Israel en Sitim, y el pueblo empezó a fornicar con las hijas de Moab: las cuales llamaron al pueblo a los sacrificios de sus dioses: y el pueblo comió, y se inclinó a sus dioses" (Núm 25:1-2).

[78] "Estos son manchas en vuestros convites, que banquetean juntamente, apacentándose a sí mismos sin temor alguno" (Jud v. 12).

[79] Bauckham, *Jude, 2 Peter* (1983), pp. 62-92.

Aunque Judas se inspira constantemente en el primer libro de Enoc, solamente menciona en su carta una cita directa de dicho libro. Esto no implica necesariamente que Judas reconociera el primer libro de Enoc como libro canónico o como 'palabra de Dios', aún si reconoce las profecías de Enoc como inspiradas por Dios.[80] Judas escribe: Acerca de ellos, o sea acerca de los intrusos contra quienes Judas advierte "también profetizó Enoc, séptimo desde Adán, diciendo: He aquí, el Señor viene con sus santos millares, a hacer juicio contra todos, y a convencer a todos los impíos de entre ellos tocante a todas sus obras de impiedad que han hecho impíamente, y a todas las cosas duras que los pecadores impíos han hablado contra él" (Jud vv. 14-15).

Tal como el pueblo de Israel bajo el antiguo pacto, ellos también son culpables por su oposición a la voluntad de Dios. Incluso parecen ser culpables de congraciarse con los adinerados de la iglesia.[81] Judas recuerda a la iglesia profecías previas dadas por aquellos, entre los apóstoles de Jesús, que probablemente habían fundado la iglesia: "Mas vosotros amados, tened memoria de las palabras que antes han sido dichas por los apóstoles de nuestro Señor Jesucristo; como os decían: que en el postrer tiempo habría burladores, que andarían según sus malvados deseos. Estos son los que hacen divisiones, sensuales, no teniendo el Espíritu" (Jud vv. 17-19).

Judas retorna a su punto inicial donde pedía a los miembros de la iglesia que contendieran "eficazmente por la fe que ha sido una vez dada a los santos" (Jud v. 3). A diferencia de los intrusos que estaban destruyendo la iglesia, los miembros son exhortados a edificarla. Contrario a la inmoralidad de los primeros, ellos deben vivir de conformidad con el evangelio; también "orando por el Espíritu Santo", lo cual puede incluir la práctica de orar en lenguas.[82] Deben mantener la comunión con Dios hasta haber alcanzado la salvación

---

[80] Bauckham, *Jude, 2 Peter* (1983), p. 96.

[81] "Estos son murmuradores querellosos, andando según sus deseos; y su boca habla cosas soberbias, teniendo en admiración las personas por causa del provecho" (Jud v. 16).

[82] "Mas vosotros, oh amados, edificándoos sobre vuestra santísima fe, orando por el Espíritu Santo" (Jud v. 20).

final.[83] Finalmente son exhortados a intentar ganar a quienes en la iglesia han sido influidos por los intrusos.[84]

Las epístolas de Pedro

El apóstol Simón Pedro es reconocido como autor de dos de las epístolas del Nuevo Testamento. Particularmente, su primera epístola ha sido escrita en un griego bastante avanzado, aunque Pedro difícilmente podría ser llamado erudito del griego, por su trasfondo como pescador de Galilea,[85] pero pudo haber contado con un secretario con libertad de escribir en cuanto a la forma lingüística de la epístola. La salutación "Por Silvano, el hermano fiel, según yo pienso, os he escrito brevemente" (1 Ped 5:12), puede implicar que una persona llamada Silvano fue coautor de la carta, o pudo haber colaborado con Pedro. También es posible que esta persona únicamente haya entregado la epístola a las diferentes iglesias a las cuales fue escrita. En cualquier caso, es imposible saber si este Silvano es el mismo colaborador de Pablo llamado Silas/Silvano.[86]

1 Pedro

Como ya sabemos, el autor de la epístola es Simón Pedro; esta epístola es una carta común a varias iglesias, sobre todo las que estaban localizadas en el norte del Asia Menor, en la Turquía actual.[87]

---

[83] "Conservaos en el amor de Dios, esperando la misericordia de nuestro Señor Jesucristo, para vida eterna" (Jud v. 21).

[84] "Y recibid a los unos en piedad, discerniendo: mas haced salvos a los otros por temor, arrebatándolos del fuego; aborreciendo aun la ropa que es contaminada de la carne. A aquel, pues, que es poderoso para guardaros sin caída, y presentaros delante de su gloria irreprensibles, con grande alegría, al Dios solo sabio, nuestro Salvador, sea gloria y magnificencia, impero y potencia, ahora y en todos los siglos. Amén" (Jud vv. 22-25).

[85] "Y pasando [Jesús] junto a la mar de Galilea, vio a Simón, y a Andrés su hermano, que echaban la red en la mar; porque eran pescadores" (Mar 1:16). "Entonces viendo la constancia de Pedro y de Juan, sabido que eran hombres sin letras e ignorantes, se maravillaban; y les conocían que habían estado con Jesús" (Hch 4:13).

[86] Achtemeier, *1 Peter. A Commentary on First Peter* (1996), pp. 1-7, 62-3, 349-52.

[87] "Pedro, apóstol de Jesucristo, a los extranjeros esparcidos en Ponto, en Galacia, en Capadocia, en Asia y en Bitinia" (1 Ped 1:1).

En la epístola de Pablo a los Gálatas podemos leer que Pedro tenía un llamado apostólico principalmente hacia los judíos,[88] pero la primera epístola de Pedro también incluye pasajes que sugieren que por lo menos una parte de los miembros de las iglesias tenía un trasfondo no judío.[89] Es difícil datar la escritura de la epístola, pero si Pedro sufrió el martirio bajo el reinado de Nerón, a mediados de los años 60 d.C., la epístola debió haber sido escrita antes de ello. Fue escrita "en Babilonia" (1 Ped 5:13), lo cual puede referirse a Roma, aunque había una ciudad al norte del Cairo (Egipto) que se llamaba Babilonia.[90] El propósito de la epístola, entre otras intenciones, es fortalecer a los creyentes, los cuales parecen haber experimentado persecuciones, ocasionalmente.

Los receptores de la epístola son llamados "extranjeros" (1 Ped 1:1), palabra que posiblemente se refiere a cristianos judíos esparcidos por Asia Menor. También puede ser que "extranjeros" tenga un sentido figurado pues los cristianos no son 'del mundo' aunque están 'en el mundo'.

Pedro escribe a iglesias que están bajo presión y exhorta a sus miembros a que estén firmes en la fe, confiando en Dios, quien no solamente los ha salvado, sino que también los preservará.[91] Su

---

[88] "Antes por el contrario, como vieron que el evangelio de la incircuncisión me era encargado, como a Pedro el de la circuncisión" (Gál 2:7).

[89] "Como hijos obedientes, no conformándoos con los deseos que antes teníais estando en vuestra ignorancia" (1 Ped 1:14). "Vosotros, que en el tiempo pasado no erais pueblo, mas ahora sois pueblo de Dios; que en el tiempo pasado no habíais alcanzado misericordia, mas ahora habéis alcanzado misericordia" (1 Ped 2:10). "Porque ya es suficiente el haber hecho en el tiempo pasado los deseos de los gentiles, habiendo andado en sensualidad, en bajas pasiones, en borracheras, en orgías, en banquetes y en abominables idolatrías" (1 Ped 4:3).

[90] Achtemeier, *1 Peter. A Commentary on First Peter* (1996), p. 354.

[91] "Bendito el Dios y Padre de nuestro Señor Jesucristo, que según su grande misericordia nos ha regenerado en esperanza viva, por la resurrección de Jesucristo de los muertos, para una herencia incorruptible, y que no puede contaminarse, ni marchitarse, reservada en los cielos Para nosotros que somos guardados en la virtud de Dios por fe, para alcanzar la salvación que está aparejada para ser manifestada en el [tiempo postrero]. En lo cual vosotros os alegráis, estando al presente un poco de tiempo afligidos en diversas tentaciones, si es necesario, para que la prueba de vuestra fe, mucho más preciosa que el oro, el cual perece, bien que sea probado con fuego, sea hallada en alabanza, gloria y honra, cuando Jesucristo fuere manifestado" (1 Ped 1:3-7).

salvación forma parte del plan que Dios siempre ha tenido con ellos, y muchos de los profetas del Antiguo Testamento intentaron comprender "las aflicciones que habían de venir a Cristo, y las glorias después de ellas" (1 Ped 1:11) entendiendo que todo aquello era para un tiempo futuro. Hasta a los ángeles les falta una comprensión satisfactoria de la salvación.[92] Todo esto sirve para mostrar cuán grande es la salvación y la razón de regocijarse en ella, aun en medio de persecuciones.

Los creyentes son exhortados a vivir en santidad.[93] Aquello incluye mostrar amor hacia sus hermanos en la fe,[94] dejando "toda malicia, y todo engaño, y fingimientos, y envidias y todas las distracciones" (1 Ped 2:1). Justamente, como los recién nacidos dependen de la leche materna, los creyentes igualmente fervorosos deben buscar nutrición a través de "la leche espiritual" y así ser preservados en la fe.[95]

Los cristianos constituyen una comunidad viva, y Pedro utiliza la ilustración de una "casa espiritual", donde cada creyente constituye una piedra y el mismo Jesús es descrito como la "piedra viva" (1 Ped 2:4).[96] En esta comunión con Cristo los creyentes son un "real sacerdocio" (1 Ped 2:9), expresión que seguramente incluye el sentido de que Dios ya no habita en el templo veterotestamentario sino en

---

[92] "De la cual salvación los profetas que profetizaron de la gracia que había de venir a vosotros, han inquirido y diligentemente buscado, escudriñando cuándo y en qué punto de tiempo significaba el Espíritu de Cristo que estaba en ellos, el cual [anunciaba] las aflicciones que habían de venir a Cristo, y las glorias después de ellas. A los cuales fue revelado, que no para sí mismos, sino para nosotros administraban las cosas que ahora os son anunciadas de los que os han predicado el evangelio por el Espíritu Santo enviado del cielo; en las cuales desean mirar los ángeles" (1 Ped 1:10-12).

[93] "Como hijos obedientes, no conformándoos con los deseos que antes teníais estando en vuestra ignorancia; sino como aquel que os ha llamado es santo, sed también vosotros santos en toda conversación" (1 Ped 1:14-15).

[94] "Habiendo purificado vuestras almas en la obediencia de la verdad, por el Espíritu, en caridad hermanable sin fingimiento, amaos unos a otros entrañablemente de corazón puro" (1 Ped 1:22).

[95] "Deseen como niños recién nacidos la leche de la palabra no adulterada para que por ella crezcan para salvación" (1 Ped 2:2).

[96] "[Acercándoos a él], piedra viva, reprobada cierto de los hombres, [pero] elegida de Dios, preciosa, vosotros también, como piedras vivas, sed edificados una casa espiritual, y un sacerdocio santo, para ofrecer sacrificios espirituales, agradables a Dios por Jesucristo" (1 Ped 2:4-5).

cada creyente individualmente y, en la iglesia colectivamente. Como sacerdocio neotestamentario los creyentes deben "ofrecer sacrificios espirituales, agradables a Dios por Jesucristo" (1 Ped 2:5). Lo que implica la expresión "sacrificios espirituales" no es explicado, pero tanto la alabanza, la enseñanza y una vida santa deben considerarse.[97]

Jesús es llamado "la principal piedra del ángulo" y para los que no le reconocen es "piedra de tropiezo".[98] Pedro probablemente está pensando en los vecinos inconversos y en las autoridades que ejercían una presión notable sobre los creyentes que vivían en las provincias romanas de Asia Menor, pues como muchas otras culturas mayoritarias miraban las excentricidades de las culturas minoritarias con cierto escepticismo. Los creyentes que no se conformaron más "con los deseos que antes [tenían]" (1 Ped 1:14), fueron difamados por sus vecinos no cristianos, pero aun así son exhortados a vivir en santidad en vez de adaptarse a las normas culturales contrarias a la vida cristiana.[99] Al mismo tiempo, Pedro reconoce que tanto cristianos como no cristianos tienen normas similares, en parte, y sugiere que al ver el testimonio de la buena vida que están viviendo, posiblemente la presión de los vecinos disminuya y tal vez alguno pueda ser ganado para Cristo.[100]

---

[97] "Mas vosotros sois linaje escogido, real sacerdocio, gente santa, pueblo adquirido, para que anunciéis las virtudes de aquel que os ha llamado de las tinieblas a su luz admirable: vosotros, que en el tiempo pasado no erais pueblo, mas ahora sois pueblo de Dios; que en el tiemp pasado no habíais alcanzado misericordia, mas ahora habéis alcanzado misericordia" (1 Ped 2:9-10). Achtemeier, *1 Peter. A Commentary on First Peter* (1996), pp. 154-8.

[98] "Por lo cual también contiene la escritura: he aquí, pongo en Sión la principal piedra del ángulo, escogida, preciosa; y el que creyere en ella, no será confundido. Ella es pues honor a vosotros que creéis: mas para los desobedientes, la piedra que los edificadores reprobaron, esta fue hecha la cabeza del ángulo" (1 Ped 2:6-7).

[99] "Amados, yo os ruego como a extranjeros y peregrinos, os abstengáis de los deseos carnales que batallan contra el alma" (1 Ped 2:11). Achtemeier, *1 Peter. A Commentary on First Peter* (1996), pp. 161, 170-8.

[100] "Tengan una conducta ejemplar entre los gentiles, para que en lo que ellos los calumnian como a malhechores, al ver las buenas obras de ustedes, glorifiquen a Dios en el día de la visitación" (1 Ped 2:12). Este versículo parece hablar acerca deque los inconversos a la segunda venida de Jesús tendrán que reconocer que únicamente una conducta sometida a la voluntad de Dios es una conducta lícita.

El hecho de que la conducta "entre los gentiles" deba ser "ejemplar" (1 Ped 2:12), implica que tienen que estar "sujetos a toda institución humana por respeto a Dios: ya sea al rey, como a superior; ya a los gobernadores, como de él enviados para venganza de los malhechores, y para [alabanza] de los que hacen bien" (1 Ped 2:13-14). Así se puede ganar la confianza de quienes los critican por ser enemigos de la sociedad y la vida social.[101]Pedro exhorta a los esclavos a someterse tanto a los buenos como a los malos amos[102] con la misma actitud que Cristo mostró durante su vida terrenal y su sufrimiento en la cruz.[103]

Similarmente las mujeres casadas, y especialmente si alguna tiene marido inconverso, debe someterse a él para que eventualmente sea ganado para la fe.[104] Un marido cristiano, por su lado, debe vivir con ella "con comprensión, dando honor a la mujer como a vaso más frágil" para que sus oraciones puedan ser contestadas.[105] Todos los grupos de la iglesia además deben asumir una actitud de humildad hacia los otros y así preservar la unidad interna.[106]

De manera que "glorifican" a Dios en reconocer su derecho de juzgar a los seres humanos en virtud de ser Dios.

[101] "Porque esta es la voluntad de Dios; que haciendo bien, hagáis callar la ignorancia de los hombres vanos: como libres, y no como teniendo la libertad por cobertura de malicia, sino como siervos de Dios. Honrad a todos. Amad la fraternidad. Temed a Dios. Honrad al rey" (1 Ped 2:15-16).

[102] "Siervos, sed sujetos con todo temor a vuestros amos; no solamente a los buenos y humanos, sino también a los rigurosos. Porque esto es agradable, si alguno a causa de la conciencia delante de Dios, sufre molestias padeciendo injustamente. Porque ¿qué gloria es, si pecando vosotros sois abofeteados, y lo sufrís? Mas si haciendo bien sois afligidos, y lo sufrís, esto ciertamente es agradable delante de Dios" (1 Ped 2:18-20).

[103] "Porque para esto sois llamados; que también Cristo padeció por nosotros, dejándonos ejemplo, para que vosotros sigáis sus pisadas" (1 Ped 2:21).

[104] "Asimismo vosotras, mujeres, sed sujetas a vuestros maridos; para que también los que no creen a la palabra, sean ganados sin palabra por la conducta de sus mujeres" (1 Ped 3:1).

[105] "Vosotros maridos, semejantemente, habitad con ellas con comprensión, dando honor a la mujer como a vaso más frágil, y como a herederas juntamente de la gracia de la vida; para que vuestras oraciones no sean impedidas" (1 Ped 3:7).

[106] "Y finalmente, sed todos de un mismo corazón, compasivos, amándoos fraternalmente, misericordiosos, amigables; no volviendo mal por mal, ni maldición

Pedro ya ha mencionado el asunto de que el creyente puede experimentar oposición injustamente. Su respuesta es que no se debe temer a quienes buscan causar daño, sino esforzarse por vivir en santidad, y al mismo tiempo, con una actitud de humildad intentar explicar por qué como cristiano no se puede seguir la cultura mayoritaria si esta choca con la conducta cristiana.[107] Jesús también sufrió por hacer el bien y por ello es ejemplo para los creyentes. Así como Jesús conquistó a los espíritus malos, también los sufrimientos presentes del creyente tendrán su fin, por lo menos a la segunda venida de Jesús.[108]

Este es el contexto del versículo difícil donde Pedro habla de Jesús que "fue y predicó a los espíritus encarcelados, los cuales en otro tiempo fueron desobedientes, cuando una vez esperaba la paciencia de Dios en los días de Noé" (1 Ped 3:19-20). ¿Puede Jesús haber predicado a un grupo muy específico de ángeles caídos antes de haberse sentado a la diestra de Dios en el cielo?[109] Entonces su prédica probablemente ha sido un mensaje de juicio.

El conocimiento del triunfo de Jesús sobre los espíritus malos debe motivarnos a seguir luchando contra el pecado en nuestras propias vidas. Además, al igual que Jesús vivía en conformidad con la voluntad de Dios, los creyentes son llamados a hacer lo mismo.[110]

---

por maldición, sino antes por el contrario, bendiciendo; sabiendo que vosotros sois llamados para que poseáis bendición en herencia" (1 Ped 3:8-9).

[107] "¿Y quién es aquel que os podrá dañar, si vosotros seguís el bien? Mas también si alguna cosa padecéis por hacer bien, sois bienaventurados. Por tanto, no temáis por el temor de ellos, ni seáis turbados; sino santificad al Señor Dios en vuestros corazones, y estad siempre aparejados para responder con mansedumbre y reverencia a cada uno que os demande razón de la esperanza que hay en vosotros: teniendo buena conciencia, para que en lo que murmuran de vosotros como de malhechores, sean confundidos los que blasfeman vuestra buena conducta en Cristo" (1 Ped 3:13-16).

[108] "Porque también Cristo padeció una vez por los pecados, el justo por los injustos, para llevarnos a Dios, siendo a la verdad muerto en la carne, pero vivificado en espíritu" (1 Ped 3:18). ¿Tal vez sería mejor traducir "habiendo sufrido muerte física, pero vivificado por el Espíritu?". Achtemeier, *1 Peter. A Commentary on First Peter* (1996), pp. 243-4.

[109] "El cual está a la diestra de Dios, habiendo subido al cielo; estando a él sujetos a los ángeles, y las potestades, y virtudes" (1 Ped 3:22).

[110] "Pues que Cristo ha padecido por nosotros en la carne, vosotros también estad armados del mismo pensamiento: que el que ha padecido en la carne, cesó de

También se ve más claramente que la oposición no viene principalmente de las autoridades políticas, sino de la sociedad y que la oposición se debe al hecho de que los creyentes se han distanciado de su antiguo estilo de vida.[111] No deben 'maravillarse' de la oposición pues es parte de las "aflicciones de Cristo", sufrimientos que Dios permite y que van a producir crecimiento espiritual en sus vidas.[112] La oposición generada por haber actuado mal no es para anhelar, pero tampoco deben avergonzarse por experimentar oposición por ser cristianos.[113]

Para terminar, Pedro da exhortaciones a los líderes de las iglesias. Deben ejercer su supervisión con cuidado y comprensión y ser modelos que los demás puedan seguir.[114] Similarmente los más jóvenes deben someterse a los líderes, que se suponen son mayores que los demás y, al mismo tiempo, todos deben mostrar humildad unos con otros.[115]

---

pecado: para que ya el tiempo que queda en carne, viva, no a las concupiscencias de los hombres, sino a la voluntad de Dios. Porque nos debe bastar que el tiempo pasado de nuestra vida hayamos hecho la voluntad de los gentiles, cuando conversábamos en [lujurias], en concupiscencias, en embriagueces, en glotonerías, en banquetes, y en abominables idolatrías" (1 Ped 4:1-3).

[111] "En lo cual les parece cosa extraña que vosotros no corráis con ellos en el mismo desenfrenamiento de disolución, ultrajándoos" (1 Ped 4:4).

[112] "[Amados], no os maravilléis cuando sois examinados por fuego, lo cual se hace para vuestra prueba, como si alguna cosa [extraña] os aconteciese; antes bien gozaos en que sois participantes de las aflicciones de Cristo; para que también en la revelación de su gloria os gocéis en triunfo" (1 Ped 4:12-13).

[113] "Si sois vituperados en el nombre de Cristo, sois bienaventurados; porque la gloria y el Espíritu de Dios reposan sobre vosotros. Cierto, según ellos, él es blasfemado, mas según vosotros es glorificado" (1 Ped 4:14-16).

[114] "Ruego a los ancianos que están entre vosotros, yo anciano también con ellos, y testigo de las aflicciones de Cristo, que soy también participante de la gloria que ha de ser revelada: apacentad la grey de Dios que está entre vosotros, teniendo cuidado de ella, no por fuerza, sino voluntariamente; no por ganancia deshonesta, sino de un ánimo pronto; y no como teniendo señorío sobre las heredades del Señor, sino siendo dechados de la grey" (1 Ped 5:1-3).

[115] "Igualmente, [jóvenes], sed sujetos a los ancianos; y todos sumisos unos a otros, revestíos de humildad; porque Dios resiste a los soberbios, y da gracia a los humildes" (1 Ped 5:5).

2 Pedro

Esta epístola probablemente fue escrita para las mismas iglesias que la primera,[116] se basa parcialmente en la epístola de Judas y a veces tiene un lenguaje idéntico.[117] Es interesante que aparentemente dichas iglesias también habrían recibido una carta del apóstol Pablo, previamente.[118]

Pedro está interesado en que las iglesias tengan "conocimiento de Dios, y de nuestro Señor Jesús" (2 Ped 1:2), y seguramente está pensando tanto en conocimiento teórico como en conocimiento ético y personal.[119] Es así como pueden vivir piadosamente, es decir vivir para la gloria de Dios,[120] por medio del poder que de Él reciben. Dios no ha provisto únicamente promesas para la vida en la tierra, sino que también ha dado promesas para el futuro, esto pensando primordialmente en promesas de vida eterna en Cristo. Tal como Dios es eterno, también el creyente en virtud de su salvación eterna es participante de la naturaleza inmortal de Dios. Cuando muere físicamente o al momento del retorno de Jesús, el verdadero cristiano escapará de la "corrupción" de la mortalidad hacia la inmortalidad; la mortalidad además es el resultado del pecado de la humanidad.[121]

Con base en esto, los lectores son exhortados a que su fe se manifieste de manera práctica y visible. Pedro busca virtudes tales como conocimiento, templanza, paciencia, temor de Dios, afecto

---

[116] "[Amados], yo os escribo ahora esta segunda carta, por las cuales ambas despierto con exhortación vuestro limpio entendimiento" (2 Ped 3:1).

[117] Bauckham, *Jude, 2 Peter* (1983), pp. 141-3.

[118] "Consideren que la paciencia de nuestro Señor es para salvación; como también nuestro amado hermano Pablo les ha escrito, según la sabiduría que le ha sido dada" (2 Ped 3:15).

[119] Bauckham, *Jude, 2 Peter* (1983), p. 170.

[120] "Como todas las cosas que pertenecen a la vida y a la piedad nos sean dadas de su divina potencia, por el conocimiento de aquel que nos ha llamado por su gloria y virtud" (2 Ped 1:3).

[121] "Por las cuales nos son dadas preciosas y grandísimas promesas, para que por ellas fueseis hechos participantes de la naturaleza divina, habiendo huido de la corrupción que está en el mundo por concupiscencia" (2 Ped 1:4). Bauckham, *Jude, 2 Peter* (1983), p. 184.

fraternal y amor para todos.[122] Aun cuando la salvación es por gracia, los frutos visibles (éticos) son requisitos para alcanzar la salvación final.[123] Pedro sabe que pronto va a morir y quiere dejar un testamento espiritual a través de las enseñanzas expresadas en esta epístola.[124]

La segunda epístola de Pedro parece haber sido escrita para advertir sobre una posible crisis causada por herejes que ejercerían una influencia negativa sobre las iglesias, sembrando dudas, no solamente acerca de la ética cristiana, sino también acerca de la esperanza del regreso de Jesús. Cuando Pedro escribe que no "siguiendo fábulas engañosas", posiblemente se refiere a una acusación tanto contra sí mismo como contra los demás apóstoles.[125] Pedro, no obstante, asegura que sus enseñanzas acerca de "la potencia y la venida de nuestro Señor Jesucristo" se deben al hecho de que ellos habían "[visto] con [sus] propios ojos su majestad" (2 Ped 1:16). Pedro enfatiza específicamente una experiencia cuando él mismo junto con otros dos discípulos acompañaron a Jesús a una montaña y Jesús "se transfiguró delante de ellos; y resplandeció su rostro como el sol, y sus vestidos fueron blancos como la luz" (Mat 17:2). En aquella situación Moisés y Elías aparecieron ante ellos y hablaron con Jesús. Pedro escribe que Jesús en aquella ocasión fue coronado con "honra y gloria"[126] refiriéndose tal vez a la honra y

---

[122] "Vosotros también, poniendo toda diligencia por esto mismo, mostrad en vuestra fe virtud, y en la virtud conocimiento; y en el conocimiento templanza, y en la templanza paciencia, y en la paciencia temor de Dios; y en el temor de Dios, amor fraternal, y en el amor fraternal caridad. Porque si en vosotros hay estas cosas y abundan, no os dejarán estar ociosos, ni estériles en el conocimiento de nuestro Señor Jesucristo" (2 Ped 1:5-8).

[123] "Por lo cual, hermanos, procurad tanto más de hacer firme vuestra vocación y elección; porque haciendo estas cosas, no caeréis jamás" (2 Ped 1:10).

[124] "Por esto, yo no dejaré de amonestaros siempre de estas cosas, aunque vosotros las sepáis, y estéis conformados en la verdad presente. Porque tengo por justo, en tanto que estoy en este tabernáculo, de incitaros con amonestación: sabiendo que brevemente tengo de dejar mi tabernáculo, como nuestro Señor Jesucristo me ha declarado. También yo procuraré con diligencia, que después de mi fallecimiento, vosotros podáis siempre tener memoria de estas cosas" (2 Ped 1:12-15).

[125] Bauckham, *Jude, 2 Peter* (1983), p. 213.

[126] "Porque él había recibido de Dios Padre honra y gloria, cuando una tal voz fue a él enviada de la magnífica gloria: este es el amado hijo mío, en el cual yo me he agradado. Y nosotros oímos esta voz enviada del cielo, cuando estábamos

gloria de Jesús en virtud de ser rey y juez escatológico, bajo quien todo y todos tendrán que arrodillarse. Entonces la segunda venida de Jesús no está basada en "fábulas engañosas", sino en la pronunciada voluntad de Dios que Pedro mismo escuchó y de la cual fue testigo ocular. Además, su narración está confirmada por profecías veterotestamentarias acerca de la segunda venida de Jesús.[127]

Obviamente sería posible que los oponentes negaran la validez de las profecías del Antiguo Testamento sosteniendo que los supuestos "profetas" estaban interpretando sus visiones y sueños por su propia cuenta. Pedro, no obstante, argumenta en contra diciendo que las profecías del Antiguo Testamento fueron inspiradas por el Espíritu de Dios.[128] Esto no quiere decir que cualquier 'profeta' en el Antiguo Testamento fuera un verdadero profeta. Pedro reconoce que también hubo falsos profetas, de igual manera que él mismo profetiza que dentro de las iglesias habrá falsos maestros.[129] Negando "al Señor que los rescató, atrayendo sobre sí mismos perdición acelerada" (2 Ped 2:1), puede implicar que el proceso dentro de las iglesias ya había empezado, pero Pedro profetizó sobre una escalada continua. Parece lógico interpretar la profecía como si los falsos maestros negaran a Jesús por razones éticas, pues en la práctica, la ética de los primeros era irreconciliable con la vida cristiana. Los falsos maestros tendrían seguidores dentro de las iglesias y su conducta sería descrita como desvergonzada, y también parece que incluso estos se aprovecharían económicamente de sus 'discípulos'.[130]

---

juntamente con él en el monte santo" (2 Ped 1:17-18). Bauckham, *Jude, 2 Peter* (1983), p. 218.

[127] "Tenemos también la palabra profética más permanente, a la cual hacéis bien de estar atentos" (2 Ped 1:19).

[128] "Entendiendo primero esto, que ninguna profecía de la escritura es de particular interpretación; porque la profecía no fue en los tiempos pasados traída por voluntad humana, sino los santos hombres de Dios hablaron siendo inspirados del Espíritu Santo" (2 Ped 1:20-21).

[129] "Pero hubo también falsos profetas en el pueblo, como habrá entre vosotros falsos maestros, que introducirán encubiertamente herejías de perdición" (2 Ped 2:1).

[130] "Y muchos seguirán sus disoluciones, por los cuales el camino de la verdad será blasfemado; y por avaricia harán mercadería de vosotros con palabras fingidas; sobre los cuales la condenación ya de largo tiempo no se tarda, y su perdición no se duerme" (2 Ped 2:2-3). Bauckham, *Jude, 2 Peter* (1983), pp. 231-43.

En parte inspirado por la epístola de Judas, con ejemplos tanto del Antiguo Testamento como de libros judíos no canónicos, Pedro muestra que Dios es justo y que en varias ocasiones ha intervenido con actos de juicio hacia los desobedientes, y también con actos de rescate hacia los justos.[131] Al parecer, durante la época de Pedro ya había falsos maestros que animaban a la gente a vivir desenfrenadamente, porque Dios de todos modos, no intervendría con su juicio. Es posible que los falsos maestros, al ser amonestados por su inmoralidad, advirtiéndoles del peligro de ser influidos por demonios, respondieran como si el diablo no tuviera ningún poder verdadero. Ni siquiera los ángeles que parecen estar por encima de los demonios, se burlan de estos.[132] Aquí Pedro parece estar pensando en un pasaje de la epístola de Judas, aunque lo aplica de otra manera.[133]

Es difícil determinar cuándo Pedro habla de falsos maestros de su propia época y cuándo profetiza acerca de los herejes que vendrían. Mucho del contenido del segundo capítulo de 2 Pedro es sacado de la epístola de Judas, así que el mismo se comentará en esta última. Entre otras cosas se refiere a características concretas de los falsos maestros describiéndolos como injustos, voraces, fanfarrones y desvergonzados.[134] Con clara referencia a los falsos maestros que

---

[131] "Porque si Dios no perdonó a los ángeles que habían pecado, sino que habiéndolos despeñado en el infierno con cadenas de oscuridad, los entregó para ser reservados al juicio ; y si no perdonó al mundo viejo, mas guardó a Noé, pregonero de justicia, con otras siete personas, trayendo el diluvio sobre el mundo de malvados; y si condenó por destrucción las ciudades de Sodoma y de Gomorra, tornándolas en ceniza, y poniéndolas por ejemplo a los que habían de vivir sin temor y reverencia de Dios; y libró al justo Lot, acosado por la nefanda conducta de los malvados ; porque este justo, con ver y oír, morando entre ellos, afligía cada día su alma justa con los hechos de aquellos injustos" (2 Ped 2:4-8).

[132] "Sabe el Señor librar de tentación a los [piadosos], y reservar a los injustos para ser atormentados en el día del juicio; y principalmente a aquellos que, siguiendo la carne, andan en concupiscencia e inmundicia, y desprecian la potestad; atrevidos, contumaces, que no temen decir mal de las potestades superiores: como quiera que los mismos ángeles, que son mayores en fuerza y en potencia, no pronuncian juicio de maldición contra ellas delante del Señor" (2 Ped 2:9-11).

[133] Bauckham, *Jude, 2 Peter* (1983), p. 260.

[134] "Mas éstos, diciendo mal de las cosas que no entienden, como bestias brutas, que naturalmente son hechas para presa y destrucción, perecerán en su perdición, recibiendo el galardón de su injusticia, ya que [tienen] por delicia poder gozar de deleites cada día. Estos son suciedades y manchas, los cuales comiendo con

vendrían, Pedro profetiza que algunos de ellos de manera despectiva se volverán contra las enseñanzas de la segunda venida de Jesús.[135] Hasta en el Antiguo Testamento la segunda venida de Cristo fue profetizada, pero ellos protestan que "desde el día en que los padres [del Antiguo Testamento] durmieron, todas las cosas permanecen así como desde el principio de la creación" (2 Ped 3:4). Su lógica parece ser que ningún cambio se puede demostrar, entonces se puede descartar profecías dándolas por falsas para el beneficio propio. Pedro refuta sus argumentos, demostrando que sin duda ha habido cambios en el Antiguo Testamento, demostrados posteriormente con ciertas palabras tanto de juicio como de promesa.[136] Además, parece razonable interpretar las referencias a los actos de juicio por parte de Dios tanto contra "los ángeles que habían pecado" (2 Ped 2:4), como contra "el mundo viejo" en la época de Noé (2 Ped 2:5), y contra las ciudades de Sodoma y Gomorra (2 Ped 2:5), como una objeción, no simplemente al argumento de los falsos maestros, de que Dios no juzga el pecado individual, sino también al argumento de que la segunda venida de Jesús no se realizará. Tenemos muchos ejemplos en el Antiguo Testamento en contra del concepto de que Dios no interviene en la historia de los seres humanos. Pedro, específicamente utiliza los ejemplos de la creación del mundo y el gran diluvio en el

---

vosotros, juntamente se recrean en sus errores; teniendo los ojos llenos de adulterio, y no saben cesar de pecar; cebando las almas inconstantes; teniendo el corazón ejercitado en codicias, siendo hijos de maldición; que han dejado el camino derecho, y se han extraviado, siguiendo el camino de Balaam, hijo de Bosor, el cual amó el premio de la maldad. Y fue reprendido por su iniquidad; una muda bestia de carga, hablando en voz de hombre, refrenó la locura del profeta. Estos son fuentes sin agua, y nubes traídas de torbellino de viento: para los cuales está guardada la oscuridad de las tinieblas para siempre. Porque hablando arrogantes palabras de vanidad, ceban con las concupiscencias de la carne en disoluciones a los que verdaderamente habían huido de los que conversan en error; prometiéndoles libertad, siendo ellos mismos siervos de corrupción. Porque el que es de alguno vencido, es sujeto a la servidumbre del que lo venció" (2 Ped 2:12-19).

[135] "Sabiendo primero esto, que en los [postreros] días vendrán burladores, andando según sus propias concupiscencias, y diciendo: ¿dónde está la promesa de su advenimiento? Porque desde el día en que los padres durmieron, todas las cosas permanecen así como desde el principio de la creación" (2 Ped 3:3-4).

[136] Bauckham, *Jude, 2 Peter* (1983), pp. 255-7.

tiempo de Noé.[137] El hecho de que el mundo permanezca estable, es una expresión de la voluntad de Dios. Pero al mismo tiempo no podemos ignorar el hecho de que Dios también ha intervenido con juicio, y que lo volverá a hacer. Entonces los que no son salvos, se perderán.[138] El hecho de que Jesús todavía no haya regresado, no implica que cada uno puede vivir como quiera, porque a Dios supuestamente le da igual. Más bien, nos muestra que Dios da a los seres humanos una oportunidad prolongada para evadir el juicio. Cuando el juicio finalmente llegue, estará acompañado de cataclismos cósmicos.[139]

En la espera de la segunda venida de Jesús, para la salvación de los hijos de Dios y para perdición de los demás, Pedro exhorta a los creyentes a vivir con temor de Dios.[140]

Las epístolas de Juan

El autor de las epístolas no se identifica por nombre, pero según el antiguo obispo Ireneo, fueron escritas por Juan el discípulo de Jesús. También según Ireneo (que fue discípulo del obispo Policarpo de Esmirna, el cual en su vez fue discípulo de Juan), Juan residía en Éfeso, y hay razones para creer que los receptores de las epístolas

---

[137] "Cierto ellos ignoran voluntariamente, que los cielos fueron en el tiempo antiguo, y la tierra que por agua y en agua está asentada, por la palabra de Dios; por lo cual el mundo de entonces pereció anegado en agua" (2 Ped 3:5-6).

[138] "Mas los cielos que son ahora, y la tierra, son conservados por la misma palabra, guardados para el fuego en el día del juicio, y de la perdición de los hombres impíos. Mas, oh amados, no ignoréis esta una cosa: que un día delante del Señor es como mil años y mil años como un día. El Señor no tarda su promesa, como algunos la tienen por tardanza; sino que es paciente para con nosotros, no queriendo que ninguno perezca, sino que todos procedan al arrepentimiento" (2 Ped 3:7-9).

[139] "Mas el día del Señor vendrá como ladrón en la noche; en el cual los cielos pasarán con grande estruendo, y los elementos ardiendo serán deshechos, y la tierra y las obras que en ella están serán quemadas" (2 Ped 3:10).

[140] "Ya que todas estas cosas han de ser deshechas, ¡qué clase de personas deben ser ustedes en conducta santa y piadosa, guardando y apresurándose para la venida del día de Dios! Por causa de ese día los cielos, siendo encendidos, serán deshechos, y los elementos, al ser abrasados, serán fundidos. Según las promesas de Dios esperamos cielos nuevos y tierra nueva en los cuales mora la justicia. Por tanto, oh amados, estando a la espera de estas cosas, procuren con empeño ser hallados en paz por él, sin mancha e irreprensibles. Consideren que la paciencia de nuestro Señor es para salvación" (2 Ped 3:11-15).

vivían en Asia Menor. Las epístolas probablemente fueron escritas en los años 90 d.C.[141]

1 Juan

La introducción comprueba que el autor fue testigo ocular de la vida y ministerio de Jesús. El objetivo de esta epístola seguramente es enfatizar la credibilidad del mensaje y así fortalecer la fe de aquellos a quienes el autor se dirigió.[142]

Pronto se nota en la epístola, que las iglesias a las que Juan se dirige tienen desafíos doctrinales y parece que dichos desafíos fueran causados por personas que antes eran sus miembros. El deseo de Juan de fortalecer a las iglesias en su fe. Esto se puede ver en el contexto de la importancia de desenmascarar la herejía de los que han salido de las iglesias.[143] Los contrastes frecuentes entre la posición de Juan y la de un oponente imaginario se ve a través de formulaciones como "si decimos que nosotros" o "el que dice" (y se sobreentiende que así no son las cosas).[144]

"Lo que era desde el principio" (1 Jn 1:1), o sea por lo menos a partir del punto en que los destinatarios de la epístola fueron convertidos, es el mismo mensaje que Juan, al contrario de los falsos maestros, predicaba. Al mismo tiempo en su mensaje, "lo que era desde el principio" seguramente apuntaba al mismo Jesús, el cual desde la eternidad "estaba con el Padre" hasta el milagro de la

---

[141] Schnackenburg, *The Johannine Epistles. Introduction and Commentary* (2013), pp. 3-6, 39-42.

[142] "Lo que era desde el principio, lo que hemos oído, lo que hemos visto con nuestros ojos, lo que hemos mirado, y palparon nuestras manos tocante al Verbo de vida; porque la vida fue manifestada, y vimos, y testificamos, y os anunciamos aquella vida eterna, la cual estaba con el Padre, y nos ha aparecido; lo que hemos visto y oído, eso os anunciamos, para que también vosotros tengáis comunión con nosotros: y con el Padre, y con su Hijo Jesucristo" (1 Jn 1:1-3).

[143] "Os he escrito a vosotros, padres, porque habéis conocido al que es desde el principio. Os he escrito a vosotros jóvenes, porque sois fuertes y la palabra de Dios mora en vosotros, y habéis vencido al maligno. No améis al mundo, ni las cosas que están en el mundo. Si alguno ama al mundo, el amor del Padre no está en él" (1 Jn 2:14-15).

[144] Schnackenburg, *The Johannine Epistles. Introduction and Commentary* (2013), p. 70.

encarnación. El era la vida, y "la vida fue manifestada" (1 Jn 1:2) en Jesús.

Como creyente, Juan disfruta una relación de intimidad "con el Padre, y con su Hijo Jesucristo" (1 Jn 1:3) y desea que los receptores de la epístola tomen parte de la misma comunión con Dios que él mismo tiene. El mensaje de Juan es el siguiente: "Que Dios es luz, y en él no hay ningunas tinieblas" (1 Jn 1:5). "Luz" seguramente se refiere tanto a "verdad" como a "pureza", mientras "tinieblas" alude a "mentira" y al "pecado". Es Juan, entre otras personas, quien predica la verdad acerca de Dios. Este es el mensaje que previamente hemos recibido, "Si decimos que tenemos comunión con él", Juan escribe, "y andamos en tinieblas, mentimos y no hacemos la verdad" (1 Jn 1:6). La afirmación de los herejes que tuvieron comunión con Dios entonces no corresponde a la realidad porque no andan de conformidad con la verdad y la voluntad de Dios. Como veremos más adelante en la epístola, no solo doctrinalmente sino también éticamente andan "en tinieblas". La alternativa cristiana, al contrario, es andar "en luz, como él está en luz, [así teniendo] comunión entre nosotros, y la sangre de Jesucristo su Hijo nos limpia de todo pecado" (1 Jn 1:7). Andar en luz incluye vivir transparente y francamente ante Dios y los hombres. Dentro de las iglesias, si se vive en sinceridad cada uno con su hermano, entonces existe comunión mutua y también con Dios. Si esta actitud permanece, el creyente inmediatamente pedirá perdón a Dios, si cae en pecado, y en virtud de la obra redentora de Jesús, el perdón de Dios automáticamente fluye.

Pero si alguno, como los falsos maestros, no reconoce haber pecado (cuando lo ha hecho), vive en autoengaño y tampoco toma parte del perdón de Dios cuando lo necesita.[145] Eso es grave en varios sentidos: como la palabra de Dios demuestra que el ser humano es pecador y los herejes niegan aquello, lo hacen "a él [Dios] mentiroso, y su palabra no está en [ellos]" (1 Jn 1:10).[146]

---

[145] "Si decimos que no tenemos pecado, nos engañamos a nosotros mismos, y no hay verdad en nosotros. Si confesamos nuestros pecados, él es fiel y justo para que nos perdone nuestros pecados, y nos limpie de toda maldad" (1 Jn 1:8-9).

[146] Schnackenburg, *The Johannine Epistles. Introduction and Commentary* (2013), p. 84.

Juan no quiere que los creyentes consideren como algo normal caer en pecado, y al mismo tiempo reconoce que van a caer. Sin embargo, les recuerda que Jesús va a abogar por ellos ante Dios, pues la obra redentora incluye a todos aquellos que quieren reconocer su validez.[147]

Tener comunión con Dios incluye conocerle personalmente y si lo hacemos debemos vivir en conformidad con Su voluntad.[148] Incluso los herejes parecen haber asegurado tener conocimiento personal acerca de Dios, pero según Juan, no lo conocían, lo cual es confirmado por su conducta.[149] A lo mejor los falsos maestros sostenían haber adquirido conocimiento adicional de Dios, pero Juan a su vez apela al "mandamiento antiguo" – o sea las enseñanzas que recibieron cuando fueron salvos[150] y, al mismo tiempo, al "mandamiento nuevo". Juan así lo dice, y probablemente se refiere al mandamiento del amor que Jesús dio a sus discípulos.[151]

No es posible convertir la vida con Dios en un asunto privado solo entre el creyente y Él. Si tenemos comunión con Dios, también amamos a nuestros hermanos en la fe.[152] Juan escribe que tanto los jóvenes como los mayores en las iglesias, que son verdaderamente

---

[147] "Hijitos míos, estas cosas os escribo, para que no pequéis; y si alguno peca, abogado tenemos para con el Padre, a Jesucristo el justo; y él es la propiciación por nuestros pecados: y no solamente por los nuestros, sino también por los de todo el mundo" (1 Jn 2:1-2).

[148] "Y en esto sabemos que nosotros le hemos conocido, si guardamos sus mandamientos" (1 Jn 2:3).

[149] "El que dice, yo le he conocido, y no guarda sus mandamientos, el tal es mentiroso, y no hay verdad en él; mas el que guarda su palabra, la caridad de Dios está verdaderamente perfecta en él: por esto sabemos que estamos en él. El que dice que está en él, debe andar como él anduvo" (1 Jn 2:4-6).

[150] "Hermanos, no os escribo mandamiento nuevo, sino el mandamiento antiguo que habéis tenido desde el principio: el mandamiento antiguo es la palabra que habéis oído desde el principio" (1 Jn 2:7). Cf. Schnackenburg, *The Johannine Epistles. Introduction and Commentary* (2013), pp. 104-5.

[151] "Un mandamiento nuevo os doy: que os améis unos a otros: como os he amado, que también os améis los unos a los otros. En esto conocerán todos que sois mis discípulos, si tienen amor los unos con los otros" (Juan 13:34-35).

[152] "El que dice que está en luz, y aborrece a su hermano, el tal aun está en tinieblas todavía. El que ama a su hermano, está en luz, y no hay tropiezo en él. Mas el que aborrece a su hermano, está en tinieblas, y anda en tinieblas, y no sabe a dónde va; porque las tinieblas le han cegado los ojos" (1 Jn 2:9-11).

convertidos, estos conocen personalmente a Dios y viven para Él.[153] En lo que concierne a los "jóvenes", escribe que han "vencido al maligno" y "Os he escrito a vosotros, jóvenes, porque sois fuertes, y la palabra de Dios mora en vosotros, y habéis vencido al maligno" (1 Jn 2:13-14). No parece ilógico pensar que son los jóvenes quienes han experimentado las tentaciones más fuertes en cuanto a la propaganda de los herejes, a lo que Juan denomina "andar en tinieblas", en un sentido ético.[154]

Las iglesias son advertidas sobre no amar "al mundo" y "las cosas que están en el mundo". Por supuesto, no se refiere al mundo como tal, como la creación de Dios, sino más bien a las cosas de la vida que puedan crear una distancia entre ellos y Dios. Entre otras cosas Juan piensa en tentaciones sexuales y el orgullo.[155]

Ya hemos mencionado que los falsos maestros anteriormente eran miembros de las iglesias. Son denominados "anticristos" y comparados con herejes que aparecerían antes de la segunda venida de Jesús.[156] Los creyentes verdaderos, contrario a los herejes, tienen parte del Espíritu Santo y conocen la verdad, es decir, que Jesús es el Hijo de Dios y el Mesías (Cristo) prometido.[157] Si permanecen fieles

---

[153] "Os escribo a vosotros, hijitos, porque vuestros pecados os son perdonados por su nombre. Os escribo a vosotros, padres, porque habéis conocido a aquel que es desde el principio. Os escribo a vosotros, jóvenes, porque habéis vencido al maligno. Os escribo a vosotros hijitos, porque habéis conocido al Padre. Os he escrito a vosotros, padres, porque habéis conocido al que es desde el principio. Os he escrito a vosotros, jóvenes, porque sois fuertes, y la palabra de Dios mora en vosotros, y habéis vencido al maligno" (1 Jn 2:12-14).

[154] Schnackenburg, *The Johannine Epistles. Introduction and Commentary* (2013), pp. 117-8.

[155] "No améis al mundo, ni las cosas que están en el mundo. Si alguno ama al mundo, el amor del Padre no está en él. Porque todo lo que hay en el mundo, la concupiscencia de la carne, y la concupiscencia de los ojos, y la soberbia de la vida, no es del Padre, mas es del mundo" (1 Jn 2:15-16).

[156] "Hijitos, ya es el último tiempo: y como vosotros habéis oído que el anticristo ha de venir, así también al presente han comenzado a ser muchos anticristos; por lo cual sabemos que es el último tiempo. Salieron de nosotros, mas no eran de nosotros; porque si fueran de nosotros, hubieran cierto permanecido con nosotros; pero salieron para que se manifestase que todos no son de nosotros" (1 Jn 2:18-19).

[157] "Mas vosotros tenéis la unción del Santo, y conocéis todas las cosas. No os he escrito como si ignoraseis la verdad, sino como a los que la conocéis, y que ninguna mentira es de la verdad. ¿Quién es mentiroso, sino el que niega que Jesús es el

a Cristo, así como Él permanece en la iglesia, recibirán la vida eterna.[158] "La unción", entendida como la obra del Espíritu dentro del creyente, ya está en ellos y no contradice las enseñanzas que desde el principio se han dado en las iglesias, así que no necesitan enseñanzas externas dadas por los falsos maestros.[159]

La salvación no solo es futura, sino que ahora mismo los receptores de la epístola son hijos de Dios y objetos de su amor.[160] En la culminación de la salvación, los creyentes serán "semejantes a él" (1 Jn 3:2), lo cual obviamente no implica ser como Dios ontológicamente, quien es cualitativamente diferente a toda criatura. En el mismo versículo, Juan dice que "ahora somos hijos de Dios, y aun no se ha manifestado lo que hemos de ser". Ser "semejantes a Él" se debe ver en conexión con verlo "como él es" (1 Jn 3:3).

Jesús es presentado como ejemplo para los creyentes en el sentido de que "no hay pecado en él" (1 Jn 3:5). El pecado es definido como transgresión y seguir el ejemplo de Jesús implica abstenerse del pecado. Posiblemente los herejes han sostenido ser "justos" sin haber vivido de conformidad con su confesión de fe.[161] Vivir en pecado es ser "del diablo". Es imposible vivir en pecado y al mismo tiempo

---

Cristo? Este tal es anticristo, que niega al Padre y al Hijo. Cualquiera que niega al Hijo, este tal tampoco tiene al Padre. Cualquiera que confiesa al Hijo, tiene también al Padre" (1 Jn 2:20-23). Seguramente los falsos maestros han sostenido acerca de sí mismos tener alguna "unción" específica y que "lo saben todo". Si este es el caso, entonces Juan responde relacionando la "unción" con la sola obra que el Espíritu Santo hace en nuestro interior mientras que "conocer todo" está limitado por las verdades centrales sobre el evangelio de Cristo y su obra salvífica.

[158] "Pues lo que habéis oído desde el principio, sea permaneciente en vosotros. Si lo que habéis oído desde el principio, será permaneciente en vosotros, también vosotros permaneceréis en el Hijo y en el Padre. Y esta es la promesa, la cual él nos prometió, la vida eterna" (1 Jn 2:24-25).

[159] "Os he escrito esto sobre los que os engañan. Pero la unción que vosotros habéis recibido de él, mora en vosotros, y no tenéis necesidad que ninguno os enseñe; mas como la unción misma os enseña de todas cosas, y es verdadera, y no es mentira, así como os ha enseñado, perseveraréis en él" (1 Jn 2:26-27). Schnackenburg, *The Johannine Epistles. Introduction and Commentary* (2013), p. 150.

[160] "Mirad cuál amor nos ha dado el Padre, que seamos llamados hijos de Dios: por esto el mundo no nos conoce, porque no le conoce a él" (1 Jn 3:1).

[161] Schnackenburg, *The Johannine Epistles. Introduction and Commentary* (2013), p. 174.

disfrutar una relación y comunión ininterrumpida con Dios.[162] Nuestra comunión con Dios siempre producirá frutos visibles para que los de nuestro alrededor los puedan observar.[163] Si nuestra conciencia, con buenas razones o no, nos condena, felizmente "mayor es Dios que nuestro corazón, y conoce todas las cosas" (1 Jn 3:20). Si hemos pecado, en arrepentimiento sincero, podemos pedir y tener perdón "[y aseguraremos] nuestros corazones delante de él" (1 Jn 3:19). Si andamos en comunión con Dios, confiadamente podemos orar y esperar que Él nos conteste específicamente.[164] Andar en comunión con Dios incluye tanto creer "en el nombre de su Hijo Jesucristo, [como amarse] unos a otros como nos lo ha mandado" (1 Jn 3:23).

Tener fe incluye reconocer el mensaje cristiano aun cuando es incompatible con las aserciones de los falsos maestros. Lo que ellos enseñan, tiene que ser "probado" o evaluado en conformidad con las enseñanzas de las iglesias.[165] Si alguno no reconoce la validez de las enseñanzas cristianas acerca de Jesús, o sea que Él fue enviado por Dios para salvar a la humanidad, entonces este no es guiado por el

---

[162] "Hijitos, no os engañe ninguno: el que hace justicia, es justo, como él también es justo. El que hace pecado, es del diablo; porque el diablo peca desde el principio. Para esto apareció el Hijo de Dios, para deshacer las obras del diablo. Cualquiera que es nacido de Dios, no hace pecado, porque su simiente está en él; y no puede pecar, porque es nacido de Dios. En esto son manifiestos los hijos de Dios, y los hijos del diablo: cualquiera que no hace justicia, y que no ama a su hermano, no es de Dios" (1 Jn 3:7-10).

[163] "Nosotros sabemos que hemos pasado de muerte a vida, en que amamos a los hermanos. El que no ama a su hermano, está en muerte" (1 Jn 3:14).

[164] "[Amados], si nuestro corazón no nos reprende, confianza tenemos en Dios; y cualquier cosa que pedimos, la recibiremos de él, porque guardamos sus mandamientos, y hacemos las cosas que son agradables delante de él" (1 Jn 3:21-22).

[165] "Amados, no creáis a todo espíritu, sino probad los espíritus si son de Dios: porque muchos falsos profetas son salidos en el mundo" (1 Jn 4:1)

Espíritu de Dios.[166] El Espíritu Santo fortalece a los creyentes para que no cedan ante los herejes.[167]

Para recapitular, no solo es el mensaje cristiano, sino también el amor cristiano el que distingue a los hijos de Dios de los falsos maestros. Dios es amor, y este amor ha sido manifestado por la obra redentora de Jesús. Los hijos de Dios somos llamados a practicar ese mismo amor.[168] "Pues como él es", o sea en su amor, "así somos nosotros en este mundo" (1 Jn 4:17).[169]

En el amor tampoco hay espacio para el temor a la ira de Dios. Si andamos en una comunión de amor con Dios, la cual es manifestada por la relación que tenemos con otras personas, no necesitamos temer el juicio de Dios en el último día.[170]

Creer "en el nombre de su Hijo Jesucristo, y [amarse] unos a otros como nos lo ha mandado" (1 Jn 3:23), ha sido señalado previamente como "guardar los mandamientos de Él". Ahora Juan dice que "sus mandamientos no son gravosos" (1 Jn 5:3). La razón simplemente es que "todo aquello que es nacido de Dios vence al mundo: y esta es la

---

[166] "En esto conoced el Espíritu de Dios: todo espíritu que confiesa que Jesucristo es venido en carne es de Dios: y todo espíritu que no confiesa que Jesucristo es venido en carne, no es de Dios: y este es el espíritu del anticristo, del cual vosotros habéis oído que ha de venir, y que ahora ya está en el mundo" (1 Jn 4:2-3).

[167] "Hijitos, vosotros sois de Dios, y los habéis vencido; porque el que en vosotros está, es mayor que el que está en el mundo. Ellos son del mundo; por eso hablan del mundo, y el mundo los oye. Nosotros somos de Dios: el que conoce a Dios, nos oye: el que no es de Dios, no nos oye. Por esto conocemos el espíritu de verdad y el espíritu de error" (1 Jn 4:4-6).

[168] "[Amados], amémonos unos a otros; porque el amor es de Dios. Cualquiera que ama, es nacido de Dios, y conoce a Dios. El que no ama, no conoce a Dios; porque Dios es amor. En esto se mostró el amor de Dios para con nosotros, en que Dios envió a su Hijo unigénito al mundo, para que vivamos por él. En esto consiste el amor; no que nosotros hayamos amado a Dios, sino que él nos amó a nosotros, y ha enviado a su Hijo en propiciación por nuestros pecados. Amados, si Dios así nos ha amado, debemos también nosotros amarnos unos a otros" (1 Jn 4:7-11).

[169] Schnackenburg, *The Johannine Epistles. Introduction and Commentary* (2013), p. 223.

[170] "En amor no hay temor; mas el perfecto amor echa fuera el temor: porque el temor tiene pena. De donde el que teme, no está perfecto en el amor. Nosotros le amamos a él, porque él nos amó primero. Si alguno dice, yo amo a Dios, y aborrece a su hermano, es mentiroso. Porque el que no ama a su hermano al cual ha visto, ¿cómo puede amar a Dios a quien no ha visto? Y nosotros tenemos este mandamiento de él: que el que ama a Dios, ame también a su hermano" (1 Jn 4:18-21).

victoria que vence al mundo, nuestra fe" (1 Jn 5:4). "El mundo", o sea todos los impulsos que no tienen su origen en Dios, chocarán con el amor de Dios. La fe cristiana, la cual incluye tanto dogmas como confianza en el poder de Dios que mora en nosotros, es la razón de nuestra victoria sobre la tentación de no "guardar los mandamientos de Él". El Espíritu Santo vino de manera muy especial, a través del bautismo de Jesús donde "como paloma [...] descendía sobre él" (Mar 1:10) y a través de su muerte, donde Jesús derramó su sangre. Por esta razón, posiblemente, Juan escribe que Jesús "vino por agua y sangre" (1 Jn 5:6). A través del bautismo de Jesús se dio a conocer como el que poseía toda la plenitud del Espíritu de Dios. Los herejes atribuían al bautismo de Jesús cierto significado mientras que descuidaban el valor de su muerte.[171] En tal caso puede ser por aquella razón que Juan escribe que Jesús vino "no por agua solamente, sino por agua y sangre" (1 Jn 5:6).

"El agua" y "la sangre" no obstante, no solamente se refieren a acontecimientos históricos, sino – en caso de que Juan aquí ponga un doble sentido en las palabras, o sea como bautismo cristiano y santa cena – entonces, "el agua" y "la sangre" también se transforman en testigos del mensaje salvífico. Incluso el Espíritu Santo es testigo, porque "él dará testimonio de mí [Jesús]" (Juan 15:26). Por esta razón Juan puede escribir "Y el Espíritu es el que da testimonio, porque el Espíritu es la verdad. Porque tres son los que dan testimonio: el Espíritu, el agua y la sangre; y estos tres concuerdan en uno" (1 Jn 5:6-8). La verdad es que también el Espíritu testifica de la validez del mensaje salvífico porque "convencerá al mundo de pecado, y de justicia, y de juicio" (Juan 16:8).[172]

"Si recibimos el testimonio de los hombres", lo que normalmente hacemos, "el testimonio de Dios, [no obstante], es mayor", o sea, aun más confiable. Entonces será más grave rechazar el mensaje, esto puede ser lo que Juan tiene en mente cuando compara este mensaje con lo que los herejes enseñan: "Porque este es el testimonio de Dios, que ha testificado de su Hijo" (1 Jn 5:9). Juan no dice directamente dónde y cuándo Dios ha dado testimonio de Jesús, pero tenemos

---

[171] Schnackenburg, *The Johannine Epistles. Introduction and Commentary* (2013), p. 233.

[172] Schnackenburg, *The Johannine Epistles. Introduction and Commentary* (2013), pp. 234-6.

varios ejemplos en los evangelios, por ejemplo, cuando Jesús fue bautizado[173] y cuando fue transfigurado ante la presencia de algunos de sus discípulos.[174]

La vida eterna no se puede distinguir de la fe en Jesús y de su obra redentora.[175] Un motivo importante para escribir esta epístola fue fortalecer a los miembros de la iglesia en su fe salvífica,[176] que incluye fe en la intervención de Dios como respuesta a las oraciones.[177] Juan les exhorta a interceder por los creyentes que han cometido pecados "no de muerte" (1 Jn 5:16). No dice directamente a qué tipo de pecado se refiere y es claro que "toda maldad es pecado" (1 Jn 5:17). Sin embargo, algunos pecados son más graves que otros y parecen descalificar para la salvación. Para personas que han cometido tales pecados, parece inútil nuestra intercesión.[178] Al final de la epístola, Juan advierte sobre los "ídolos" (1 Jn 5:21); este es un tema que no ha sido tocado previamente en esta epístola. Quizá Juan piensa en prácticamente cualquier cosa que pueda crear una distancia entre el creyente y Cristo cuando habla de ídolos.[179]

---

[173] "Y luego, subiendo del agua, vio abrirse los cielos, y al Espíritu como paloma, que descendía sobre él. Y hubo una voz de los cielos que decía: tú eres mi Hijo amado; en ti tomo contentamiento" (Mar 1:10-11).

[174] "Y vino una nube que les hizo sombra, y una voz de la nube, que decía: este es mi Hijo amado: a él oíd" (Mar 9:7).

[175] "El que cree en el Hijo de Dios, tiene el testimonio en sí mismo: el que no cree a Dios, le ha hecho mentiroso; porque no ha creído en el testimonio que Dios ha testificado de su Hijo. Y este es el testimonio: que Dios nos ha dado vida eterna; y esta vida está en su Hijo. El que tiene al Hijo, tiene la vida: el que no tiene al Hijo de Dios, no tiene la vida" (1 Jn 5:10-12).

[176] "Estas cosas he escrito a vosotros que creéis en el nombre del Hijo de Dios, para que sepáis que tenéis vida eterna, y para que creáis en el nombre del Hijo de Dios" (1 Jn 5:13).

[177] "Y esta es la confianza que tenemos en él, que si [pedimos] alguna cosa conforme a su voluntad, él nos oye. Y si sabemos que él nos oye en cualquiera cosa que [pidamos], sabemos que tenemos las peticiones que le [hayamos hecho]" (1 Jn 5:14-15).

[178] "Si alguno viere cometer a su hermano pecado no de muerte, demandará, y se le dará vida; digo a los que pecan no de muerte. Hay pecado de muerte, por el cual yo no digo que ruegue" (1 Jn 5:16).

[179] Schnackenburg, *The Johannine Epistles. Introduction and Commentary* (2013), pp. 263-4.

2 Juan

El autor se identifica como "el anciano" a la "señora elegida y a sus hijos" (2 Jn v. 1). Mientras los receptores parecen ser una iglesia específica, probablemente de Asia Menor alrededor de los años 90 d.C., el "anciano" debe ser Juan el discípulo de Jesús.

El autor se regocija por haber encontrado a varios de los miembros de la iglesia viviendo de conformidad con la fe y la conducta cristiana.[180] Como en el caso de su primera epístola, Juan también exhorta a la iglesia a vivir en amor los unos hacia los otros.[181]

También advierte de falsos maestros; aquellos, al igual que los herejes, a quien alude en su primera epístola, han negado las enseñanzas clásicas de Cristo como enviado por Dios para salvación.[182] Además, advierte de ser influidos por las enseñanzas de los falsos maestros; incluso no deben tener contacto social con ellos.[183]

3 Juan

Tal como en la segunda epístola de Juan, aquí también el autor se presenta como "el anciano" (3 Jn v. 1). Esta epístola también parece haber sido escrita alrededor de los años 90 d.C., no a una iglesia, sino a un individuo llamado Gaio.

---

[180] "Mucho me he gozado, porque he hallado de tus hijos, que andan en verdad, como nosotros hemos recibido el mandamiento del Padre" (2 Jn v. 4).

[181] "Y ahora te ruego, señora, no como escribiéndote un nuevo mandamiento, sino aquel que nosotros hemos tenido desde el principio, que nos amemos unos a otros. Y este es amor, que andemos según sus mandamientos. Este es el mandamiento: que andéis en él, como vosotros habéis oído desde el principio" (2 Jn vv. 5-6).

[182] "Porque muchos engañadores son entrados en el mundo, los cuales no confiesan que Jesucristo ha venido en carne. Este tal el engañador es, y el anticristo" (2 Jn v. 7).

[183] "Mirad por vosotros mismos, porque no perdamos las cosas que hemos obrado, sino que recibamos galardón cumplido. Cualquiera que se rebela, y no persevera en la doctrina de Cristo, no tiene a Dios: el que persevera en la doctrina de Cristo, el tal tiene al Padre y al Hijo. Si alguno viene a vosotros, y no trae esta doctrina, no lo recibáis en casa, ni le digáis: ¡bienvenido! Porque el que le dice bienvenido, comunica con sus malas obras" (2 Jn vv. 8-11).

Juan empieza su epístola deseando que Gaio esté bien.[184] Parece que Juan hubiera asumido una relación paternal hacia Gaio y expresa gozo por la sinceridad en la fe que muestra su 'hijo'.[185] Juan lo elogia por su hospitalidad y posiblemente también por su ayuda económica, tal vez hacia predicadores itinerantes que tenían una relación particular con Juan.[186]

Juan ha escrito previamente a la iglesia donde Gaio se congrega, pero uno de los miembros llamado Diótrefes ha asumido un rol de liderazgo y parece no haber reconocido al apóstol.[187] Juan planea visitar la iglesia y piensa reprender públicamente a Diótrefes, tanto por acusaciones falsas hacia él (posiblemente también a otras personas) como por no haber recibido a predicadores itinerantes. De hecho, ha intentado impedir a otros mostrar hospitalidad expulsándolos de la iglesia.[188]

Gaio es animado a continuar en el mismo camino que lleva en vez de imitar a Diótrefes. Juan da reconocimiento a Demetrio, quien posiblemente es predicador itinerante y tal vez también es quien entrega la epístola de Juan a Gaio.[189]

---

[184] "Amado, yo deseo que tú seas prosperado en todas cosas, y que tengas salud, así como tu alma está en prosperidad" (3 Jn v. 2).

[185] "Ciertamente me gocé mucho cuando vinieron los hermanos y dieron testimonio de tu verdad, así como tú andas en la verdad. No tengo yo mayor gozo que éste, el oír que mis hijos andan en la verdad" (3 Jn vv. 3-4).

[186] "Amado, fielmente haces todo lo que haces para con los hermanos, y con los extranjeros, los cuales han dado testimonio de tu amor en presencia de la iglesia: a los cuales si ayudares como conviene según Dios, harás bien. Porque ellos partieron por amor de su nombre, no tomando nada de los gentiles. Nosotros, pues, debemos recibir a los tales, para que seamos cooperadores a la verdad" (3 Jn vv. 5-8). Schnackenburg, *The Johannine Epistles. Introduction and Commentary* (2013), p. 294.

[187] "Yo he escrito a la iglesia: mas Diótrefes, que ama tener el primado entre ellos, no nos recibe" (3 Jn v. 9).

[188] "Por esta causa, si yo viniere, recordaré las obras que hace parlando con palabras maliciosas contra nosotros; y no contento con estas cosas, no recibe a los hermanos, y prohíbe a los que los quieren recibir, y los echa de la iglesia" (3 Jn v. 10).

[189] "Amado, no sigas lo que es malo, sino lo que es bueno. El que hace bien es de Dios: mas el que hace mal, no ha visto a Dios. Todos dan testimonio de Demetrio, y aun la misma verdad: y también nosotros damos testimonio; y vosotros habéis conocido que nuestro testimonio es verdadero" (3 Jn vv. 11-12). Schnackenburg, *The Johannine Epistles. Introduction and Commentary* (2013), p. 300.

7

EL LIBRO DEL APOCALIPSIS

Este libro inicia señalando que su autor es Juan el discípulo de Jesús. Es un libro escatológico (con énfasis en las enseñanzas de los últimos 'días' antes de la segunda venida de Jesús), con mucho lenguaje simbólico, y que ha sido sujeto de diferentes interpretaciones mutuamente exclusivas. Muchos intérpretes han intentado fijar la segunda venida de Jesús en relación con otros acontecimientos históricos, basándose en una comparación del libro de Daniel en el Antiguo Testamento con el libro del Apocalipsis. La división principal entre las diferentes 'escuelas' escatológicas parte de su posición con respecto al 'milenio'.

El *amilenialismo* asegura que no habrá milenio alguno después de la segunda venida de Jesús; lo que sus representantes sostienen es que el 'milenio' es la época entre la primera y la segunda venida de Jesús, o sea el tiempo en que nosotros vivimos. El número 'mil' entonces tiene un significado simbólico.

El *postmilenialismo* en líneas generales implica que el verdadero evangelio incluye más que la 'salvación de las almas' y que también origina cambios sociales. A través de la extensión triunfante de su mensaje, un pensamiento cristiano dominará cada vez más la cultura y la sociedad, culminando con la segunda venida de Jesús *posterior* a una edad de oro para la iglesia aquí en la tierra. La mayoría de los adherentes del postmilenialismo consideran el número mil como algo simbólico y prefieren no detallar la duración de esta época.

El *premilenialismo* refleja el punto de vista de que Jesús volverá a la tierra antes del fin de nuestra época para establecer un reino, el cual durará literalmente mil años. Para recapitular: los amilenialistas no creen en el milenio, los postmilenialistas creen que Jesús vuelve después del milenio y los premilenialistas creen que Jesús vuelve antes. El premilenialismo, no obstante, se puede dividir en más subcategorías por el intento de sus adherentes de determinar más detalladamente la segunda venida de Jesús. Esas subcategorías se dividen según el punto de vista que adoptan con respecto al retorno de Cristo y, en relación con lo que perciben como siete años de tribulaciones muy específicas en la tierra.

Para los representantes del *premilenialismo pretribulacional* la venida de Jesús no solamente ocurre antes del inicio del milenio sino también antes del inicio de esa época de siete años de tribulaciones. Dentro de su sistema doctrinal, los verdaderos creyentes serán arrebatados temporalmente al cielo justamente antes de que empiece lo que denominan 'la gran tribulación'. Este acontecimiento coincidirá con la primera etapa de la segunda venida de Jesús. Después que hayan pasado los siete años, Jesús junto con esos creyentes, volverán a la tierra para juzgar a los demás. Así la segunda venida de Jesús se divide en dos actos distintos.

Es el mismo caso del *midtribulacionalismo*, donde el arrebatamiento al cielo ocurre en el medio de 'la gran tribulación', o sea después de tres años y medio, mientras que el *postribulacionalismo* no divide en dos hechos distintos sus conceptos de la segunda venida. Sus representantes creen que el arrebatamiento de los creyentes sucede justamente después del fin de los siete años de tribulaciones así que los creyentes se encontrarán con Jesús en el aire mientras que Él está en camino hacia la tierra para establecer el milenio.[1]

También hay diferentes escuelas escatológicas divididas por su entendimiento de lo que para Juan eran visiones del futuro. Un acercamiento preterista considerará Apocalipsis como básicamente una profecía sobre la extinción de los romanos de Jerusalén en el año 70 d.C. o, alternativamente, sobre la caída del Imperio romano de Occidente. En ambos casos las visiones ya se han cumplido.

Supuestos acercamientos *históricos* interpretan las visiones refiriéndose a varios fenómenos ya cumplidos dentro de la historia

---

[1] Bock, Blaising, Gentry jr. y Strimple, *Three Views on the Millennium and Beyond* (1999) y Archer, Feinberg, Moo y Reiter, *Three Views on the Rapture* (1996).

europea básicamente. Un acercamiento *futuro* considera la mayoría de las visiones como aun por cumplirse, por lo que sus adherentes consideran el libro de Apocalipsis como poco relevante (y bastante incomprensible) para los creyentes que vivían en la época cuando fue escrito.

En realidad, las diferentes interpretaciones al final concluyen en lo mismo, apuntando tanto a condiciones del pasado como del presente y del futuro. La cronología del libro entonces no tiene que ver con los acontecimientos históricos sino solamente con una visión acompañando a otra. Lo que hacen las diferentes interpretaciones es reiterar los mismos acontecimientos presentados en las visiones anteriores.[2]

El libro del Apocalipsis probablemente fue escrito alrededor de los años 95-96 d.C. Juan escribe a siete iglesias en la provincia de Asia:[3] Éfeso, Esmirna, Pérgamo, Tiatira, Sardis, Filadelfia y Laodicea. Las iglesias habían experimentado diferentes grados de persecución, y aparentemente Juan estaba exiliado en la isla de Patmos al oeste de la costa de la Turquía actual.[4] Allí recibió una revelación sobrenatural y le fue ordenado documentar el contenido y enviarlo a las siete iglesias ya mencionadas.[5] Al oír una voz y volverse hacia ella, avistó siete candelabros de oro, los cuales probablemente se refieren a las siete iglesias. [Y en medio de ellas hubo] "uno semejante al Hijo del hombre" (Apoc 1:13), lo cual probablemente se refiere al mismo Jesús. "Y tenía en su diestra siete estrellas: y de su boca salía una espada aguda de dos filos" (Apoc 1:16).

Casi todas las iglesias reciben palabras de ánimo, por ejemplo, la iglesia de Éfeso, la cual ha "probado a los que se dicen ser apóstoles,

---

[2] Beale, *The Book of Revelation. A Commentary on the Greek Text* (2013), pp. 44-9.

[3] "Juan a las siete iglesias que están en Asia: gracia sea con vosotros, y paz del que es y que era y que ha de venir, y de los siete espíritus que están delante de su trono" (Apoc 1:4).

[4] "Yo Juan vuestro hermano, y participante en la tribulación y en el reino, y en la paciencia de Jesucristo, estaba en la isla que es llamada Patmos, por la palabra de Dios y el testimonio de Jesucristo" (Apoc 1:9).

[5] "Yo fui en el Espíritu en el día del Señor, y oí detrás de mí una gran voz como de trompeta, que decía: yo soy el Alfa y Omega, el primero y el último. Escribe en un libro lo que ves, y envíalo a las siete iglesias que están en Asia; a Éfeso, y a Esmirna, y a Pérgamo, y a Tiatira, y a Sardis, y a Filadelfia, y a Laodicea" (Apoc 1:10-11).

y no lo son, y [la iglesia] los [ha] hallado mentirosos" (Apoc 2:2). Pero al mismo tiempo la iglesia es reprendida por haber "dejado [su] primer amor" (Apoc 2:4) y, es exhortada a arrepentirse para que Jesús no le quite su candelero del lugar. Parece que la iglesia está en peligro de perder su identidad como asamblea cristiana. Todas las iglesias son exhortadas a permanecer fieles en la fe para alcanzar la salvación final.[6] Una crítica concreta contra varias de las iglesias se debe a no haberse distanciado suficientemente de la cultura y la religión paganas. A lo mejor participaban en ceremonias en donde los dioses (los cuales eran considerados como protectores de los gremios de artesanía a los que la gente pertenecía) eran adorados y donde también seguramente la inmoralidad proliferaba.[7] Así la iglesia de Laodicea es reprendida por no ser "fría" (refiriéndose al hecho de que la ciudad no tenía acceso al agua potable y fría de Colosas) ni "caliente" (refiriéndose al hecho de que la ciudad en principio tenía acceso a las fuentes calientes de la ciudad de Hierápolis, pero que el agua naturalmente había perdido su temperatura al llegar en tubos a Laodicea), sino "tibio", por lo cual Jesús dice "te vomitaré de mi boca" (Apoc 3:16). Viviendo religiosamente en autoengaño, ahora recibe el mensaje de que es pobre, desnudo y ciego. Pero incluso en su estado de pobreza espiritual, Jesús le dice que Él está "a la puerta y [llama]" (Apoc 3:20), ofreciéndole otra vez una invitación al arrepentimiento.

En el capítulo 4 versículo 1, Juan recibe la visión de una puerta abierta en el cielo y un ángel le dice: "Sube acá, y yo te mostraré las cosas que han de ser después de estas". Los intérpretes del premilenialismo pretribulacional a menudo han sostenido que los tres primeros capítulos del libro del Apocalipsis, se trata de siete iglesias cristianas en Asia menor en la época del apóstol Juan y que, las palabras "sube acá", se refiere al arrebatamiento de los creyentes

---

[6] Cf. por ejemplo las palabras para las iglesias de Éfeso y de Esmirna, respectivamente: "Al que venciere, daré a comer del árbol de la vida, el cual está en medio del paraíso de Dios" (Apoc 2:7). "El que venciere, no recibirá daño de la muerte segunda" (Apoc 2:11).

[7] "Pero tengo unas pocas cosas contra ti: porque tú tienes ahí los que tienen la doctrina de Balaam, el cual enseñaba a Balac a poner escándalo delante de los hijos de Israel, a comer de cosas sacrificadas a los ídolos, y a cometer fornicación" (Apoc 2:14). Beale, *The Book of Revelation. A Commentary on the Greek Text* (2013), p. 249.

verdaderos al cielo. Así que los capítulos restantes del libro serían una presentación de los supuestos siete años durante la 'gran tribulación' en la tierra, mientras que los verdaderos cristianos temporalmente están en el cielo. Aquello seguramente es leer demasiado dentro de las palabras del ángel a Juan. Así que, en vez de ver las visiones seguidas a partir del capítulo 4, como presentando acontecimientos cronológicos, posiblemente se podría ver como presentaciones de los mismos acontecimientos donde las últimas visiones completan las anteriores, pero con más detalles.[8] Tal vez las visiones no contienen exclusivamente profecías sobre el futuro, sino que también hacen referencia a condiciones del pasado y del presente. Luego surge la pregunta, ¿Las interpretaremos literalmente, o contienen lenguaje simbólico? Además, ¿cuál es la motivación de Juan? Obviamente, que como creyentes tengamos una comprensión detallada de lo que sucederá antes de la segunda venida de Jesús y, que nos preparemos para el sufrimiento y las tribulaciones, mientras que simultáneamente ponemos nuestra esperanza en Dios, sabiendo que Él tiene el control absoluto sobre el transcurso de la historia y nos guiará hasta el punto de nuestra salvación final. Este es mi punto de partida como estudiante del libro del Apocalipsis.

Cuando llegamos al capítulo 4, Juan ya ha recibido la visión de las siete iglesias en Asia Menor. Si se puede hablar sobre alguna cronología en el libro del Apocalipsis, ante todo debe ser la secuencia cronológica de las diferentes visiones, pero no una cronología de sus contenidos.

Los capítulos 4 y 5 presentan la segunda visión de Juan, y allí Dios está sentado en un trono en el cielo rodeado por veinticuatro ancianos y cuatro seres vivientes. Tal vez el número veinticuatro se refiere a las doce tribus de Israel y los doce apóstoles de Jesús, así representando el pueblo de Dios tanto del Antiguo como del Nuevo Testamento.

Dios tiene un libro o un rollo en su mano que está sellado con siete sellos. Nadie salvo el "león de la tribu de Judá", el cual debe ser Jesús, es considerado digno de abrir el rollo.[9] Como se puede leer en

---

[8] Beale, *The Book of Revelation. A Commentary on the Greek Text* (2013), pp. 316-7, 370.

[9] "Y [los cuatro seres vivientes y los veinticuatro ancianos] cantaban un nuevo cántico, diciendo: digno eres de tomar el libro, y de abrir sus sellos; porque tú fuiste

los capítulos siguientes, el contenido consta de los planes que Dios tiene tanto para salvar como para juzgar. Si Apocalipsis fuera un libro de interpretación literal, obviamente no podríamos leer nada hasta que todos los siete sellos del rollo fueran rotos. No es necesario ser tan rígidos, debemos reconocer el carácter apocalíptico del libro con un uso extenso del lenguaje simbólico.

Abriendo los cuatro primeros sellos muestra cuatro caballos de distinto color y cada uno con su jinete. Los jinetes son autorizados a matar, destruir cosechas de grano, causar hambre y muerte.[10] En vez de considerar abrir los diferentes sellos como acontecimientos históricos que suceden el uno después del otro, cronológicamente, es posible entenderlo como acontecimientos simultáneos. No hay ninguna distinción entre creyente y no creyente como víctima de los actos de juicio. Como los jinetes tienen la autorización de Dios, no es ilógico pensar que Dios puede tener dos motivos distintos: estimular el proceso de santificación para el creyente y castigar el inconverso. Esto último concuerda con Apoc 22:11.

Si los pasajes relevantes dentro de Apocalipsis son inspirados por el capítulo 6 del libro de Zacarías en el Antiguo Testamento, donde los caballos y los jinetes castigarían las naciones por haber oprimido al pueblo judío, posiblemente en estos pasajes también existe un motivo para castigar a los inconversos que han participado en persecución de los creyentes. Es importante notar que el ser autorizados por Dios, no implica necesariamente que los jinetes le sirvan voluntariamente. Tampoco es impensable interpretar los actos de juicio como acontecimientos ya cumplidos, en proceso de cumplimiento o por cumplir.

Aunque los jinetes tienen el consentimiento de Dios, es posible que representen al enemigo. En tal caso, tampoco es ilógico creer que Satanás pueda tener sus propios motivos para tales acciones, por ejemplo, intentar arrebatar la fe de los cristianos a través de los

---

inmolado, y nos has redimido para Dios con tu sangre, de todo linaje y lengua y pueblo y nación" (Apoc 5:9).

[10] "Y cuando él abrió el cuarto sello, oí la voz del cuarto animal, que decía: ven y ve. Y miré, y he aquí un caballo amarillo: y el que estaba sentado sobre él tenía por nombre Muerte; y el infierno le seguía: y le fue dada potestad sobre la cuarta parte de la tierra, para matar con espada, con hambre, con mortandad, y con las bestias de la tierra" (Apoc 6:7-8).

sufrimientos a los cuales son expuestos. El Apocalipsis describe sufrimientos como el limitado acceso a la comida y el precio excesivo del trigo y la cebada que superan el valor común en el reino romano donde un denario era el salario normal de un jornalero.[11]

Cuando el quinto sello es abierto, Juan ve "las almas de los que habían sido muertos por la palabra de Dios y por el testimonio que ellos tenían" (Apoc 6:9). Ellos claman a Dios por justicia y Él responde que se acerca el fin del tiempo, estimado en las persecuciones aun pendientes de los creyentes.[12]

El contenido de lo que sucede después de abrir el sexto sello puede referirse parcial o completamente al juicio del último día: menciona "un gran terremoto; y el sol se puso negro como un saco de cilicio, y la luna se puso toda como sangre. Y las estrellas del cielo cayeron sobre la tierra [...] Y el cielo se apartó como un libro que es envuelto; y todo monte y las islas fueron movidas de sus lugares" (Apoc 6:12-14). Posiblemente aquí tenemos mucho lenguaje figurado refiriéndose al juicio de Dios sobre los inconversos. En el mismo contexto podemos leer que "los reyes de la tierra, y los príncipes, y los ricos, y los capitanes, y los fuertes, y todo siervo y todo libre, se escondieron en las cuevas y entre las peñas de los montes; y decían a los montes y a las peñas: caed sobre nosotros, y escondednos de la cara de aquél que está sentado sobre el trono, y de la ira del Cordero" (Apoc 6:15-16).

Antes de que el séptimo sello fuese abierto, un paréntesis es introducido donde los creyentes son sellados con la protección de Dios, probablemente para que sean preservados en la fe: "No hagáis daño a la tierra, ni al mar, ni a los árboles, hasta que señalemos a los siervos de nuestro Dios en sus frentes" (Apoc 7:3). El número de esos siervos son "ciento cuarenta y cuatro mil señalados de todas las tribus de los hijos de Israel" (Apoc 7:4), o sea doce mil de cada una

---

[11] "Y oí una voz en medio de los cuatro [seres vivientes], que decía: dos libras de trigo por un denario, y seis libras de cebada por un denario: y no hagas daño al vino ni al aceite" (Apoc 6:6). Beale, *The Book of Revelation. A Commentary on the Greek Text* (2013), pp. 372-82.

[12] "Y clamaban en alta voz diciendo: ¿Hasta cuándo, Señor, santo y verdadero, no juzgas y vengas nuestra sangre de los que moran en la tierra? Y les fueron dadas sendas ropas blancas, y les fue dicho que reposasen todavía un poco de tiempo, hasta que se completaran sus consiervos y sus hermanos, que también habían de ser muertos como ellos" (Apoc 6:10-11).

de las doce tribus de Israel.[13] Aquí también probablemente han utilizado lenguaje simbólico, como doce (el cual posiblemente representan los doce apóstoles que a su vez representan los creyentes del Nuevo Testamento) es multiplicado por doce (que representa a los creyentes del Antiguo Testamento incluidos en la salvación) y que es multiplicado por mil (que posiblemente representa un número infinitamente grande).

En tal caso el número ciento cuarenta y cuatro mil es una cantidad simbólica refiriéndose a todos los que serán salvos entre la primera y la segunda venida de Jesús, mientras que también la continuidad entre los dos pactos es enfatizada. Así que no es improbable que los ciento cuarenta y cuatro mil sean los mismos a los que se refiere "una gran compañía la cual ninguno podía contar, de todas gentes y linajes y pueblos y lenguas, que estaban delante del trono y en la presencia del Cordero, vestidos de ropas blancas, y palmeras en sus manos. Y clamaban en alta voz, diciendo: salvación a nuestro Dios que está sentado sobre el trono, y al Cordero" (Apoc 7:9-10).[14] Esta gran cantidad "la cual ninguno podía contar" se refiere a "los que han venido de grande tribulación, y han lavado sus ropas, y las han blanqueado en la sangre del Cordero" (Apoc 7:14).

La "gran tribulación" debería verse como el resultado de los actos de juicio bajo los diferentes sellos, lo cual debe ser ubicado entre la primera y la segunda venida de Jesús sin establecer una época en particular; es decir este periodo no debe usarse para identificar una época temporal, como lo hacen los adherentes de las diferentes escuelas del tribulacionalismo, sino para describir la gravedad de los sufrimientos.

Después de abrir el séptimo y último sello, hubo "silencio en el cielo casi por media hora" (Apoc 8:1), y a siete ángeles les fueron dadas siete trompetas para que las tocaran. Después que el primer ángel tocó su trompeta, granizo y fuego mezclado con sangre fueron arrojados a la tierra, "y la tercera parte de los árboles fue quemada, y se quemó toda la hierba verde" (Apoc 8:7). De manera similar, las

---

[13] La tribu de Dan no está incluida en conteo. Pero la tribu de José está dividida en dos.

[14] Beale, *The Book of Revelation. A Commentary on the Greek Text* (2013), pp. 412, 426-8.

tres próximas trompetas señalan actos de juicio que afectan abastecimientos básicos para la supervivencia de la humanidad,[15] mientras que las tres últimas afectan directamente a los seres humanos.

Es posible que las siete trompetas expresen lo mismo que los siete sellos, aunque en cuanto a los sellos se hizo énfasis en los sufrimientos por los cuales los creyentes tendrían que pasar, mientras que las trompetas enfatizan los actos de juicio sobre los que no van a ser salvos, tanto dentro como fuera de la iglesia.[16]

Después que la quinta trompeta fue tocada, a "langostas" se dio potestad de dañar "a los hombres que no tienen la señal de Dios en sus frentes" (Apoc 9:4) y, los atormentarían por "cinco meses" (Apoc 9:5). Como se puede ver, por el contexto y la descripción de los animales, no se trata de langostas, sino posiblemente de demonios.[17]

Después que la sexta trompeta fue tocada, cuatro ángeles, probablemente demonios, fueron "desatados" (Apoc 9:15) y comisionados para "matar la tercera parte de los hombres". Este acto de juicio fue efectuado por un ejército de "doscientos millones" (Apoc 9:16).[18] A pesar de este acto de juicio, "los otros hombres que

---

[15] "Y el segundo ángel tocó la trompeta, y como un grande monte ardiendo con fuego fue lanzado en la mar; y la tercera parte de la mar se tornó en sangre. Y murió la tercera parte de las criaturas que estaban en la mar, las cuales tenían vida; y la tercera parte de los navíos pereció. Y el tercer ángel tocó la trompeta, y cayó del cielo una grande estrella, ardiendo como una antorcha, y cayó en la tercera parte de los ríos, y en las fuentes de las aguas. Y el nombre de la estrella se dice Ajenjo. Y la tercera parte de las aguas fue vuelta en ajenjo: y muchos hombres murieron por las aguas, porque fueron hechas amargas. Y el cuarto ángel tocó la trompeta, y fue herida la tercera parte del sol, y la tercera parte de la luna, y la tercera parte de las estrellas; de tal manera que se oscureció la tercera parte de ellos, y no alumbraba la tercera parte del día, y lo mismo de la noche" (Apoc 8:8-12).

[16] Beale, *The Book of Revelation. A Commentary on the Greek Text* (2013), pp. 472-3.

[17] "Y el parecer de las langostas era semejante a caballos aparejados para la guerra: y sobre sus cabezas tenían como coronas semejantes al oro; y sus caras como caras de hombres. Y tenían cabellos como cabellos de mujeres; y sus dientes eran como dientes de leones. Y tenían corazas como corazas de hierro; y el estruendo de sus alas, como caballos corren a la batalla. Y tenían colas semejantes a las de los escorpiones, y tenían en sus colas aguijones; y su poder era de hacer daño a los hombres cinco meses. Y tienen sobre sí por rey al ángel del abismo, cuyo nombre en hebreo es Abadón, y en griego, Apolión" (Apoc 9:7-11).

[18] "Y así vi los caballos en visión, y los que sobre ellos estaban sentados, los cuales tenían corazas de fuego, de jacinto, y de azufre. Y las cabezas de los caballos eran como cabezas de leones; y de la boca de ellos salía fuego y humo y azufre. De estas

no fueron muertos con estas plagas, aun no se arrepintieron de las obras de sus manos, para que no adorasen a los demonios, y a las imágenes de oro, y de plata, y de metal, y de piedra, y de madera; las cuales no pueden ver, ni oír, ni andar" (Apoc 9:20).

No es improbable que el juicio final de Dios sea el que se describe en relación con la séptima trompeta: "Y el séptimo ángel tocó la trompeta, y fueron hechas grandes voces en el cielo, que decían: los reinos del mundo han venido a ser los reinos de nuestro Señor, y de su Cristo: y reinará para siempre jamás" (Apoc 11:15).

¿Entonces se trata de la misma historia desde el capítulo 12 hasta el 22, solo que con más detalles?[19] Juan ve a una mujer "vestida del sol, y la luna debajo de sus pies, y sobre su cabeza una corona de doce estrellas" (Apoc 12:1). La mujer da a luz a un niño. Y al mismo tiempo Juan ve a un "grande dragón [escarlata], que tenía siete cabezas y diez cuernos, y en sus cabezas siete diademas. Y su cola arrastraba la tercera parte de las estrellas del cielo, y las echó en tierra" (Apoc 12:3-4). El dragón intenta devorar al niño a punto de nacer, pero no lo logra.

El dragón inicialmente está en el cielo, pero se origina una disputa entre este y sus ángeles contra el arcángel Miguel y sus ángeles. El resultado es que "fue lanzado fuera aquel gran dragón, la serpiente antigua, que se llama Diablo y Satanás, el cual engaña a todo el mundo; fue arrojado en tierra, y sus ángeles fueron arrojados con él" (Apoc 12:9).

Entonces se escuchó una voz desde el cielo: "Ahora ha venido la salvación, y la virtud, y el reino de nuestro Dios, y el poder de su Cristo; porque el acusador de nuestros hermanos ha sido arrojado, el cual los acusaba delante de nuestro Dios día y noche. Y ellos le han vencido por la sangre del Cordero, y por la palabra de su testimonio; y no han amado sus vidas hasta la muerte" (Apoc 12:10-11).

Aquí se ve claramente que las visiones no presentan un rígido orden cronológico. A pesar de haber alcanzado la mitad del libro del Apocalipsis, esta visión en particular trata sobre eventos del pasado.

---

tres plagas fue muerta la tercera parte de los hombres: del fuego, y del humo, y del azufre, que salían de la boca de ellos. Porque su poder está en su boca y en sus colas: porque sus colas eran semejantes a serpientes, y tenían cabezas, y con ellas dañan" (Apoc 9:17-19).

[19] Beale, *The Book of Revelation. A Commentary on the Greek Text* (2013), p. 622.

La mujer parece representar la nación de Israel, y las doce estrellas probablemente representan las doce tribus de Israel. El niño es Jesús, el cual el rey Herodes intentó matar cuando era un bebé.

El dragón representa a Satanás. Parece obvio que anteriormente ha tenido la oportunidad de acusar a los creyentes "delante de nuestro Dios día y noche" (Apoc 12:10). Su privilegio y fundamento de acusar a los creyentes parece haber terminado pues Jesús a través de su muerte y resurrección ha hecho expiación por los pecados de los seres humanos y la salvación consiste en que el castigo por el pecado ha sido pagado.[20] Entonces los creyentes "le han vencido" (Apoc 12:11) por el valor de la sangre de Jesús como expiación y con base en "la palabra de su testimonio". Lo último seguramente se refiera a la predicación del evangelio por la cual el reino de Dios se extiende y la derrota de Satanás es hecha manifiesta. Los creyentes, no obstante, todavía han de sufrir persecuciones.[21]

En otra visión una bestia sube del mar.[22] Esta claramente está en alianza con Satanás.[23] Tenía diez cuernos, y Juan vio "una de sus cabezas como herida de muerte" y entonces "la llaga de su muerte fue curada", cosa que tuvo como resultado que "se maravilló toda la tierra en pos de la bestia", además de que "adoraron al dragón que había dado la potestad a la bestia y adoraron a la bestia, diciendo: ¿quién es semejante a la bestia, y quién podrá lidiar con ella?" (Apoc 13:3-4) Si "la llaga de su muerte" se refiere a la victoria de Jesús sobre Satanás y los demonios a través de su muerte y resurrección, y si la

---

[20] Beale, *The Book of Revelation. A Commentary on the Greek Text* (2013), p. 659.

[21] "Y cuando vio el dragón que él había sido arrojado a la tierra, persiguió a la mujer que había parido al hijo varón. Y fueron dadas a la mujer dos alas de grande águila, para que de la presencia de la serpiente volase al desierto, a su lugar, donde es mantenida por un tiempo, y tiempos, y la mitad de un tiempo. Y la serpiente echó de su boca tras la mujer agua como un río, a fin de hacer que fuese arrebatada del río. Y la tierra ayudó a la mujer, y la tierra abrió su boca, y sorbió el río que había echado el dragón de su boca. Entonces el dragón fue airado contra la mujer; y se fue a hacer guerra contra los otros de la simiente de ella, los cuales guardan los mandamientos de Dios, y tienen el testimonio de Jesucristo" (Apoc 12:13-17).

[22] "Y yo paré sobre la arena del mar, y vi una bestia subir del mar, que tenía siete cabezas y diez cuernos; y sobre sus cuernos diez diademas; y sobre las cabezas de ella nombre de blasfemia. Y la bestia que vi, era semejante a un leopardo, y sus pies como de oso, y su boca como boca de león" (Apoc 13:1-2).

[23] "Y el dragón le dio su poder, y su trono, y grande potestad" (Apoc 13:2).

'curación' alude al intento de los demonios por esconder esa verdad, no debemos especular. Obviamente la bestia solamente tiene un tiempo medido donde puede blasfemar contra el nombre de Dios "y su tabernáculo, y a los que moran en el cielo" (Apoc 13:6).[24]

La bestia va a "hacer guerra contra los santos, y vencerlos" (Apoc 13:7). El significado de esto no es fácil de determinar concretamente. Parece lógico pensar en persecución, sufrimiento físico y posiblemente también muerte.[25] Como ya hemos visto que los creyentes han sido sellados con la protección de Dios, "vencerlos" no implica una victoria espiritual pues los creyentes tienen sus nombres escritos en el "libro de la vida". Sin embargo, lo último es válido solo para una minoría de la población de la tierra: "Y todos los que moran en la tierra le adoraron [a la bestia], cuyos nombres no están escritos en el libro de la vida del Cordero, el cual fue muerto desde el principio del mundo" (Apoc 13:8). Tal vez "adorar" en este contexto se refiere a mostrar lealtad (el tipo de lealtad que solo le corresponde a Dios, mientras que "la bestia", se refiere a ciertas autoridades que gobiernan al mundo[26]

Otra visión trae otra bestia a la arena: "Tenía dos cuernos semejantes a los de un cordero, mas hablaba como un dragón" (Apoc 13:11). Está en alianza con la primera bestia y "hace a la tierra y a los moradores de ella adorar la primera bestia" (Apoc 13:12). Hace señales y milagros, engañando así a los seres humanos. Si esta bestia está aliada con el Estado, parece tener ante todo una función religiosa. Manda "a los moradores de la tierra que hagan reverencia a la imagen de la [primera bestia]. Y le fue dado que diese espíritu a la imagen de la bestia, para que la imagen de la bestia hable; y hará que cualquiera que no adore la imagen de la bestia muera (Apoc 13:14-15). Quizá se esto refiera inicialmente al poder romano de la antigüedad y su culto al emperador, llegando incluso a hacer

---

[24] "Y le fue dada [la bestia] boca que hablaba grandes cosas y blasfemias; y le fue dada potencia de obrar cuarenta y dos meses" (Apoc 13:5).

[25] "El que lleva en cautividad, va en cautividad: el que a cuchillo matare, es necesario que a cuchillo sea muerto" (Apoc 13.9).

[26] Beale, *The Book of Revelation. A Commentary on the Greek Text* (2013), p. 699.

sacrificios a la imagen de César, y al mismo tiempo puede apuntar a eventos futuros.[27]

El último ser obligó a todos a ponerse "una marca en su mano derecha, o en sus frentes: y que ninguno pudiese comprar o vender, sino el que tuviera la señal, o el nombre de la bestia" (Apoc 13:16-17). Este pasaje también es difícil de comprender, pero parece como si entre otras persecuciones, a los creyentes se les limitara la posibilidad de realizar transacciones legales y financieras.

Entonces la visión cambia y Juan ve a Jesús (el "Cordero") que "estaba sobre el monte de Sion, y con él ciento cuarenta y cuatro mil, que tenían el nombre de su Padre escrito en sus frentes" (Apoc 14:1). En el Antiguo Testamento, Sion a menudo se refiere a la ciudad de Dios. A lo mejor esto se puede entender como dar a conocer la presencia de Dios en medio de su pueblo. Estos adoraron a Dios con su cántico.[28]

Juan ve tres ángeles volando "por en medio del cielo" (Apoc 14:6). Uno de ellos dice en voz alta: "Ha caído, ha caído Babilonia, aquella grande ciudad, porque ella ha dado a beber a todas las naciones del vino del furor de su fornicación" (Apoc 14:8). Aquí posiblemente se refiera al imperio romano de la antigüedad que es comparado con el viejo reino babilonio donde los judíos fueron enviados al exilio a finales de los 500 a.C.[29] En tal caso quizás el imperio romano puede representar estados futuros que también perseguirán a los creyentes.

El tercer ángel siguió a los dos primeros "diciendo en alta voz: si alguno adora a la bestia y a su imagen, y toma la señal en su frente, o en su mano, este también beberá del vino de la ira de Dios" (Apoc 14:9-10). Es difícil interpretar este anuncio de juicio de una forma diferente a una advertencia sobre la perdición eterna.

Juan ahora ve, sobre una nube blanca, a "uno sentado semejante al Hijo del hombre". Un ángel le dice en alta voz: "Mete tu hoz, y siega" (Apoc 14:14-15). Probablemente aquí se habla del juicio final

---

[27] Beale, *The Book of Revelation. A Commentary on the Greek Text* (2013), pp. 710-1.

[28] "Y oí una voz del cielo como ruido de muchas aguas, y como sonido de un gran trueno: y oí una voz de tañedores de arpas que tañían con sus arpas: y cantaban como un cántico nuevo delante del trono, y delante de los cuatro animales, y de los ancianos: y ninguno podía aprender el cántico sino aquellos ciento cuarenta y cuatro mil, los cuales fueron comprados de entre los de la tierra" (Apoc 14:2-3).

[29] Beale, *The Book of Revelation. A Commentary on the Greek Text* (2013), pp. 754-5.

sobre los que no van a ser salvos. Una explicación sigue, y Juan puede ver a siete ángeles y cada uno con una copa de la ira de Dios que es derramada "sobre la tierra" (Apoc 16:1). Es bastante probable que las copas de ira se refieran a lo mismo que los actos de juicio que seguían el tocar de las trompetas, aun si es expresado de manera diferente.[30] Las primeras cinco copas de ira parecen referirse al juicio en el período entre la resurrección de Jesús y su segunda venida.[31] Tal vez los actos de juicio deben ser entendidos simbólicamente. La tercera copa de ira se parece a los actos de juicio que seguían al tocar de la tercera trompeta. Una diferencia, no obstante, es que ahora las plagas parecen ser más globales. La sexta copa de ira parece conducir hacia el juicio final.[32] Si es así, la séptima copa debe ser el mismo juicio.[33]

---

[30] Beale, *The Book of Revelation. A Commentary on the Greek Text* (2013), pp. 808-12.

[31] "Y oí una gran voz del templo, que decía a los siete ángeles: id, y derramad las siete copas de la ira de Dios sobre la tierra. Y fue el primero, y derramó su copa sobre la tierra; y vino una plaga mala y dañosa sobre los hombres que tenían la señal de la bestia, y sobre los que adoraban su imagen. Y el segundo ángel derramó su copa sobre el mar, y se convirtió en sangre como de un muerto; y toda alma viviente fue muerta en el mar" (Apoc 16:1-3). "Y el cuarto ángel derramó su copa sobre el sol; y le fue dado quemar a los hombres con fuego. Y los hombres se quemaron con el grande calor, y blasfemaron el nombre de Dios, que tiene potestad sobre estas plagas, y no se arrepintieron para darle gloria. Y el quinto ángel derramó su copa sobre la silla de la bestia; y su reino se hizo tenebroso, y se mordían sus lenguas de dolor; y blasfemaron del Dios del cielo por sus dolores, y por sus plagas, y no se arrepintieron de sus obras" (Apoc 16: 8-11).

[32] "Y el sexto ángel derramó su copa sobre el gran río Éufrates; y el agua de él se secó, para que fuese preparado el camino de los reyes del Oriente. Y vi salir de la boca del dragón, y de la boca de la bestia, y de la boca del falso profeta, tres espíritus inmundos a manera de ranas: porque son espíritus de demonios, que hacen señales, para ir a los reyes de la tierra y de todo el mundo, para congregarlos para la batalla de aquel gran día del Dios Todopoderoso. He aquí, yo vengo como ladrón. Bienaventurado el que vela, y guarda sus vestiduras, para que no ande desnudo, y vean su vergüenza. Y los congregó en el lugar que en hebreo se llama Armagedón" (Apoc 16:12-16).

[33] "Y el séptimo ángel derramó su copa por el aire; y salió una grande voz del templo del cielo, del trono, diciendo: hecho es. Entonces fueron hechos relámpagos y voces y truenos; y hubo un gran temblor de tierra, un terremoto tan grande, cual no fue jamás desde que los hombres han estado sobre la tierra. Y la ciudad grande fue partida en tres partes, y las ciudades de las naciones cayeron; y la grande Babilonia vino en memoria delante de Dios, para darle el cáliz del vino del furor de su ira. Y toda isla huyó, y los montes no fueron hallados. Y cayó del cielo sobre los hombres un grande granizo como del peso de un talento: y los hombres

Uno de los siete ángeles lleva a Juan "al desierto" donde atestigua el juicio sobre "la gran ramera" que estaba "sentada sobre una bestia [escarlata] llena de nombres de blasfemia" (Apoc 17:3).[34] El ángel explica el contenido de las dos últimas copas de ira. La mujer es descrita como "la grande ciudad que tiene reino sobre los reyes de la tierra" (Apoc 17:18), mientras que el animal que subió de la mar parece representar una nación antigua que va a resurgir.[35] Las siete cabezas del animal entre otras cosas apuntan a siete reyes. El último de ellos todavía no ha aparecido. Este último rey aparece con el renacimiento de la nación mencionada. De manera similar también los diez cuernos representan a diez reyes. Todo tiene una relación de conflicto con el cristianismo verdadero.[36]

En cuanto a la mujer, leemos que el nombre "Babilonia" está escrito sobre su frente. También podemos leer que un ángel baja del cielo y clama con fortaleza diciendo: "Caída es, caída es la gran Babilonia" (Apoc 18:2). Puede ser que "Babilonia" se refiera al sistema político, económico y religioso global que está al servicio del Estado en mención.[37]

En el cielo hay gozo porque "son venidas las bodas del Cordero, y su esposa se ha aparejado" (Apoc 19:7), probablemente esta es una

---

blasfemaron de Dios por la plaga del granizo; porque su plaga fue muy grande" (Apoc 16:17-21).

[34] "Y vino uno de los siete ángeles que tenían las siete copas, y habló conmigo, diciéndome: ven acá, y te mostraré la condenación de la grande ramera, la cual está sentada sobre muchas aguas: con la cual han fornicado los reyes de la tierra, y los que moran en la tierra se han embriagado con el vino de su fornicación. Y me llevó en Espíritu al desierto; y vi una mujer sentada sobre una bestia [escarlata] llena de nombres de blasfemia y que tenía siete cabezas y diez cuernos. Y la mujer estaba vestida de púrpura y de escarlata, y dorada con oro, y adornada de piedras preciosas y de perlas, teniendo un cáliz de oro en su mano lleno de abominaciones, y de la suciedad de su fornicación; y en su frente un nombre escrito: Misterio, Babilonia la grande, la madre de las fornicaciones y de las abominaciones de la tierra. Y vi la mujer embriagada de la sangre de los santos, y de la sangre de los mártires de Jesús; y cuando la vi, quedé maravillado de grande admiración" (Apoc 17:1-6).

[35] "Y el ángel me dijo: ¿Por qué te maravillas? Yo te diré el misterio de la mujer, y de la bestia que la trae, la cual tiene siete cabezas y diez cuernos. La bestia que has visto, fue, y no es; y ha de subir del abismo, y ha de ir a perdición" (Apoc 17:7-8).

[36] "Ellos pelearán contra el Cordero, y el Cordero los vencerá, porque es el Señor de los señores, y el Rey de los reyes" (Apoc 17:14).

[37] Beale, *The Book of Revelation. A Commentary on the Greek Text* (2013), pp. 895-6.

imagen de la salvación final y del tipo de comunión entre Cristo y el creyente que supera todo. Al mismo tiempo, Cristo es identificado como el jinete del caballo blanco que junto con "los ejércitos que están en el cielo" (Apoc 19:14) van a gobernar a los pueblos gentiles "con vara de hierro" (Apoc 19:15). En ese contexto "pisa el lagar del vino del furor, y de la ira del Dios Todopoderoso". Otra vez parece como si se tratara del juicio final. Tanto la "bestia" como el "falso profeta" (que es la segunda bestia) son lanzados vivos dentro de un "lago de fuego".[38]

Al mismo tiempo su cómplice, Satanás, es guardado en custodia temporal por "mil años".[39] Una sentencia es pronunciada, y los creyentes fallecidos son resucitados para reinar con Cristo. Esto es llamado la primera resurrección.[40] Esos creyentes son llamados "sacerdotes de Dios y de Cristo" (Apoc 20:6). Solo después de "mil años" los demás fallecidos son despertados y, paralelamente, Satanás es liberado de su cautiverio temporal. Él engaña a los pueblos y logra reclutarlos para su batalla contra los creyentes. Dios interviene, no obstante y, Satanás es lanzado en el "lago de fuego" como castigo

---

[38] "Y vi la bestia, y los reyes de la tierra y sus ejércitos, congregados para hacer guerra contra el que estaba sentado sobre el caballo, y contra su ejército. Y la bestia fue presa, y con ella el falso profeta que había hecho las señales delante de ella, con las cuales había engañado a los que tomaron la señal de la bestia, y habían adorado su imagen. Estos dos fueron lanzados vivos dentro de un lago de fuego ardiendo en azufre" (Apoc 19:19-20).

[39] "Y vi un ángel descender del cielo, que tenía la llave del abismo, y una grande cadena en su mano. Y prendió al dragón aquella serpiente antigua, que es el Diablo y Satanás, y le ató por mil años; y le arrojó al abismo, y le encerró, y selló sobre él, para que no engañe más a las naciones, hasta que mil años sean cumplidos: y después de esto es necesario que sea desatado un poco de tiempo" (Apoc 20:1-4).

[40] "Y vi tronos, y se sentaron sobre ellos, y les fue dado juicio; y vi las almas de los degollados por el testimonio de Jesús, y por la palabra de Dios, y que no habían adorado la bestia, ni a su imagen, y que no recibieron la señal en sus frentes, ni en sus manos; y vivieron y reinaron con Cristo mil años. Mas los otros muertos no tornaron a vivir hasta que sean cumplidos mil años. Esta es la primera resurrección" (Apoc 20:4-5).

eterno.[41] La humanidad ahora es llevada ante Dios, y los inconversos comparten el mismo castigo que el enemigo de Dios.[42]

De nuevo volvemos al estado salvífico de los creyentes: "He aquí el tabernáculo de Dios con los hombres, y morará con ellos; y ellos serán su pueblo, y el mismo Dios será su Dios con ellos" (Apoc 21:3). Ni sufrimientos ni llanto habrá.[43] Juan puede ver a la "esposa", la cual es reconocida como "la grande ciudad santa de Jerusalén, que descendía del cielo de Dios" (Apoc 21:10). No es improbable que esta imagen simbolice a los creyentes, tanto bajo el antiguo como el nuevo pacto. La "ciudad" tiene doce puertas donde "nombres [fueron] escritos, que son los de las doce tribus de los hijos de Israel" (Apoc 21:12). Al mismo tiempo el muro de la ciudad tiene doce fundamentos, "y en ellos los doce nombres de los doce apóstoles del Cordero" (Apoc 21:14).

---

[41] "Y el diablo que los engañaba, fue lanzado en el lago de fuego y azufre, donde está la bestia y el falso profeta; y serán atormentados día y noche para siempre jamás" (Apoc 20:10).

[42] "Y vi un gran trono blanco y al que estaba sentado sobre él, delante del cual huyó la tierra y el cielo; y no fue hallado el lugar de ellos. Y vi los muertos, grandes y pequeños, que estaban delante de Dios; y los libros fueron abiertos: y otro libro fue abierto, el cual es de la vida: y fueron juzgados los muertos por las cosas que estaban escritas en los libros, según sus obras. Y el mar dio los muertos que estaban en él; y la muerte y el infierno dieron los muertos que estaban en ellos; y fue hecho juicio de cada uno según sus obras. Y el infierno y la muerte fueron lanzados en el lago de fuego. Esta es la muerte segunda. Y el que no fue hallado escrito en el libro de la vida, fue lanzado en el lago de fuego" (Apoc 20:11-15).

[43] "Y limpiará Dios toda lágrima de los ojos de ellos; y la muerte no será más y no habrá más llanto, ni clamor, ni dolor: porque las primeras cosas son pasadas" (Apoc 21:4).

BIBLIOGRAFÍA

Achtemeier, Paul J., *1 Peter: A Commentary on First Peter* (Minneapolis, MN: Fortress Press, 1996).

Archer, Gleason L., Paul D. Feinberg, Douglas J. Moo y Richard R. Reiter, *Three Views on the Rapture* (Grand Rapids, MI: Zondervan, 1996).

Attridge, Harold W., *The Epistle to the Hebrews. A Commentary on the Epistle to the Hebrews* (Minneapolis, MN: Fortress Press, 1989).

Barnett, Paul, *Jesus & the Rise of Early Christianity. A History of New Testament Times* (Downers Grove, IL: Inter Varsity Press, 1999).

Barrett, C.K., *A Critical and Exegetical Commentary on The Acts of the Apostles*. Vol. 1 (Londres / Nueva York: T&T Clark Ltd., 2010).

Bauckham, Richard J., *Jude, 2 Peter* (Waco, TX: Word Books, 1983).

Beale, G.K., *The Book of Revelation. A Commentary on the Greek Text* (Grand Rapids, MI: William B. Eerdmans Publishing Company / Carlisle, Reino Unidos: The Paternoster Press, 2013).

Bock, Darrell L., *Luke*. Vol. 1 (Grand Rapids, MI: Baker Academic, 1994).

Bock, Darrell L., *Luke*. Vol. 2 (Grand Rapids, MI: Baker Academic, 2009).

Bock, Darrell L., Craig A. Blaising, Kenneth L. Gentry jr. y Robert B. Strimple, *Three Views on the Millennium and Beyond* (Grand Rapids, MI: Zondervan, 1999).

Bruce, F.F., *The Epistle to the Galatians. A Commentary on the Greek Text* (Grand Rapids, MI / Cambridge, Reino Unido: William B. Eerdmans Publishing Company, 1982).

Carson, D.A., Douglas J. Moo y Leon Morris, *An Introduction to the New Testament* (Grand Rapids, MI: Zondervan Publishing House, 1992).

Davids, Peter H., *The Epistle of James. A Commentary on the Greek Text* (Grand Rapids, MI / Cambridge, Reino Unido: William B. Eerdmans Publishing Company, 1982).

Davies, W.D. y Dale C. Allison, *A Critical and Exegetical Commentary on the Gospel according to Saint Matthew*. Vol. 1 (Londres/Nueva York: T&T Clark Ltd, 2010).

Davies, W.D. y Dale C. Allison, *A Critical and Exegetical Commentary on the Gospel according to Saint Matthew*. Vol. 2 (Londres/Nueva York: T&T Clark Ltd, 2004).

Davies, W.D. y Dale C. Allison, *A Critical and Exegetical Commentary on the Gospel according to Saint Matthew*. Vol. 3 (Londres/Nueva York: T&T Clark Ltd, 2010).

Duvall, J. Scott y J. Daniel Hays, *Hermenéutica. Entendiendo la palabra de Dios* (Barcelona, España: Editorial Clie, 2008).

France, R.T., *The Gospel of Mark. A Commentary on the Greek Text* (Grand Rapids, MI: Wm. B. Eerdmans Publishing Co. / Carlisle, Reino Unido: Paternoster Press, 2002).

Harris, Murray J., *The Second Epistle to the Corinthians. A Commentary on the Greek Text* (Grand Rapids, MI: William B. Eerdmans Publishing Company, 2005).

Hawthorne, Gerald F., Ralph Martin y Daniel G. Reid (eds.), *Dictionary of Paul and His Letters* (Downers Grove, IL / Leicester, Reino Unido: InterVarsity Press, 1993.

Keener, Craig, *The Gospel of John. A Commentary.* Vol. 1 (Peabody, MA: Hendrickson Publishers, 2003).

Keener, Craig, *The Gospel of John. A Commentary.* Vol. 2 (Peabody, MA: Hendrickson Publishers, 2010).

Knight III, George W., *The Pastoral Epistles. A Commentary on the Greek Text* (Grand Rapids, MI: William B. Eerdmans Publishing Company / Cambridge, Reino Unido: The Paternoster Press, 2005).

Koester, Helmut, *History, Culture, and Religion of the Hellenistic Age* (Nueva York / Berlin, Alemania: Walter de Gruyter, 2da ed., 1995).

Kruse, C.G. "Virtues and Vices" en Hawthorne, Martin y Reid (eds.), *Dictionary of Paul and His Letters* (1993), pp. 962-3.

Martin, R.P. "Creed" en Hawthorne, Martin y Reid (eds.), *Dictionary of Paul and His Letters* (1993), pp. 190-2.

Martin, R.P. "Hymns, hymn fragments, songs, spiritual songs" en Hawthorne, Martin y Reid (eds.), *Dictionary of Paul and His Letters* (1993), pp. 419-23.

McDonald, Lee Martin y Stanley E. Porter, *Early Christianity and its Sacred Literature* (Peabody, MA: Hendrickson Publishers, Inc., 2000).

Metzger, Bruce M. y Bart D. Ehrman, *The Text of the New Testament. Its Transmission, Corruption, and Restoration* (Nueva York / Oxford, Reino Unidos: Oxford University Press, 4^{a} ed., 2005).

Moo, Douglas J., *The Epistle to the Romans* (Grand Rapids, MI / Cambridge, Reino Unido: William B. Eerdmans Publishing Company, 1996).

O'Brien, Peter T., *Colossians, Philemon* (Nashville, TN: Thomas Nelson Inc., 1999).

O'Brien, Peter T., *The Letter to the Ephesians* (Grand Rapids, MI: William B. Eerdmans Publishing Company / Cambridge, Reino Unidos: Apollos, 2000).

O'Brien, Peter T., *The Letter to the Philippians. A Commentary on the Greek Text* (Grand Rapids, MI: William B. Eerdmans Publishing Company / Bletchley, Reino Unidos: The Paternoster Press, 1991).

Schnackenburg, Rudolf, *The Johannine Epistles. Introduction and Commentary* (Nueva York: Crossroad, 2013).

Thiselton, Anthony C., *The First Epistle to the Corinthians. A Commentary on the Greek Text* (Grand Rapids, MI / Cambridge, Reino Unido: William B. Eerdmans Publishing Company, 2000).

Towner, P.H. "Households and household codes" en Hawthorne, Martin y Reid (eds.), *Dictionary of Paul and His Letters* (1993), pp. 417-9.

Wanamaker, Charles A., *The Epistles to the Thessalonians. A Commentary on the Greek Text* (Grand Rapids, MI / Cambridge, Reino Unido: William B. Eerdmans Publishing Company, 1990).

Watson, D.F. "Diatribe" en Hawthorne, Martin y Reid (eds.), *Dictionary of Paul and His Letters* (1993), pp. 213-4.

ÍNDICE DE REFERENCIAS BÍBLICAS

ÍNDICE DE LOS AUTORES